„ICH GEHE IMMER AUFS GANZE"

Karin Feuerstein-Praßer

„Ich gehe immer aufs Ganze"

10 Frauenporträts

Kai Feuerstei - Praßer

Köln, 15. 11. 2004

Verlag Friedrich Pustet
Regensburg

Umschlagmotive: (v. l. n. r.):
Romy Schneider (dpa, Frankfurt) – Sarah Bernhardt (Bildarchiv Preußischer
Kulturbesitz, Berlin) – Mata Hari, um 1900 (Bildarchiv Preußischer
Kulturbesitz, Berlin) – Agatha Christie, 1956 (Archiv für Kunst und
Geschichte, Berlin) – Petra Kelly, 1984 (Süddeutscher Verlag, München)

Die Deutsche Bibliothek – CIP-Einheitsaufnahme

Ein Titeldatensatz für diese Publikation ist bei
Der Deutschen Bibliothek erhältlich.

ISBN 3-7917-1808-8
© 2002 by Verlag Friedrich Pustet, Regensburg
Umschlaggestaltung: Atelier Seidel, Altötting
Gesamtherstellung: Friedrich Pustet, Regensburg
Printed in Germany 2002

Inhalt

Vorwort

Im März 2001 ergab eine Umfrage des Münchner Instituts für Jugendforschung, dass 35% aller Jugendlichen den Namen Petra Kelly mit der Popgruppe gleichen Namens, der Kelly-Family, in Verbindung bringen und von der frühen Galionsfigur der GRÜNEN ganz offensichtlich noch nie etwas gehört haben.

Ähnlich würde es möglicherweise jenen Bahnreisenden ergehen, die im ICE „Else Lasker-Schüler" über Wuppertal nach Berlin fahren. Manch einer mag vielleicht noch wissen, dass es sich dabei um eine deutsche Lyrikerin handelt, doch welch merk*würdige* Frau sich hinter dem Namen verbirgt, ahnen sicherlich die wenigsten.

Beim Namen Romy Schneider scheint den meisten ganz spontan „Sissi" einzufallen, obwohl die Schauspielerin ihr Leben lang versucht hat, dieses süßliche Image los zu werden, das – wie sie selbst sagte – „wie Grießbrei" an ihr zu kleben schien.

Gehört hat man die meisten Namen schon einmal: Charlotte Corday, Mata Hari und natürlich Agatha Christie – die Mörderin, die Spionin, die berühmte Krimiautorin –, doch warum sie so wurden, wie sie schließlich waren, ist nicht immer geläufig.

Im Folgenden sollen daher zehn ungewöhnliche Frauen aus zwei Jahrhunderten ein wenig ausführlicher vorgestellt werden, ungewöhnlich in zweierlei Hinsicht: Manche von ihnen waren vielleicht ganz einfach nur seltsam, wie jene Franziska Schanzkowski, die sich ein Leben lang als Zarentochter Anastasia ausgegeben hat. Andere hingegen erscheinen durchaus bemerkenswert – oder auch beides zugleich, die sprichwörtlichen Kerzen, die an beiden Enden brannten und entsprechend früh erloschen sind. So vertrat gewiss nicht nur Romy Schneider die Maxime: „Ich gehe immer aufs Ganze!"

Dass diese Frauen dabei nicht immer Rücksicht auf sich selbst und vor allem auf andere genommen haben, liegt wohl in der Natur der Sache. Gemeinsam war ihnen allen, dass sie den Weg, den sie für sich als einzig richtigen erachtet hatten, konsequent zu Ende gingen, auch wenn nicht alle von ihnen das Ziel erreichten, das sie sich einmal erträumt haben mochten. Doch sie haben ihr Leben so gelebt, dass die Bilanz am Schluss vielleicht ähnlich ausgefallen ist wie die von Edith Piaf: „Ich bereue nichts und würde noch einmal genau dasselbe tun."

Charlotte Corday

„Das Ziel heiligt die Mittel" –
Die Frau, die den Revolutionär Marat
in der Badewanne erstach

Die Einzelgängerin

Zu denjenigen Frauen, deren Namen untrennbar mit der Französischen Revolution verbunden sind, gehört zweifelsohne auch Marie Anne Charlotte Corday d'Armont, die als Charlotte Corday in die Geschichte eingegangen ist. Daher soll sie auch hier so genannt werden, obwohl sie eigentlich Marie gerufen wurde und so auch ihre Briefe unterzeichnete.

Nahezu jeder kennt wohl das berühmte Bild des Malers Jacques-Louis David, auf dem der ermordete Jean-Paul Marat über den Badewannenrand hängend dargestellt wird, Papier und Feder noch in der Hand haltend. Seine Mörderin hingegen, eine junge Frau von knapp 25 Jahren, ist immer ein wenig konturlos geblieben und hat es nie geschafft, als strahlender Racheengel in die Geschichte einzugehen oder gleich einer alttestamentarischen Judith gar zum Mythos zu werden. Ganz im Gegensatz zu einigen ihrer Zeitgenossinnen war Charlotte Corday eine nach außen hin völlig unauffällige Erscheinung, die bis zu ihrer spektakulären Bluttat niemals politisch aktiv geworden war.

Zahllose andere Frauen hatten sich hingegen auf die eine oder andere Art durchaus an den revolutionären Aktionen beteiligt, am Sturm auf die Bastille ebenso wie am Marsch auf Versailles, als die Pariser Marktfrauen im Oktober 1789 mit Hacken und Piken bewaffnet zum Schloss Ludwigs XVI. zogen, um gegen die ständig weiter steigenden Brotpreise zu demonstrieren. Die privilegierteren Damen wie Germaine de Staël

(1766–1817), Sophie de Condorcet (1764–1822) oder Olympe de Gouge (1748–1793) fanden derweil ein Betätigungsfeld in den zahlreichen Pariser Salons, jenen bevorzugten Foren politischer Debatten, die zwar von Männern dominiert, von schönen und geistreichen Damen jedoch nicht selten inspiriert wurden.

Dabei zählte es freilich keineswegs zu den Zielen der Französischen Revolution, die Gleichberechtigung der Frau voranzutreiben, im Gegenteil. Man hielt es eher mit dem Philosophen Jean-Jacques Rousseau (1712–1778), der schlichtweg der Meinung war: „Wenn es nur vernünftige Männer auf der Welt gäbe, so bliebe jedes gelehrte Mädchen ein Leben lang eine alte Jungfer." Die meisten Frauen waren da natürlich ganz anderer Meinung: Wenn sich die Herren Revolutionäre schon anschickten, die Welt aus den Angeln zu heben, dann wollten sie nicht weiterhin im Abseits stehen: „Die Frau hat das Recht, das Schafott zu besteigen", schrieb die Schriftstellerin Olympe de Gouge in ihrer „Erklärung der Rechte der Frau und Bürgerin", „sie muss gleichermaßen das Recht haben, die Tribüne zu besteigen."

Eine Tribüne hat Charlotte Corday, eine junge Frau aus der Provinz, niemals bestiegen, auch gar nicht besteigen wollen, und in ihrem kurzen Leben keinen einzigen Pariser Salon betreten. Die Emanzipation der Frau gehörte ohnehin nicht zu den Themen, mit denen sie sich beschäftigte, wenn sie abends bei Kerzenlicht die Werke der Philosophen der Aufklärung las und sich darüber ihre Gedanken machte. Auch sie fühlte den brennenden Wunsch nach einer besseren, gerechteren Welt, die am 14. Juli 1789 tatsächlich anzubrechen schien. Doch Charlottes anfängliche Hoffnungen wichen nach einiger Zeit einem unbändigen Hass auf die Wortführer der Revolution, insbesondere auf Jean-Paul Marat, den sie für den Schlimmsten und Blutrünstigsten von allen hielt. Ganz langsam wuchs daher in ihr der Wunsch, den teuflischen Journalisten zu liquidieren und durch diese Tat das französische Volk zu retten – so wie Judith einst mit der Ermordung des Holofernes das hebräische Volk gerettet hatte.

Charlotte Corday (1768–1793)

Lithografie von Baudran nach dem Gemälde
von Jean-Jacques Hauer

11

Das Klosterfräulein

Charlotte wurde am 27. August 1768 als Kind einer verarmten Adelsfamilie in einem kleinen Ort mit Namen St. Saturnindes-Ligneries in der Normandie geboren. Zusammen mit vier Geschwistern wuchs sie auf dem elterlichen Gut in recht bescheidenen Verhältnissen auf, die insbesondere der Vater Jacques-François jedoch nicht so einfach hinzunehmen gewillt war. Als gebildeter Mann war auch er von den Ideen der Aufklärung durchdrungen, doch scheint er eher ein Träumer und romantischer Utopist gewesen zu sein als ein Mann der Praxis. Auf jeden Fall verbrachte er seine Zeit mit der Abfassung zahlloser Pamphlete und Resolutionen, um so gegen die weitere Verarmung des Landadels anzukämpfen, vergeblich ...

Charlotte war also schon recht früh mit den Grundzügen des aufklärerischen Gedankenguts vertraut gewesen. In der Familie wurde viel gelesen, und man war stolz darauf, dass der Dichter Pierre Corneille zu den Vorfahren der Mutter zählte.

Als Charlotte neun Jahre alt war, zog die Familie nach Caen, da sich der Vater, des tristen Landlebens überdrüssig, hier offenbar bessere Chancen erhoffte. Doch dann kam alles anders: Bei der Geburt eines weiteren Kindes starb Charlottes Mutter mit 45 Jahren, und der Witwer stand plötzlich mit zwei kleinen Mädchen allein da, mit denen er im Grunde nichts anzufangen wusste. Die älteste Schwester war schon vor einigen Jahren gestorben, und die beiden Söhne besuchten inzwischen die Militärakademie. Blieben also noch Charlotte und ihre zwei Jahre jüngere Schwester Eléonore zu versorgen. Doch Jacques-François Corday hatte Glück: Das Benediktinerinnenkloster Abbaye-aux-Dames in Caen, das einst von Mathilde, der Gemahlin Wilhelm des Eroberers, gegründet worden war, erklärte sich bereit, die beiden Halbwaisen bei sich aufzunehmen. Hin und wieder nämlich wählten die Klosterfrauen unter den vielen mittellosen Töchtern des Landadels einige wenige aus, die dann kostenlos die Klosterschule besuchen durften.

Es scheint, als habe sich Charlotte in der ruhigen und kontemplativen Atmosphäre ausgesprochen wohlgefühlt. Denn als sie ihre Schulausbildung beendet hatte, beschloss sie, nicht zu ihrem Vater zurückzukehren, sondern im Kloster zu bleiben. Nachdem sie sich zunächst als Spitzenklöpplerin betätigt hatte, um zu ihrem Lebensunterhalt beizutragen, wurde sie schon bald von der Äbtissin gebeten, als ihre Privatsekretärin zu fungieren. Man mochte die ruhige und nachdenkliche Charlotte, die nicht viel sprach, aber alle ihr aufgetragenen Arbeiten sorgsam und zuverlässig erledigte. Es war ein friedliches und beschauliches Leben, abgeschirmt von den Geschehnissen auf der Welt, die nur hin und wieder durch die dicken Klostermauern drangen. Vielleicht war dies der Grund, warum Charlotte schließlich den Entschluss fasste, Nonne zu werden. Es ist freilich auch möglich, dass sie es nur tat, um weiterhin versorgt zu sein. Denn zum Heiraten fehlte ihr nicht nur die notwendige Aussteuer, sondern auch, so scheint es, die rechte Lust. Und Frauenklöster waren ja bekanntlich seit je nicht nur Orte frommer Besinnung, sondern ebenso beliebte Unterkünfte für unversorgte Töchter. Doch es sollte ohnehin alles anders kommen, denn das friedliche Leben endete ziemlich abrupt. Nachdem eine „Regulierungskommission" in Frankreich bereits seit 1766 einschneidende Programme ausgearbeitet hatte, die in der Folgezeit zur Aufhebung von zahlreichen Konventen führten, wurden am 13. Februar 1790 im Zuge der Französischen Revolution sämtliche Klöster (mit Ausnahme der krankenpflegenden Orden) aufgelöst und so stand Charlotte mit 21 Jahren völlig allein und mittellos auf der Straße, denn eine Entschädigungszahlung vom Staat erhielten nur ehemalige Nonnen.

In dieser verzweifelten Situation fand Charlotte schließlich Aufnahme bei einer entfernten Verwandten, Madame de Bretteville, die ebenfalls in Caen lebte. Hier verbrachte sie die nächsten drei Jahre, doch es war ein recht eintöniges Leben, das sie führte. Hin und wieder brachten Verwandtenbesuche ein wenig Abwechslung in ihren Alltag, doch meistens vertrieb sie sich die Zeit mit Lektüre und Briefeschreiben oder erledigte für ihre Tante ein paar kleine Gefälligkeiten. Und auch wenn sich gewiss der eine oder andere Verehrer für das stille Mädchen mit den aschblonden Haaren und sanften Gesichtszügen interessiert haben wird, so gab es doch keine engeren Männerbekanntschaften in Charlottes Leben und sie hatte Zeit, viel zu viel Zeit zum Lesen, Träumen und Nachdenken.

Bücher als einzige Freunde

Charlottes einzige Freunde waren und blieben die Bücher, allen voran die Schriften der Aufklärer Locke, Montesquieu und Rousseau, die damals in ganz Frankreich weite Verbreitung fanden. Die Lehre von der Gewaltenteilung, die verhindern sollte, dass die Staatsgewalt in den Händen eines Einzelnen ruhte, schien auch Charlotte der einzig richtige Weg zu sein, Frankreich zu einem ähnlich freien Land zu machen, wie es die Vereinigten Staaten von Amerika bereits waren. Dort hatte man schließlich bereits 1776 mit der Unabhängigkeitserklärung bewiesen, dass die Gleichheit aller Menschen vor dem Gesetz nicht länger eine Utopie bleiben musste!

So hatten es auch die Schriften des aus Genf stammenden Jean-Jacques Rousseau (1712–1778) gelehrt, die besagten, dass alle Staatsgewalt beim souveränen Volk ruhe und es die vornehmste Aufgabe des Staates sei, den Menschen, die sich zusammengeschlossen hatten, zu dienen – nicht sie zu unterdrücken und sich an ihnen zu bereichern.

Dieses Gedankengut erfüllte Charlotte mit großer Hoffnung, und vorübergehend hatte es ja tatsächlich so ausgesehen, als würde es den Hauptakteuren der Französischen Revolution gelingen, die Ideen von „Freiheit, Gleichheit, Brüderlichkeit" in die Praxis umzusetzen. Aus den Zeitungen erfuhr Charlotte vom Sturm auf die Bastille, von der Aufhebung der Adelsprivilegien und der Erklärung der Menschenrechte. Doch nur wenige Monate später, als sie das Kloster verlassen musste, hatte sie sich bereits fragen müssen, warum man ihr die Freiheit nahm, dort zu leben, wo sie wollte. Das Recht auf ein selbstbestimmtes Leben war für Charlotte mit einem freiwilligen Aufenthalt im Kloster nämlich durchaus vereinbar. Wo sonst auf der Welt genoss man als Frau mehr Unabhängigkeit? Das Leben im Kloster garantierte eine sowohl wirtschaftlich als auch gesellschaftlich abgesicherte Existenz ohne Bevormundung durch den Mann, frei zudem von den üblichen Alltagssorgen. Und es bot den Klosterfrauen in der Regel genügend Zeit zur Lektüre, zum Schreiben oder Malen.

Waren es zunächst persönliche Erfahrungen gewesen, die die junge Frau zunehmend skeptischer werden ließen, so war es später die zunehmende Radikalisierung der Revolution, die sich für Charlotte nach der Verhaftung Ludwigs XVI. abzuzeichnen begann. Dafür hasste sie die Anführer Robespierre und Danton, ganz besonders aber Jean-Paul Marat, der mit seinen aggressiven Parolen ihrer Meinung nach der Schlimmste von allen war. Wer war dieser Mann?

Jean-Paul Marat – ein „blutgieriger Tiger"?

Jean-Paul Marat, geboren am 24. Mai 1743 in Boudry/Neuchâtel in der Schweiz, war Journalist und Herausgeber des Journals „L'ami du peuple" („Der Volksfreund"), eines von zahllosen einschlägigen Blättern, die damals in Paris erschienen, um den revolutionären Eifer der Bevölkerung anzustacheln. Er war ein ungewöhnlich vielseitig begabter Mann, der seinerzeit in Bordeaux und Paris Medizin studiert und anschließend in London als Arzt gearbeitet hatte. Die politischen Verhältnisse in Frankreich hatten ihn freilich schon damals beschäftigt. 1774 veröffentlichte er in London „The Chains of Slavery" („Die Ketten der Sklaverei"), eine leidenschaftliche Verdammung der Regierungen auf dem Kontinent als einzige Verschwörung von Königen, Adel und Klerus. 1777 kehrte er zurück nach Frankreich, wo er sich zunächst als Tierarzt beim Grafen von Artois verdingte, später dann zum Arzt von dessen Leibgarde avancierte. Damals erwarb er sich nicht nur den Ruf als ausgezeichneter Lungen- und Augenspezialist, er veröffentlichte auch verschiedene Abhandlungen zum Thema Elektrizität und Optik, von denen einige auch ins Deutsche übersetzt wurden. Bei aller Genialität war er ein ruheloser Geist, der stets nach neuen Betätigungsfeldern suchte, besessen zudem von dem Wunsch, Frankreich durch die Revolution umzukrempeln.

Marat arbeitete – auch und gerade – als Journalist mit der Intensität des verzehrenden Ehrgeizes: „Ich habe von 24 Stunden nur zwei für Schlaf übrig", bekannte er, „in drei Jahren habe ich noch keine Viertelstunde Muße gehabt." Da konnte es natürlich nicht ausbleiben, dass er für seine Umgebung nur schwer zu ertragen war, zumal ihn eine unheilbare chronische Hautentzündung plagte, von der er nur zeitweise Linderung fand. Und doch litt er nicht unerheblich darunter, als exzentrischer Choleriker verachtet zu werden. Im „Journal de la République" vom 14. Januar 1793 schrieb er: „... wenn die Feinde der Freiheit nicht aufhören, mich zu verleumden, indem sie mich als Hitzkopf, Träumer und Wahnsinnigen darstellen, als Menschenfresser, blutgierigen Tiger, als Ungeheuer, und das, um bei der Nennung meines Namens Grauen hervorzurufen und das Gute zu verhindern, das ich tun möchte und könnte. Geboren bin ich mit einer empfindsamen Seele, einer feurigen Phantasie, einem aufbrausenden, offenen und zähen Charakter, einem aufrechten Herzen, einem Geist, der für alle lodernden Eigenschaften empfänglich ist ..."

Doch von einer „empfindsamen Seele" oder einem „aufrechten Herzen" vermochte Charlotte Corday bei Marat nicht die geringste Spur zu entdecken. Nach der Lektüre seiner zahllosen Pamphlete, die er in besessener Tag- und Nachtarbeit zu produzieren pflegte, und die immer unverblümter zur Vernichtung der Gegner aufriefen, kam sie zu der Überzeugung, dass er in Wahrheit sehr wohl jener „blutgierige Tiger" war, als den ihn seine Feinde bezeichneten. Und diese Ansicht kam nicht von ungefähr: „500 oder 600 abgeschlagene Köpfe hätten euch Ruhe, Freiheit und Glück gesichert", schrieb Marat im „Volksfreund" bereits am 26. Juli 1790, „eine falsch verstandene Menschlichkeit hat eure Arme gelähmt und euch gehindert, Schläge auszuteilen ... Sobald eure Feinde einen Augenblick lang triumphieren, wird das Blut in Strömen fließen." Bei Marat, so empfand es Charlotte, schien nicht Tinte, sondern Blut aus der Feder zu fließen, so furchterregend waren seine wortgewaltigen öffentlichen Aufrufe zu Gewalt, Rache und Terror. Dieser Mensch, diese Geißel der Menschheit, der er in ihren Augen war, konnte und durfte das Volk nicht länger zu

Gewalttaten aufrufen, Gewalttaten, die inzwischen sogar das friedliche Caen erreicht hatten.

Terror in Caen

Nachdem die Jakobiner in der Nationalversammlung endgültig die Oberhand gewannen, wurde Ludwig XVI. im August 1792 abgesetzt und eingekerkert. Frankreich war jetzt eine Republik, allerdings nicht die Republik, von der einst nicht nur Charlotte Corday und Vater Jacques-François geträumt hatten. Vollends schockiert war Charlotte, als der König am 21. Januar 1793 hingerichtet wurde. So weit hätte es niemals kommen dürfen!

Ihre Brüder hatten angesichts der radikalen Entwicklung das Land bereits verlassen, und Charlotte vorgeschlagen, ihrem Beispiel zu folgen, aber sie zog es trotz allem vor, in der Heimat zu bleiben. Doch die blutigen Ausschreitungen hatten mit dem Tod des Königs ihren Höhepunkt noch lange nicht erreicht, denn die Revolutionäre bekämpften sich nun gegenseitig, die radikalen Jakobiner (so genannt, weil sie im früheren Jakobskloster ihre Sitzungen abhielten) und die gemäßigten Girondisten (von denen die meisten aus dem Département Gironde stammten). Schließlich setzten sich die Radikalen unter der Führung von Robespierre, Danton und Marat vollends durch. Und sie wollten das Leben des französischen Volkes völlig umgestalten. Alles, was an die Monarchie erinnerte, sollte ausgemerzt werden, und wenn es sein musste, mit blutiger Gewalt! Doch die „500 oder 600 abgeschlagenen Köpfe", die Marat einst gefordert hatte, brachten keineswegs die erhoffte „Ruhe, Freiheit und Glück", im Gegenteil. Die bedrängten Girondisten flohen aus Paris und fanden Zuflucht in Caen, das nun zum nördlichen Stützpunkt der „Föderalistischen Reaktion" gegen die Jakobiner wurde. Und so kam auch Charlotte Corday zum ersten Mal mit der Revolution und ihren Auswirkungen direkt in Berührung. In ihrem Heimatort besuchte sie nun die Veranstaltungen der Girondisten und erfuhr von ihrem Plan, eine Armee zum Marsch auf die Haupt-

17

stadt aufzustellen. Und zum ersten Mal wurde ihr bewusst, dass sie mit ihren Gedanken und ihrem Hass auf die Jakobiner keineswegs allein dastand, einem Hass der noch größer wurde, als sie den Terror mit eigenen Augen zu sehen bekam: Bei einem Aufruhr in Caen wurde ein Neffe ihrer früheren Äbtissin erschlagen und enthauptet, und Charlotte musste entsetzt mit ansehen, wie dessen Kopf gleich einer Trophäe durch die Straßen getragen wurde. Auch der gemäßigte Stadtverwalter wurde vor den Augen seiner Frau und seines Kindes von aufgebrachten Radikalen massakriert. Es schien nur einen Ausweg zu geben: Gleiches musste mit Gleichem vergolten, dem Blutvergießen durch eine Bluttat ein Ende gesetzt werden.

Mehr und mehr begannen Charlottes Gedanken um den wünschenswerten Tod jenes Mannes zu kreisen, der mit seinen hitzigen Pamphleten Schuld an der ganzen Entwicklung zu sein schien: Jean-Paul Marat, der „blutgierige Tiger". Was Charlotte nicht wusste: Tatsächlich hatte Marat nur geringen Einfluss auf das Geschehen, all seinen Furcht erregenden Aufrufen zum Trotz. Spätestens seit Anfang April 1793 konzentrierte sich die ganze Macht auf Robespierre, Marat hingegen war krank und verließ zu diesem Zeitpunkt kaum noch sein Haus. Ohnehin war er nicht das Ungeheuer, als das er gemeinhin dargestellt wurde. Er soll etliche Menschen vor der drohenden Hinrichtung bewahrt haben und war ganz entgegen seinen aggressiven Aufrufen zumindest zu diesem Zeitpunkt doch eher nachsichtig. Seit 1792 lebte er mit der jungen Simone Evrard zusammen, die sich liebevoll um den gleichwohl schwierigen Patienten kümmerte.

Doch da Charlotte ihre politischen Kenntnisse nur aus der Zeitungslektüre bezog, überschätzte sie die Einflussmöglichkeiten des Publizisten Marat ganz erheblich. In ihren Gedanken sah sie den Bösewicht stets vor sich und malte sich aus, was zur Zeit wohl im fernen Paris vor sich gehen mochte. Zeit dazu hatte sie schließlich zur Genüge.

Derweil hatten etliche Einwohner von Caen damit begonnen, ihre Sachen zu packen und die Stadt zu verlassen, um nicht auch zu Opfern des Terrors zu werden. Charlotte hingegen hatte keine Angst vor dem Tod. Was war ihr Leben schon wert? „Ich habe das Leben immer nur geschätzt nach dem Nutzen, den es bringen könnte", sollte sie kurz vor ihrer Hinrichtung sagen. Der Kontakt zu Vater und Geschwistern war weitgehend abgerissen, sie besaß keine eigene Familie, um die sie sich kümmern und auf die sie Rücksicht hätte nehmen müssen und hatte keine wirklich sinnvolle Aufgabe. Welchen Sinn hatte es also, weiter zu leben? Welchen Sinn angesichts des ganzen Elends und Blutvergießens? Irgendwann in dieser Zeit muss sich Charlotte Corday in die abstruse Idee verrannt haben, doch noch etwas aus ihrem scheinbar „nutzlosen" Leben zu machen, etwas ganz Großartiges sogar: Sie wollte zur Retterin des französischen Volkes werden! Ihr untätiges Dasein in der Abgeschiedenheit, der mangelnde Kontakt zu anderen Menschen war, wie es scheint, der ideale Nährboden für das allmähliche Anwachsen ihres Sendungsbewusstseins. Ähnlich wie eine Ulrike Meinhof in unserer Zeit, war schließlich auch Charlotte Corday von einem fanatischen Idealismus beflügelt, dem Glauben, im alleinigen Besitz der Wahrheit zu sein und für eine gerechte Sache und bessere Welt zu kämpfen – wenn es sein musste, auch mit einer tödlichen Waffe.

Ein Küchenmesser für 40 Sous

Unter den flüchtigen Girondisten, die im Juni 1793 nach Caen gekommen waren, war auch Charles Jean-Marie Barbaroux (1767–1794), ein charismatischer Redner und zudem ein ausgesprochen attraktiver Mann, der sich vor den Annäherungsversuchen junger Frauen kaum zu retten wusste. Eines Tages stand auch Charlotte Corday vor ihm, eine sanfte und introvertierte blondlockige Frau, züchtig bekleidet mit weißer Haube und dem zeitüblichen Brusttuch. Natürlich war Charlotte weit davon entfernt, dem schönen Barbaroux irgendwelche Avancen zu machen. Stattdessen bat sie ihn um einen Empfehlungsbrief an einen Deputierten in Paris, den sie um Hilfe für eine emigrierte Freundin bitten wollte. Der freundliche Barbaroux konnte natürlich nicht ahnen, dass diese Freundin nur in Charlottes Phantasie existierte und riet ihr daher, sich an Monsieur Duperret zu wenden, einen der letzten Girondisten in der Hauptstadt, die noch nicht gefangen, geflohen oder umgebracht worden waren. Damit hatte Charlotte den begehrten Passierschein in der Tasche!

Am 9. Juli bestieg Charlotte Corday die Postkutsche, die sie nach Paris bringen sollte. Sie unterbrach ihre Reise nur einmal in Argentan, um ihren Vater aufzusuchen und ihm mitzuteilen, sie sei auf dem Weg nach England, wohin auch ihre Brüder emigriert waren. Er solle sich daher, falls er nun längere Zeit nichts mehr von ihr höre, keine unnötigen Sorgen machen. Damit stand der Weiterfahrt nach Paris nichts mehr im Wege.

Charlotte Corday kam zum ersten Mal in ihrem Leben in die französische Hauptstadt, doch die junge Frau aus der Provinz bewegte sich hier mit einer geradezu traumwandlerischen Sicherheit. Als Erstes mietete sie sich ein Zimmer im Hôtel de la Providence in der Rue des Vieux Augustins Nr. 17. Dort ging sie in aller Ruhe noch einmal den Plan durch, der in den zurückliegenden Wochen immer konkretere Gestalt angenommen hatte: Marat musste sterben, und zwar nach Möglichkeit auf besonders spektakuläre Weise. Charlotte hatte sich ausgemalt, ihn am 14. Juli, dem Jahrestag der Revolution, vor aller Augen bei den Feierlichkeiten auf dem Marsfeld zu erstechen. Auf diesen dramatischen Auftritt musste sie jedoch verzichten. Marat war ernsthaft krank, verließ das Haus kaum noch und ging auch nicht mehr zur Nationalversammlung, geschweige denn zu einem gut besuchten Volksfest. Sie hatte also keine andere Wahl, als den verhassten Journalisten zu Hause aufzusuchen. Die Adresse herauszufinden, war nicht weiter schwierig: Ein gesprächiger Mietkutscher verriet ihr, dass Marat in einem Haus an der Rue de Cordeliers Nr. 30 wohnte (heute Rue de l'Ecole de Médecine). Nun fehlte nur noch die Mordwaffe, und die besorgte sich Charlotte Corday völlig problemlos in einem Haushaltswarengeschäft am Palais Royal: ein Küchenmesser mit Ebenholzgriff und 20 cm langer Klinge, für das sie 40 Sous bezahlte.

Mord im Badezimmer

Am Morgen des 13. Juli 1793 machte sich Charlotte auf den Weg zu Marats Haus, das Messer griffbereit in ihrem Brusttuch verborgen. Es war ein großes dunkles Gebäude, in dem Marat die erste Etage bewohnte. Eine junge Frau öffnete ihr die Tür, Marats Lebensgefährtin Simone Evrard, die der unangemeldeten frühen Besucherin freilich unmissverständlich zu verstehen gab, dass sie sie nicht einlassen könne, nicht jetzt und auch nicht später. Marat sei krank und könne niemanden empfangen. Enttäuscht fuhr Charlotte zurück in ihr Hotel und beschloss, ihren Besuch zuvor schriftlich anzukündigen und auch den Grund dafür zu erklären: „Ich komme aus Caen. Sie, der Sie unser Volk lieben, werden interessiert sein, von den Komplotten zu erfahren, die dort geschmiedet werden. Ich erwarte ihre Antwort." Tatsächlich wurde in der Normandie ein solcher „Marsch auf Paris" vorbereitet, doch war die Zahl der Beteiligten viel zu gering, um sich gegen die Revolutionsheere durchsetzen zu können. Doch das konnte Marat schließlich nicht wissen.

Nachdem Charlotte den Brief abgeschickt hatte, verspürte sie eine wachsende Unruhe. Ohne auf eine Antwort zu warten machte sie sich daher noch am gleichen Tag erneut auf den Weg in die Rue des Cordeliers und wieder wurde sie von Simone zunächst abgewiesen. Doch dann hörte sie plötzlich eine männliche Stimme aus dem Hintergrund: Marat bat Simone, die Besucherin hineinzulassen. Charlotte betrat die düstere Wohnung, die nur spärlich möbliert war und einen eher armseligen Eindruck machte. Viel freilich sah sie nicht, denn Simone geleitete sie unverzüglich ins Bad, seit geraumer Zeit Marats bevorzugtes „Arbeitszimmer". Seine Hautkrankheit hatte sich in der letzten Zeit derart verschlimmert, dass er nur noch Linderung verspürte, wenn er in warmem Wasser saß, dem Salz und Medikamente beigemischt waren. Es scheint, als habe es sich bei Marats Krankheit um eine Art Skrofulose gehandelt, die sich unter anderem durch ein Gesichtsekzem sowie eine auffällige Anschwellung der Oberlippe äußert.

Da also sah sie ihn nun von Angesicht zu Angesicht, den „blutrünstigen Tiger", und er sah tatsächlich so Furcht erregend aus, wie Charlotte es sich vorgestellt hatte: ein kleiner und überaus hässlicher Mann, dessen großer Mund mit der charakteristisch vorstehenden Oberlippe besonders abstoßend wirkte. Ein feuchtes Handtuch bedeckte seine Schultern, und um den Kopf hatte er einen bunten essiggetränkten Lappen gebunden. Quer über die Wanne lag ein Brett, auf dem sich Papier, Feder und Tinte befanden, und Marat schien gerade dabei zu sein, ein neues Pamphlet für seine Zeitung zu verfassen.

Marat empfing Charlotte ganz unerwartet höflich und bot ihr sogar einen Stuhl an. Was denn in Caen eigentlich los sei, wollte er von ihr wissen, und nachdem Charlotte Platz genommen hatte, begann sie, von dem geplanten Komplott zu erzählen und die Namen der Aufständischen zu nennen. Marat schrieb derweil eifrig mit und meinte schließlich zufrieden: „Sie werden bald guillotiniert sein." Dieser Satz war das Stichwort für Charlotte. Mit Schaudern hatte sie in den Zeitungen von der angeblich „humanen" Enthauptungsmaschine gelesen, die erstmals im April 1792 eingesetzt worden war. Seitdem standen Guillotinen im ganzen Land und waren schon fast zum wichtigsten Symbol der Revolution geworden. „Sie werden bald guillotiniert sein" – bei diesen Worten zog sie das Küchenmesser aus ihrem Dekolleté und stieß es Marat mit solcher Gewalt in die Brust, dass es die Halsschlagader durchtrennte und das Blut aus der Wunde spritzte. Er konnte nur noch nach Simone rufen und starb Sekunden später in deren Armen.

Charlotte Corday blieb wie in Trance am Tatort stehen. Simones Hilferufe hatten die Nachbarn alarmiert, und schon bald war Marats Wohnung voller Menschen. Und nur kurze Zeit später kam auch die Polizei, die Charlotte verhaftete und abführte. „Ich habe meine Pflicht getan", sagte sie lakonisch, „nun sollen sie die ihrige tun".

Am nächsten Tag berichtete auch die „Gazette française" über den Mord und die Mörderin: „Die Frau hat nicht versucht, die Flucht zu ergreifen. Sie blieb ruhig sitzen und wartete, bis man sie festnahm. Das Ereignis hat hier lebhafte Empörung verursacht und man fürchtet, dass es schreckliche Folgen haben könnte." Charlotte freilich war vom Gegenteil überzeugt. In ihren Augen hatte sie durch den Mord das Leben vieler Menschen gerettet und Frankreich auf diese Weise Frieden gebracht. Wie die alttestamentarische Judith hatte auch sie sich durch eine List Zutritt zu ihrem Opfer verschafft und war so zu einer wahrhaftigen Heldin geworden!

„Das Ziel heiligt die Mittel"

Charlotte Corday wurde in die Conciergerie gebracht, jenes düstere Pariser Staatsgefängnis auf der Ile de la Cité, in dem später auch Königin Marie Antoinette auf ihre Hinrichtung warten sollte. In der Gefängniszelle schrieb sie die letzten Briefe, in denen sie ihre Tat rechtfertigte. Barbaroux erklärte sie darin selbstbewusst: „Das Ziel heiligt die Mittel", und auch dem Vater berichtete sie nicht ohne Stolz von ihrer vermeintlichen Heldentat: „Verzeihen Sie, mein lieber Papa, dass ich ohne Ihre Erlaubnis über mein Dasein verfügt habe. Ich habe viele unschuldige Opfer gerächt, habe vielen anderen unglücklichen Ereignissen vorgebeugt; wenn sich dem Volk erst die Augen öffnen, wird es froh sein, von einem Tyrannen befreit zu sein. Wenn ich Ihnen einzureden versuchte, ich führe nach England, so geschah dies, weil ich hoffte, das Incognito zu wahren, aber ich habe die Unmöglichkeit erkennen müssen."

Dass Charlotte ihre „Heldentat" ursprünglich hatte anonym ausführen wollen, muss freilich bezweifelt werden. Die Tatsache, dass sie sowohl Pass als auch Taufschein bei sich trug, widerspricht ihren Beteuerungen ganz eindeutig. Nein, Charlotte wollte schon als „Racheengel" in die Geschichte eingehen und gleich einer Jeanne d'Arc zur nationalen Lichtgestalt werden.

Sie ahnte nicht im Geringsten, dass die Rolle der „Lichtgestalt" eher von demjenigen ausgefüllt wurde, den sie soeben ermordet hatte. Jetzt nämlich, nach seinem Tod, wurde der zuvor eher unbeliebte Marat geradezu kultisch verehrt. Nachdem

Simone Evrard dafür gesorgt hatte, dass der Leichnam einbalsamiert wurde, konnte Marat trotz der sommerlichen Hitze am 15. Juli öffentlich aufgebahrt werden. Gewaltige Scharen von Trauernden nahmen von dem toten Journalisten Abschied und in einem am gleichen Tag stattfindenden Trauerumzug trugen leicht hysterisch wirkende Frauen Marats Badewanne und Schreibzeug gleich heiligen Reliquien durch Paris. Am 16. Juli, dem Tag seiner Beerdigung, schien der Zug der Trauernden gar kein Ende zu nehmen. Vorübergehend entstand ein regelrechter Marat-Kult, der seinen Höhepunkt erreichte, als am 21. September 1794 seine sterblichen Überreste ins Panthéon überführt wurden, jene Ruhmesstätte, die den „großen Männern vom dankbaren Vaterland gewidmet" worden war.

Inzwischen wurde Charlotte Corday der Prozess gemacht. Sie stand zwar zu ihrer Tat, bekannte sich aber nicht schuldig: „Ich tötete einen Mann, um Hunderttausend zu retten", erklärte sie dem Gericht in unerschütterlicher Ruhe und der sicheren Überzeugung, die Opfer gerächt und weiteren Terror verhindert zu haben. Auch zweifelte sie nicht im Geringsten daran, dass ganz Frankreich hinter ihr stand, denn auf die unvermeidliche Frage ob es mögliche Hintermänner gäbe, antwortete sie: „Ja, alle rechtschaffenen Menschen in Frankreich", gab aber gleichzeitig an, dass niemand von ihren Plänen gewusst hatte. Das Gericht vermochte Charlottes Ausführungen verständlicherweise nicht zu folgen und verurteilte sie zum Tod durch die Guillotine.

Nach dem Urteil bat Charlotte Corday, man möge ihr einen letzten Wunsch erfüllen und ihr einen Maler schicken, der sie porträtieren sollte, ein Abschiedsbild für ihre Familie, wie sie sagte. Das wurde ihr auch gewährt, und der Maler Jean-Jacques Hauer zeichnete in der kurzen ihr verbleibenden Zeit das Bild einer sanften jungen Frau mit melancholischem Blick, das so ganz und gar nicht zu ihrer Bluttat zu passen schien (s. S. 11). Es ist anzunehmen, dass Charlotte Corday genau das beabsichtigte: ihre Darstellung als schuldlose Jungfrau, die im Namen einer höheren Macht gehandelt hatte.

Jean-Jacques Hauer war Zeuge, als in den frühen Morgenstunden des 19. Juli der Henker in Charlottes Todeszelle kam, ihr die Haare abschnitt, ein rotes Hemd überstreifte und sie zu einem Karren brachte, der im Hof bereits auf ihren Abtransport zum Schafott wartete. Nur kurze Zeit später wurde sie auf der Place de la Révolution (heute: Place de la Concorde) hingerichtet. Sie starb, ohne sich darüber im Klaren zu sein, wie unheilvoll sich ihre Tat für die Girondisten auswirken würde, deren Sache sie doch hatte vertreten wollen.

Zwei Mitglieder des Nationalkonvents – darunter der Maler David, der das berühmte Bild des toten Marat geschaffen hat – untersuchten den Leichnam und stellten fest, dass Charlotte Corday noch Jungfrau gewesen war. Der Sinn dieser Maßnahme ist freilich überaus rätselhaft.

Die Folgen des Mordes

Durch ihren Mord an Marat hatte Charlotte Corday nach eigenem Bekunden „Hunderttausend retten" wollen. Doch das genaue Gegenteil war der Fall. Nun rollten die Köpfe erst recht, und die Ermordung der „Kultfigur" beschleunigte nur die Errichtung des Terrorregimes, weil er über das Rachebedürfnis eine willkommene Legitimation lieferte. Nachdem Danton 1794 auf dem Schafott geendet und Robespierre seinen Platz im Wohlfahrtsausschuss eingenommen hatte, ließ er in ganz Frankreich Revolutionstribunale errichten, von denen Monarchisten, Girondisten, Dantonisten, Mönche und Priester sowie missliebige Leute aus den eigenen Reihen im Schnellverfahren verurteilt und hingerichtet wurden.

Doch auch auf ihre Geschlechtsgenossinnen wirkte sich der Mord an Marat verhängnisvoll aus. Hatten die Frauen zu Beginn der Revolution noch geglaubt, mehr Rechte zu erhalten, so mussten sie diese Hoffnungen nun endgültig begraben. Der Mord an Marat war vielmehr das Signal einer breit angelegten Pressekampagne gegen die politischen Aktivitäten von Frauen. Noch im Oktober desselben Jahres beschloss die Nationalversammlung daher, den „Patriotischen Frauenclubs" und sonstigen Engagements ein Ende zu setzen, „weil es eine Frau war, die das Unglück Frankreichs verursachte". Fortan sollten sich

Frauen nicht mehr in die Politik einmischen, sondern sich ausschließlich der Familie widmen, so, wie es auch Rousseau gefordert hatte. Was blieb, war die „Gleichheit auf dem Schafott" …

Ein spätes „Denkmal" ist Charlotte Corday freilich doch noch gesetzt worden. 1968 verfasste der Dramatiker Peter Weiss das Theaterstück „Die Verfolgung und Ermordung Jean-Paul Marats durch die Schauspielgruppe des Hospizes zu Charenton unter Anleitung des Herrn de Sade". Doch auch hier tritt sie keinesfalls als strahlender Racheengel auf, sondern gleicht einer Schlafwandlerin, die erst durch die Zurufe ihrer Mitspieler dazu ermuntert werden muss, endlich zur Tat zu schreiten.

Sarah Bernhardt

„Ich will sterben, wenn ich nicht die größte
Schauspielerin der Welt werden kann" –
Die Magierin auf der Theaterbühne

Sarahs Fenstersprung

Neben ihrer Kollegin Eleonora Duse war Sarah Bernhardt nicht nur die berühmteste Schauspielerin der Belle Époque, sie besaß auch all jene Eigenschaften, die noch heute einen Weltstar auszeichnen: Begabung, Ausstrahlung und natürlich die unvermeidlichen Starallüren. Sie war launisch, gab sich kapriziös und es störte sie auch keineswegs, wenn gemunkelt wurde, sie habe auf ihren Gastspielreisen ständig einen Sarg dabei. Stattdessen ließ sie sich in makaberer Pose darin fotografieren.

Diesen Sarg gab es tatsächlich. In jungen Jahren war Sarahs Gesundheitszustand derart Besorgnis erregend gewesen, dass ihre Umgebung glaubte, das Kind werde an der Schwindsucht sterben. Auch die Heranwachsende selbst plagte sich mit derart düsteren Gedanken, und um sich auf den scheinbar bevorstehenden Tod vorbereiten zu können, wünschte sie sich einen mit weißem Satin ausgeschlagenen Rosenholzsarg. Die Mutter erfüllte ihrer Tochter den seltsamen Wunsch und Sarah scheint hin und wieder tatsächlich darin geschlafen zu haben. Später tauchte der Sarg in der Legende immer wieder auf, doch auf ihre Tourneen hat sie ihn nun doch nicht mitgenommen.

Derart morbide Vorlieben hatte Sarahs Mutter wohl nicht. Die schöne Holländerin Judith van Hard galt als eher lebensfroher Mensch. Ihrer Arbeit als Putzmacherin überdrüssig war die junge Frau nach Paris gekommen, um dort einer lukrativeren Beschäftigung nachzugehen und ihren Lebensunterhalt als Kurtisane zu verdienen. Die Geburt der kleinen Henriette-

Rosine am 23. Oktober 1844 war gewissermaßen ein „Betriebsunfall", der die Mutter freilich nur vorübergehend zwang, vom Ersparten zu leben. Der verantwortungsvolle Vater, offenbar der Jurastudent Edouard Bernard, zahlte nämlich die stattliche Summe von 100 000 Francs an Alimenten für die uneheliche Tochter, sodass für den Unterhalt der Kleinen bestens gesorgt war. Um aber möglichst rasch wieder ihrem einträglichen Gewerbe nachgehen zu können, suchte Judith, die sich jetzt vornehm Madame Bernard nannte, nach einer Amme für ihr kleines Mädchen. So zog Sarah, wie man das Kind jetzt rief, ins ferne bretonische Quimperlé, wo sie die nächsten zwei Jahre verbrachte.

Mittlerweile kamen Judiths Verehrer ausschließlich aus der besseren Gesellschaft, so dass sie es sich leisten konnte, für Tochter und die verwitwete Amme ein Haus in Neuilly zu erwerben, das nur etwa eine Stunde von Paris entfernt lag, wo sie selbst lebte. Dort konnte sie Sarah jetzt hin und wieder besuchen, ohne dass sie freilich sonderlich an ihrem Kind interessiert war. Nicht lange, und der Kontakt brach daher völlig ab. Als Judith nämlich von einer längeren Reise, die sie mit einem ihrer Liebhaber unternommen hatte, wieder zurückkehrte, fand sie das Haus in Neuilly verwaist, Amme und Tochter waren spurlos verschwunden. Da sich Judith so lange nicht mehr hatte sehen lassen, konnte sie auch nicht wissen, dass Sarahs Amme unterdessen wieder geheiratet und mit Ehemann und Pflegekind umgezogen war.

Sarah lebte jetzt in der ärmlichen Hausmeisterwohnung ihrer Pflegeeltern und fühlte sich ausgesprochen unglücklich. Sie vermisste das schöne Haus und den blühenden Garten, denn hier musste sie auf der schmutzigen Straße spielen. Doch der Zufall wollte es, dass eines Tages eine vornehme Kutsche vorbeikam – und in der saß Tante Rosine, die Schwester ihrer Mutter, die sie früher häufiger in Neuilly besucht hatte! Doch so groß die Freude über das unverhoffte Wiedersehen auf beiden Seiten auch gewesen sein mochte, Tante Rosine hatte keine Lust, ihre kleine schmutzige Nichte mitzunehmen, mochte das Kind auch noch so sehr betteln und toben. Insbesondere der Galan an Rosines Seite wandte sich angewidert ab

Sarah Bernhardt (1844–1923)
anlässlich ihrer Aufnahme in die Ehrenlegion

Foto, 16. März 1914

und wäre am liebsten unverzüglich weiter gefahren, doch eine kleine Panne hatte den Kutscher zu einer vorübergehenden Unterbrechung der Reise genötigt. Unterdessen waren auch Sarahs Pflegeeltern durch das Geschrei des Kindes aufmerksam geworden und brachten das wütende Mädchen zurück in die Wohnung. Sarah freilich dachte überhaupt nicht daran, sich in ihr tristes Schicksal zu fügen: Noch nämlich stand die Kutsche auf der Straße. Mit dem Mut der Verzweiflung sprang sie aus dem Fenster im ersten Stock – und blieb mit einer schweren Gehirnerschütterung und zerschmetterter Kniescheibe auf dem Pflaster liegen. Jetzt endlich erbarmte sich Tante Rosine, hob die verletzte Nichte auf und brachte Sarah zurück zu ihrer Mutter nach Paris.

Szenen auf und hinter der Bühne

Judith Bernard war keineswegs erfreut, als sie ihre kleine Tochter wiedersah, doch wohl oder übel musste sie die verletzte Sarah in ihrer eleganten Pariser Wohnung unterbringen. Die Verletzungen heilten nur langsam, und die magere Kleine blieb ohnehin ein kränkliches Kind, dessen trockener Husten das Schlimmste befürchten ließ. Doch Judith überließ ihr blasses Mädchen den Dienstboten und beschäftigte sich lieber mit der rosigen kleinen Jeanne, die sie vor kurzem zur Welt gebracht hatte. So blieb Sarah ein einsames, schweigsames und mürrisches Kind, das seine Umgebung freilich von Zeit zu Zeit mit heftigen Wutanfällen außer Fassung brachte.

Mit acht Jahren wurde Sarah in ein Pensionat in Auteuil gegeben, um endlich Lesen und Schreiben zu lernen, und die Mutter kam nur zwei Mal auf Besuch vorbei. Das blieb auch so, als Sarah zwei Jahre später auf die angesehene Klosterschule Grandchamps in Versailles überwechselte, die sie nur deshalb besuchen durfte, weil der Duc de Morny, Judiths Liebhaber, das Kind eigens empfohlen hatte. Judith, wenngleich jüdischer Abstammung, hielt es wohl mit Heinrich Heine (1797–1856), der den Übertritt zum christlichen Glauben einmal als „Entréebillet zur europäischen Kultur" bezeichnet hatte. Auch Sarah wurde daher in katholischem Glauben erzogen, getauft und ging 1856 schließlich auch zur Kommunion. Nach langer Zeit fühlte sich das Kind hier zum ersten Mal wieder geborgen. Die frommen Schwestern behandelten sie freundlich und auch die katholische Religion faszinierte sie zutiefst, auch wenn sie ihre jüdische Herkunft niemals vergessen hat. Am liebsten wäre sie in Grandchamps geblieben, doch nach Ende ihrer Schulausbildung musste die 14-Jährige zur Mutter nach Paris zurückkehren.

Inzwischen hatte Sarah eine weitere (Halb-)Schwester bekommen, Régina, die sich eng an die Älteste anschloss. Behaglicher war die Atmosphäre im Hause Bernard freilich keineswegs geworden. Die Kinder waren nach wie vor auf sich selbst gestellt, und Sarah, die mit Wehmut an ihre Zeit in Versailles zurückdachte, empfand ihr Leben nun wieder als ausgesprochen trostlos. Ihr temperamentvolles Naturell, das die Nonnen in Grandchamps ein wenig zügeln konnten, brach sich erneut Bahn. Nach einem offenbar besonders heftigen Wutanfall meinte Duc de Morny, nach wie vor Judiths fester Begleiter, Sarah solle doch am besten Schauspielerin werden. Das junge Mädchen, nach wie vor leidenschaftlich religiös, reagierte auf diesen Vorschlag zutiefst entsetzt, denn Schauspielerin war um die Mitte des 19. Jahrhunderts alles andere als ein ehrenhafter Beruf. Doch auch Mutter Judith war äußerst skeptisch. Ihre älteste Tochter war mit ihrer dünnen Figur und dem krausen rotblonden Haar nicht gerade das, was man damals als Schönheit zu bezeichnen pflegte. Doch Morny ließ sich von seiner Idee nicht abbringen, mochte er sie zunächst auch im Scherz geäußert haben. Er lud Sarah gemeinsam mit ihrer Mutter ein, sich eine Vorstellung in der Comédie Française anzusehen, jenem renommierten Pariser Nationaltheater, das einst von Ludwig XIV. gegründet wurde und in dem schon der große Molière aufgetreten war.

Der Abend wurde für Sarah zu einer Offenbarung: „Was sich da hob", schrieb sie später in Hinblick auf den roten Vorhang, „war der Vorhang vor meinem Leben." Man gab „Britannicus" von Racine und Sarah vergaß für eine Weile alles um sich herum, die Mutter, Morny und auch das exklusive Publikum, das sich im ehrwürdigen Hause Molières versammelt hatte.

Sarahs Bedenken waren plötzlich verschwunden. Jetzt wollte auch sie Schauspielerin werden! „Mit jener lebhaften Übertreibung, mit der ich mich an jedes neue Unternehmen mache", wie es in ihren Memoiren heißt, nahm sie Sprechunterricht. Morny hatte nämlich wieder einmal seine Beziehungen spielen lassen und so der 14-jährigen Sarah die Möglichkeit verschafft, beim Konservatorium vorzusprechen. Dort zeigte sich, dass das junge Mädchen nicht nur über Beziehungen, sondern tatsächlich auch über ein erstaunliches Talent verfügte. Sarahs ausdrucksvoller Vortrag beeindruckte die Jury derart, dass man sie unverzüglich aufnahm.

Jetzt freilich war Sarah nur eine von vielen, und keinesfalls die Beste, so eifrig sie auch an sich arbeiten mochte. Bei der Abschlussprüfung schaffte sie es lediglich auf den zweiten Platz und war derartig enttäuscht, dass sie zumindest vorübergehend mit dem Gedanken spielte, den Traum von der Schauspielerei aufzugeben und stattdessen einen reichen älteren Verehrer zu heiraten, den ihr die Mutter ans Herz gelegt hatte.

Vielleicht wäre sie für die Theaterbühne tatsächlich verloren gewesen, hätte ihr kurze Zeit später nicht ein Bote einen Brief überbracht, dessen Absender kein Geringerer war als der Verwaltungsdirektor der Comédie Française! Sarah sollte am folgenden Tag zu einer Besprechung vorbeikommen. Es ist anzunehmen, dass wieder einmal der Duc de Morny dahintersteckte, denn Sarah wurde tatsächlich genommen, wenn auch nur zur Probe und mit einem Gehalt, das kaum für drei warme Mahlzeiten pro Woche reichte.

Sarah Bernhardt (unterdessen waren ein h und ein t zu ihrem Nachnamen hinzugekommen) debütierte im August 1862 als Iphigenie im gleichnamigen Stück von Racine. Vielleicht lag es an dem heftigen Lampenfieber, das sie ein Leben lang plagen sollte, dass dieser erste Auftritt eher enttäuschend ausfiel. Sie sprach viel zu schnell und undeutlich und lief zum Schluss weinend in ihre Garderobe. Publikum und Kritiker waren ein wenig ratlos und auch der Direktor der Comédie fürchtete, mit Sarahs Engagement einen großen Fehler begangen zu haben, zumal ihre Auftritte hinter der Bühne wesentlich beeindruckender waren als diejenigen auf derselben. Schon bald nämlich waren Sarahs Wutausbrüche auch im altehrwürdigen Hause Molières gefürchtet und ein bedauernswerter Pförtner bekam ihr heftiges Temperament besonders schmerzhaft zu spüren: Die Jungmimin schlug ihm ihren Sonnenschirm auf den Kopf und fügte ihm eine stark blutende Platzwunde zu.

Es dauerte nicht mehr lange, und Sarah Bernhardt sollte am 15. Januar 1863 ihren letzten Auftritt haben. Dieses Datum, Molières Geburtstag, wurde in der Comédie mit einem besonderen Ritual gefeiert. In der Bühnenmitte war die Büste des großen Dichters platziert, vor der sämtliche Schauspieler einen Palmenzweig niederzulegen hatten. Sarahs Aufgabe bestand darin, mit einem Lorbeerkranz in der Hand die Bühne zu betreten und diesen an den Ältesten der Truppe weiterzureichen, damit der ihn auf Molières steinernes Haupt setzen konnte. Das wäre nicht weiter schwierig gewesen, hätte nicht Sarahs kleine Schwester Régina den dringenden Wunsch geäußert, hinter den Kulissen dabei sein zu dürfen. Das war eigentlich streng verboten, doch Sarah ließ sich trotzdem überreden und bat Régina lediglich, ganz still zu bleiben. Das tat das Schwesterchen zwar, doch leider stand sie dabei versehentlich auf der langen Schleppe des Purpurgewands von Madame Nathalie, einer ebenso beliebten wie beleibten älteren Schauspielerin. Die stieß das Kind daraufhin wütend zur Seite – und das Unheil nahm seinen Lauf. Régina stolperte, fiel gegen einen Gipspfeiler und zog sich eine üble Stirnverletzung zu. Vor Schmerz und Wut außer sich, beschimpfte das Kind die korpulente Mimin und es kam zu einem heftigen Wortgefecht mit der nicht minder aufgebrachten Madame Nathalie. Dann schritt Sarah ein. Mit einem Boxhieb in den Magen brachte sie ihre ältere Kollegin zum Schweigen und Nathalie sank ohnmächtig zu Boden. Sarahs beherzter Auftritt verschaffte ihr zwar erstmals die Aufmerksamkeit der Presse, denn Vergleichbares war seit der Gründung des Hauses 1658 schließlich noch nie passiert. Doch da sie sich hartnäckig weigerte, sich bei Madame Nathalie öffentlich zu entschuldigen, war dieser spektakuläre Auftritt auch ihr letzter. Sarah Bernhardt war entlassen.

„Dieses Theater liebte ich von allen am meisten …"

Es folgten vier magere Jahre, in denen Sarah Bernhardt nur hin und wieder kleinere Rollen in eher unbedeutenden Theatern angeboten wurden, meist leichte Komödien, die kaum Beachtung fanden. Die meisten Theaterdirektoren gaben ihr aber zu verstehen, dass man sie für untragbar hielt. Sarah begann nun, ihre katholische Erziehung bei den Nonnen außer Acht zu lassen und nach wohlhabenden Liebhabern Ausschau zu halten, die ihren Lebensunterhalt finanzieren sollten. Einer von ihnen war Fürst Henri de Ligne, ein belgischer Adeliger, den sie Anfang 1864 in Brüssel kennen gelernt hatte. In Belgien konnte Sarah ihren Kummer vorübergehend vergessen, doch als sie nach Paris zurückkehrte, stellte sie zu ihrer Bestürzung fest, dass die Beziehung zu de Ligne nicht ohne Folgen geblieben war: Sarah war schwanger! Ans Theaterspielen war daher schon bald nicht mehr zu denken.

Noch bevor man ihr die Schwangerschaft ansah, beschloss Sarah, der Mutter den „Unfall" zu beichten. Die reagierte jedoch keineswegs so verständnisvoll, wie Sarah angenommen hatte. Stattdessen geriet Judith in rasenden Zorn, hielt der Tochter eine – angesichts ihres eigenen Vorlebens nicht sehr glaubwürdige – Moralpredigt – und warf sie umgehend aus der gemeinsamen Wohnung.

Sarah war somit gezwungen, sich nach einer eigenen Bleibe umzusehen und fand ein kleines Appartement, in das ihre Schwester Régina mit einzog. Dort wurde am 22. Dezember 1864 Sohn Maurice geboren, der Sarah Bernhardts einziges Kind bleiben sollte.

Glücklicherweise nahm sich eine Freundin der Familie der Ausgestoßenen an und kümmerte sich auch um den Säugling, wenn Sarah hin und wieder ein Theaterengagement bekam. Doch so hatte sie sich ihr Leben nicht vorgestellt!

Eines Tages stand völlig unerwartet Henri de Ligne vor ihrer Tür. Er hatte irgendwie erfahren, dass er inzwischen Vater geworden war, und wollte jetzt nicht nur seinen kleinen Sohn kennen lernen, sondern bat Sarah auch, seine Frau zu werden. Es ist nicht ganz klar, warum diese Ehe nicht zustande kam.

Fest steht lediglich, dass die Familie des Fürsten dessen Heiratspläne entrüstet zurückwies und ihm mit Verlust von Stellung und Vermögen drohte, sollte er die Schauspielerin tatsächlich heiraten. Dürfte man Sarahs Memoiren Glauben schenken, dann hat sie deswegen selbst edelmütig verzichtet. Es ist freilich durchaus möglich, dass es der Fürst war, der einen Rückzieher machte, als er vor die Alternative Geld oder Ehe gestellt wurde. Auf jeden Fall trennte man sich im Streit und Sarah blieb auch weiterhin eine allein erziehende Mutter.

Beruflich hatte sie jedoch mehr Glück. Jetzt nämlich fand sie endlich eine feste Anstellung beim angesehenen Odéon, einem Theater nahe dem Jardin du Luxembourg am linken Seineufer. Auch das Odéon war ein Nationaltheater, aber weniger traditionell und dafür experimentierfreudiger als die Comédie Française. Das Publikum war hier zwar nicht ganz so elegant, dafür aber bestand es aus wirklichen Theaterfreunden, für die der Besuch einer Aufführung mehr war als ein bloßes gesellschaftliches Ereignis, meist Studenten, Künstler und Literaten. Zudem war das Arbeitsklima hier freier und nicht so von Neid und Missgunst geprägt wie im Hause Molières. „Dieses Theater liebte ich von allen am meisten", schrieb Sarah später in ihren Lebenserinnerungen, „ich verließ es mit Bedauern. Wir kamen dort alle gut miteinander aus und jedermann war vergnügt …"

Zunächst freilich enttäuschte Sarah Bernhardt auch hier und die Kritiker höhnten, sie spiele wie „eine von vier Stecknadeln bewegte Stopfnadel". Es scheint, als konnte sie nur deshalb bleiben, weil sie mit dem Theaterdirektor Duquesnel eine Affäre begonnen hatte. Erst 1868, als sie in dem Stück „Kean" von Alexandre Dumas d. Ä. spielte, schaffte sie den Durchbruch. Dabei hatte es zunächst so ausgesehen, als müsse die Vorstellung abgebrochen werden. Das Publikum war nämlich völlig aufgebracht und verlangte, dass statt Dumas ein Drama von Victor Hugo gespielt werden sollte. Dessen Stücke waren nämlich von der französischen Regierung verboten worden, denn der kritische Autor galt als Staatsfeind und war daher schon 1850 von Napoleon III. des Landes verwiesen worden. Für das Publikum des Odéon indes war Hugo ein Held und

Vorkämpfer der Demokratie. Dumas aber, der in der Loge saß, wurde ausgepfiffen, der Tumult wurde immer größer, der Lärm immer ohrenbetäubender, doch als Sarah Bernhardt unerwartet die Bühne betrat, wurde es allmählich still. Was würde die Schauspielerin nun verkünden? Sarah stellte dem Publikum nur eine schlichte Frage: „Finden Sie es gerecht, Dumas für die Verbannung von Victor Hugo verantwortlich zu machen?" Zunächst war Gelächter zu hören, doch dann begannen einige, den Worten der Mimin zu applaudieren, andere folgten ihrem Beispiel und letztlich war das Publikum tatsächlich versöhnt. Das Stück konnte gespielt werden und Sarah war in der weiblichen Hauptrolle zum ersten Mal wirklich überzeugend. Als sie schließlich vor den Vorhang trat, gehörte der überwältigende Applaus ihr allein. Von nun an gehörte Sarah Bernhardt zu den bekanntesten und beliebtesten Schauspielern des Odéon, und wenn sie spielte, dann war das Haus gewöhnlich ausverkauft.

Mit ihrem wachsenden Erfolg auf der Bühne begann auch Sarahs gesellschaftlicher Aufstieg. Illustre Theaterfreunde kamen nach der Vorstellung in ihre Garderobe und statteten ihr auch zu Hause gerne einen Besuch ab, denn unterdessen war Sarah in ein weiträumiges Appartement umgezogen. Zu ihren Gästen zählten unter anderem der dankbare Alexandre Dumas sowie sein Sohn gleichen Namens, der Schriftsteller Gustave Flaubert und auch Léon Gambetta, der junge Führer der Oppositionspartei.

Die Wohnung der großen Schauspielerin hatten sich die meisten freilich völlig anders vorgestellt. Das Mobiliar bestand aus einem Sammelsurium edler Stücke und geschmackloser Dinge, Hunde sprangen herum und einige Schildkröten krochen über den mit Fellen und Orientteppichen ausgelegten Boden. Überall standen Topfpalmen und Vasen mit frischen oder verwelkten Blumen herum. Ansonsten muss alles dermaßen unordentlich gewesen sein, dass sich der Schauspieler Pierre Berton geweigert haben soll, Sarahs Wohnung noch einmal zu betreten, weil er fürchtete, ansonsten all seiner Illusionen beraubt zu werden. Doch die Wohnung in der Rue Auber konnte ohnehin schon bald niemand mehr betreten. Ein verheerendes Feuer vernichtete die ganze Pracht und machte Sarah Bernhardt nicht nur vorübergehend obdachlos, sondern auch völlig mittellos. Da sie in ihrer Zerstreutheit vergessen hatte, ihre Unterschrift unter den Vertrag zu setzen, weigerte sich die Feuerversicherung, den Schaden zu begleichen und nachdem das Feuer noch andere Wohnungen in Mitleidenschaft gezogen hatte, musste Sarah auch noch für diesen Schaden geradestehen.

Sie wäre bankrott gewesen, hätte nicht die berühmte Sängerin Adelina Patti ein Benefizkonzert zu ihren Gunsten gegeben, das 33 000 Francs einbrachte. Mit diesem Geld gelang es Sarah, ihre Schulden zu bezahlen und sich eine neue Wohnung in der Rue de Rome im gleichen Stil einzurichten. Auch hier bewirtete sie ihre Gäste, und zwar meist wesentlich großzügiger, als es ihre Gage zuließ, die sich auf 350 Francs pro Monat belief.

Der Krieg mit Deutschland 1870/71 unterbrach Sarah Bernhardts Karriere vorübergehend. Wie die meisten Theater, blieb auch das Odéon damals geschlossen und die Schauspieler waren ohne Beschäftigung. Auf Sarahs Vorschlag hin wurde das Haus dem Beispiel der Comédie Française folgend in ein Lazarett umfunktioniert und die kapriziöse Mimin entwickelte dort als aufopfernde Krankenpflegerin ungeahnte Fähigkeiten. Seit damals war Sarah Bernhardt eine glühende Patriotin und entschiedene Feindin des 1871 in Versailles ausgerufenen Deutschen Reiches. Mochten sie ihre Gastspielreisen später auch rund um die Welt führen, im „verhassten Feindesland" jenseits des Rheins ist sie niemals aufgetreten.

Wieder an der Comédie Française

Im Lauf des Jahres nahm das Odéon seinen Theaterbetrieb wieder auf. Als Ende 1871 auch Victor Hugo aus dem Exil zurückkehrte und als „Retter des Vaterlandes" gefeiert wurde, fand man es an der Zeit, endlich ein Stück des heimgekehrten Helden zu spielen. Die Wahl fiel auf „Ruy Blas", ein Versdrama, in dem Sarah Bernhardt die Königin von Spanien verkörperte. Bei der Premiere am 16. Januar 1872 war das Publikum von ihrer eindringlichen Darstellung völlig hingerissen. Sarah spielte die von Liebe überwältigte Königin so wunderbar schön und anrührend, dass selbst der in der Ehrenloge sitzende Prince of Wales zu Tränen gerührt war. Hugos Stück wurde der Theatererfolg der Saison – und mit ihm Sarah Bernhardt.

Die Mimin reagierte daher mit gemischten Gefühlen, als ihr zum zweiten Male ein Schreiben der Comédie Française überbracht wurde. Diesmal bot man ihr ein Engagement mit einer Jahresgage von 12 000 Francs, also 2000 Francs mehr als sie mittlerweile am Odéon verdiente. Doch sollte sie das geliebte Theater wirklich verlassen? Andererseits standen ihr in der Comédie alle Wege offen, und hatte sie nicht einmal selbst zur Schriftstellerin George Sand gesagt, sie wolle lieber sterben, wenn sie nicht die größte Schauspielerin der Welt werden könnte?

Ihr Entschluss stand daher fest, selbst wenn sie ihren Geliebten Duquesnel damit vor den Kopf stieß und obendrein eine Summe von 6000 Francs Schadenersatz leisten musste. Sarah Bernhardt ging zurück zur Comédie Française. Es dauerte nicht lange, und sie feierte hier dieselben Triumphe wie zuvor am Odéon. Ja, selbst ihr altes Publikum kam vom linken Seineufer in das Palais Royal, um sich von der Bernhardt auch weiterhin bezaubern zu lassen. Für ihren Liebhaber Duquesnel fand Sarah schon bald Ersatz. Nur wenig später kam Jean Mounet-Sully an die Comédie, ein hervorragender Schauspieler und phantastisch aussehender Mann mit dunklen Locken. Ihm eilte der Ruf voraus, ein „wahrer Jupiter" zu sein, „dessen Stimme wie ferner Donner dröhnt und dessen Augen Blitze schleudern". Diese „Blitze" scheinen Sarah ins Herz getroffen zu haben. Nachdem beide 1873 gemeinsam in Racines „Andromache" auf der Bühne standen, wurden sie auch privat ein Paar, zumindest vorübergehend.

Auf Tournee

In den nächsten Jahren kletterte Sarah Bernhardt auf der Karriereleiter höher und höher. 1874 feierte sie ihren persönlichen Triumph in Racines „Phèdre", damals für jede Schauspielerin die wohl stärkste Herausforderung. Von nun an überschlugen sich die Kritiker meist vor Begeisterung, selbst wenn Sarah keineswegs in allen Rollen überzeugte.

Ihr Ruf, eine begnadete Schauspielerin zu sein, war unterdessen auch über den Ärmelkanal gedrungen. Im Sommer 1879 erhielt die Comédie Française daher das Angebot, eine Spielzeit am Londoner Gaiety Theater zu geben, selbstverständlich mit Sarah Bernhardt als Bühnenstar. Dabei interessierte man sich aber nicht allein für ihre exzellenten Darbietungen. Mindestens ebenso neugierig war man zu erfahren, was an all den Gerüchten um Sarah Bernhardt wirklich stimmte. Hatte sie tatsächlich ein solch turbulentes Liebesleben? Und was war dran an der Geschichte mit dem Sarg und ihren sonstigen exzentrischen Gewohnheiten? Es war zu hören, dass sie in ihrer Pariser Wohnung nicht nur Hunde und Schildkröten hielt, sondern auch Papageien und andere wilde Tiere wie Affen und Leoparden. Der junge Schriftsteller Alexandre Dumas hatte einmal von einer unerfreulichen Begegnung mit einem zahmen Puma berichtet, der seinem Strohhut den Garaus machte, während einer der Papageien die Knöpfe seiner Weste abriss. Als ob die Wahrheit allein nicht merkwürdig genug gewesen wäre – Sarah hielt all diese Tiere tatsächlich in ihrer Pariser Wohnung –, wurden noch allerlei zusätzliche unglaubliche Dinge kolportiert und die Londoner Gerüchteküche brodelte. Im Garten des Hauses, das man eigens für Sarah Bernhardt angemietet hatte, würden sich allerlei menschenfressende Tiere herumtreiben, derweil die Schauspielerin Zigarren rauchend auf dem Balkon stehe, auf dem Rasen Pistolenschießen übe, Boxunterricht nehme und hin und wieder gar die Schwarze Messe zelebriere. Nichts von alledem stimmte, doch Menschen lasen derlei Klatsch natürlich voller Begeisterung und stürmten Abend für Abend das Gaiety Theater, um die exzentrische „Magierin auf der Bühne" hautnah zu erleben.

Zurück in Paris wurde Sarah Bernhardt freilich sehr kühl empfangen. Das Gerede um ihre Person hatte nämlich seinen Weg auch zurück über den Ärmelkanal gefunden und Paris gab sich empört über das vermeintlich skandalöse Verhalten der Schauspielerin in London. Es gelang ihr daher vorerst nicht, an ihre früheren Erfolge anzuknüpfen, die Kritiker begannen, die ehemals Hochgelobte nunmehr zu verreißen. Im Zorn verließ Sarah die Comédie Française und beschloss 1880, erneut in England aufzutreten. Nach dem Gastspiel in London ging es weiter nach Brüssel und Kopenhagen und im Anschluss daran gab es eine Tournee durch ganz Frankreich, die ihr neuer Manager Edward Jerrett organisiert hatte. Das Wanderleben machte Sarah Bernhardt derart viel Freude, dass sie nicht lange zögerte, sondern auch Jerretts neuen Vorschlag begeistert aufgriff: eine Tournee durch die Vereinigten Staaten. Sarahs Bedenken, sie spreche schließlich nur Französisch, wischte er mit der Bemerkung beiseite, die Amerikaner würden schon kommen, selbst wenn sie Chinesisch spräche. In der Tat: Sarah Bernhardt sollte daher die kommenden vierzig Jahre überwiegend unterwegs verbringen.

Sarah Bernhardt in Amerika

Sarah Bernhardts Amerika-Tournee wurde ganz professionell mit einer Werbekampagne vorbereitet, und als sie am 27. Oktober 1880 mit dem Schiff in New York ankam, waren die Auftritte der skandalumwitterten Schauspielerin bereits ausverkauft. Sie hatte beschlossen, weniger die klassischen Dramen als vielmehr effektvolle Stücke auf die Bühne zu bringen, die den Geschmack der Amerikaner eher zu treffen schienen.

Sarahs Truppe sollte die größeren Städte im Osten und Süden der Vereinigten Staaten bereisen. Für die Tournee war eigens ein Sonderzug bereitgestellt worden, zu dem auch ein eigener Salonwagen für Sarah Bernhardt gehörte, in dem sie wie gewohnt von zuvorkommendem Personal in exklusivem Ambiente bedient werden konnte.

Das Interesse der Amerikaner an Sarah Bernhardt war gewaltig. Es galt freilich auch hier nicht nur der großen Schauspielerin, sondern ebenso der „sündigen Kurtisane", wie sie von den puritanischen Frauenvereinigungen tituliert wurde. Prediger wetterten von den Kanzeln gegen den Besuch ihrer Vorstellungen, doch die waren trotz alledem ausverkauft. Die feine Gesellschaft hingegen, die ihr in London so bereitwillig ihre Türen geöffnet hatte, mied die skandalumwitterte Mimin. Man beanstandete nicht nur ihren Lebenswandel, sondern fand auch ihre Stücke äußerst „schlüpfrig", wenngleich man sie natürlich nur vom Hörensagen kannte. Das galt besonders für die „Kameliendame", die Sarah hier erstmals auf die Bühne brachte. Tatsächlich konnte von Unschicklichkeiten keine Rede sein. Sarah Bernhardt spielte die reuige Sünderin Marguerite Gauthier so überzeugend schlicht und zart, dass selbst die prüdesten Herrschaften keinen Anlass zur Empörung gefunden hätten.

Mochte die feine Gesellschaft Sarah Bernhardt auch nicht zur Kenntnis nehmen – für andere schien der Name große Anziehungskraft zu besitzen. Zeitungen berichteten über ihre diversen Unternehmungen, Frauenmagazine beschäftigten sich mit der Kleidung, die Sarah privat zu tragen pflegte, wallende Gewänder, flatternde Schleier und weiße Schals, die allesamt aus ihrem Kostümfundus zu kommen schienen. Die Schauspielerin kam in Amerika regelrecht in Mode. Mutige Frauen begannen, ihr „Outfit" zu imitieren, Fabrikanten nutzten den prominenten Namen, um ihre Produkte an den Mann zu bringen. Schon nach kurzer Zeit gab es nicht nur Sarah-Bernhardt-Parfums zu kaufen, sondern auch Konfekt und Zigaretten mit ihrem Namen. Ein ganz pfiffiger Geschäftsmann warb mit einer „Original Sarah Bernhardt-Lesebrille", die die Schauspielerin freilich keineswegs benötigte.

Die Tournee, die Sarah Bernhardt durch 51 Städte führte, darunter Boston, New Heaven, Springfield, Philadelphia, Chigaco und Georgia, hatte die Schauspielerin zu einer reichen Frau gemacht. 175 Auftritte brachten ihr die beachtliche Summe von 194 000 Dollar ein, doch den größten Teil davon brauchte sie, um ihre Schulden abzubezahlen. Denn nach wie vor lebte Sarah Bernhardt über ihre Verhältnisse und war daher

mehr als einmal gezwungen, jenen teuren Schmuck zu versetzen, den ihr verschiedene Verehrer geschenkt hatten, nicht
nur, um die Bewunderung für ihre Kunst zum Ausdruck zu
bringen. Hinzu kam, dass sie auch für die Kosten ihrer Kostüme selbst aufkommen musste, und da scheute Sarah weder
Kosten noch Mühe. Im Laufe der Zeit hatte sie sich zu einer
wahren Expertin in Kostümkunde entwickelt und entwarf alle
Stücke selbst. Sie tat dies zwar mit höchster Sorgfalt und Sach-
kunde, aber völlig unbekümmert, was die Kosten anging. Nur
das Beste war gut genug, Seide aus Lyon, Samt aus Italien,
feinste Spitze aus Alençon. Doch mochten die Kostüme auch
ein Vermögen kosten – Kunstwerke waren sie allemal, und das
war für Sarah Bernhardt das Entscheidende.

Als sie im Mai 1881 nach Frankreich zurückkehrte, war der
Empfang ähnlich kühl wie nach ihrem Londoner Gastspiel,
vielleicht noch eine Spur eisiger. Man verübelte ihr, dass sie
wieder einmal „fremd gegangen", diesmal sogar vor kultur-
losen „Cowboys und Indianern" aufgetreten war und dadurch
die großen Franzosen wie Molière und Racine „verraten"
hatte. Dass Sarah Bernhardt damals tatsächlich als „Botschaf-
terin" Frankreichs fungierte, als glühende Patriotin, bei deren
Ankunft jedesmal die „Marseillaise" gespielt wurde, das war
offensichtlich nur den Allerwenigsten bewusst. Und so blieben
die Engagements auch weiterhin aus, kein Autor schickte ein
neues Stück und es schien, als würde sich die Karriere der
36-Jährigen dem Ende entgegenneigen. Zwar konnte Sarah
Bernhardt noch auf ein finanzielles Polster zurückgreifen, doch
es ging ihr nicht allein ums Geldverdienen. Sie musste ganz
einfach auf der Bühne stehen!

Madame Damala

Sarah Bernhardt beschloss, erneut auf Tournee zu gehen. Diesmal sollte sie die Gastspielreise quer durch Europa führen –
von England nach Südfrankreich, Russland, Italien, Griechenland, Ungarn, die Schweiz, Belgien und Holland. In London gab
sie zum ersten Mal die „Kameliendame", die sie auf der ande-

ren Seite des Atlantiks bereits 65-mal gespielt hatte! Hier freilich war das Stück erst vor kurzem und mit erheblichen Bedenken von der Zensur frei gegeben worden, doch schon bald sprach sich herum, wie feinfühlig und keineswegs „schlüpfrig" Sarah Bernhardt auf der Bühne agierte. Schließlich gab sich selbst Queen Victoria die Ehre und wohnte einer Vorstellung der „Kameliendame" bei.

Ob in London oder anderswo – überall strömte das Publikum herbei, um die göttliche Sarah Bernhardt mit der „goldenen Stimme" zu sehen und zu hören, mochte man des Französischen mächtig sein oder nicht. Unter ihren Zuschauern waren oftmals auch gekrönte Häupter wie die Könige von Spanien und Italien oder der Kaiser von Österreich, die sich jeweils mit wertvollen Geschenken für die wundervolle Darbietung bedankten. Im Herbst 1881 spielte sie vor Alexander III. in seinem Winterpalast in St. Petersburg.

Dieser Aufenthalt an der Newa sollte für Sarah Bernhardt noch in anderer Hinsicht ein unvergessliches Erlebnis werden: Die 36-Jährige verliebte sich unsterblich, und wie es scheint, verlor sie den Kopf wie ein junges Mädchen. Ihr Auserwählter nannte sich Jacques Damala, war elf Jahre jünger als sie und so gut aussehend, dass er sich selbst am meisten liebte. Der Schönling stammte aus einer prominenten Athener Familie und war als Attaché an der griechischen Botschaft in Paris beschäftigt gewesen. Seinen beruflichen Verpflichtungen kam er freilich nur hin und wieder nach, denn er hatte zu viele Affären mit zu vielen schönen Frauen, um sich ernsthaft seiner Arbeit widmen zu können. Eine von ihnen, so hieß es, habe sich gar das Leben genommen, als der Herzensbrecher sie für immer verließ. Wie auch immer, auf jeden Fall hatten die vielen Pariser Skandale Damala letzten Endes dazu bewogen, seine Versetzung nach St. Petersburg zu beantragen. Kurz zuvor lernte er auf einem Empfang Sarah Bernhardt kennen und spürte wohl, dass auch die große Schauspielerin ein Opfer seines vermeintlichen Charmes geworden war: „Kommen sie nach St. Petersburg. Ich erwarte sie dort." Mit diesen Worten verabschiedete er sich von Sarah Bernhardt, um kurz danach seinen Dienst im fernen Russland anzutreten.

Als man sich nur wenig später in St. Petersburg tatsächlich wiedertraf, verliebte sich Sarah, die schon in Paris ein wenig „Feuer" gefangen hatte, Hals über Kopf in den ebenso schönen wie eitlen Damala. Sie nahm es hin, dass ihre Affäre in St. Petersburg schon bald zum Stadtgespräch wurde, und ertrug sogar, dass zahllose andere Damen ihrem Liebsten schöne Augen machten. Seine Morphiumsucht hingegen scheint ihr vorerst entgangen zu sein.

Eher im Scherz hatte Sarah seinerzeit in Paris zu Damala gesagt, wenn er keine Lust mehr habe, im diplomatischen Dienst zu arbeiten, dann solle er doch Schauspieler werden. Nun nahm er sie beim Wort. Er gab seine Arbeit auf und wurde „Erster Liebhaber", nicht nur im Leben Sarah Bernhardts, sondern auch neben ihr auf der Bühne. Sarah hielt ihn für begabt, doch das Publikum ließ sich nicht von seinem angenehmen Äußeren täuschen. Damala sprach undeutlich, zudem mit einem für einen Schauspieler viel zu starken griechischen Akzent. Hinzu kam, dass er oftmals seinen Text vergaß, und längere Passagen konnte sich der Morphinist ohnehin nicht merken. Doch Sarah Bernhardt schien vor Liebe regelrecht blind gewesen zu sein. Sie sah weder, wie schlecht er spielte, noch wie es wirklich um ihn stand. Dabei hätte sie gewarnt sein müssen: Auch ihre Schwester Jeanne war schon seit längerem morphiumsüchtig und starb nur wenige Jahre später als völliges Wrack.

Von Russland aus reiste man in den Süden weiter, und schon in Italien hatte Sarah Bernhardt allen Grund zur Eifersucht: Damala ging fremd, und zwar gleich mit mehreren hübschen jungen Schauspielerinnen. Es muss also eine Art Torschlusspanik gewesen sein, die die inzwischen 37-Jährige dazu veranlasste, ihrem jungen Geliebten einen Heiratsantrag zu machen. Jacques Damala hatte keine Einwände, warum sollte er auch? Sarah Bernhardt war wohlhabend und berühmt, und als Ehemann würde ein wenig Glanz gewiss auch auf ihn abfallen.

Die Hochzeit fand am 4. April 1882 in London statt, mit einstündiger Verspätung, was an sich schon ein schlechtes Omen war. Damala hatte seine Papiere im Hotel vergessen und so konnte man nicht zum vorgesehenen Zeitpunkt unmittelbar nach der Trauung nach Nizza weiter reisen, und der dort geplante Bühnenauftritt musste ausfallen. Die 25 000 Francs Strafe zahlte die überglückliche Madame Damala aber ohne mit der Wimper zu zucken.

Erfolge und Tiefschläge

Niemand außer Sarah hatte geglaubt, dass diese Ehe von langer Dauer sein würde, und selbst der eingebildete Damala bereute schon nach kurzer Zeit, dass er sich darauf eingelassen hatte. Es war nämlich keinesfalls so, dass er sich in Sarahs Ruhm sonnen konnte, im Gegenteil. So fiel es nur umso mehr auf, wie schlecht seine schauspielerischen Leistungen in Wirklichkeit waren, derweil Sarah Bernhardt überall, mittlerweile auch wieder in Paris, mit Applaus überschüttet wurde.

Noch etwas anderes kam hinzu. Unterdessen hatte die Mimin in Sardou einen hervorragenden Stückeschreiber gefunden. Sein Credo war, das Theater müsse unterhalten, amüsieren, fesseln und rühren, und allzu großer Tiefgang war da eher hinderlich. Dafür aber brachten seine Dramen phantastische Einnahmen. Für Sarah ergab sich nur ein einziges Problem: Als Autor und Regisseur weigerte sich Sardou strikt, Damala auch weiterhin die männliche Hauptrolle spielen zu lassen. Sarah musste sich wohl oder übel fügen, und verfiel daher auf die Idee, für ihren Ehemann ein eigenes Theater aufzumachen! Damala hatte also schon bald seine eigene Bühne und Maurice, Sarahs mittlerweile 18-jähriger Sohn, ein maßlos verwöhntes Bürschchen, das sich bislang zu keiner Arbeit aufraffen konnte, wurde als Theaterdirektor und Regisseur sämtlicher Stücke, die dort gegeben werden sollten, engagiert.

Das konnte natürlich nicht lange gut gehen, auch wenn Maurice zumindest als Regisseur ein gewisses Geschick an den Tag legte. In geschäftlichen Dingen war er jedoch hoffnungslos überfordert. Auch Damala gelang es nicht, sich durch seine Auftritte von Sarahs übermächtigem Schatten zu befreien. Da er seiner Frau ihren Erfolg neidete, wurde er zunehmend launischer und verdrießlicher. Als die Uraufführung von „Fédora" am 12. Dezember 1882 sowohl für Sardou als auch für Sarah Bernhardt ein überwältigender Erfolg wurde, den das begeisterte Publikum mit „standing ovations" feierte, war schließlich der Höhepunkt seiner Leidensfähigkeit erreicht. Außer sich vor Neid und Eifersucht provozierte er noch am gleichen Abend einen Streit mit Sarah, und nach ein paar heftigen Szenen auf der heimischen Bühne packte Damala seine Koffer, knallte die Türen zu und verließ wütend das Haus.

Auch wenn diese Entwicklung vorauszusehen war, so fiel Sarah Bernhardt doch in tiefe Depressionen. Ihr Ehemann hatte sie verlassen, das Theater, das sie eigens für ihn gepachtet hatte, stand vor dem Bankrott, weil sich Maurice bedenkenlos aus der Theaterkasse bedient hatte, um seine nicht unerheblichen Spielschulden zu bezahlen. Da Sarah das Geld für ihre Gläubiger nicht aufbringen konnte, obwohl sie wieder einmal ihren Schmuck versetzte, entschloss sie sich, erneut auf Tournee zu gehen. Die Gastspielreise, die durch verschiedene europäische Großstädte führte, füllte nicht nur ihren Geldbeutel, sondern brachte auch die depressive Stimmung zum Verschwinden.

Als Sarah Bernhardt in ihre Pariser Wohnung zurückkehrte, erwartete sie eine Überraschung: Jacques Damala war zurückgekehrt! Überglücklich begann Sarah sogleich wieder, Zukunftspläne für ihn zu schmieden. Nachdem sie ihm das Versprechen abgenommen hatte, vom Morphium loszukommen, pachtete sie das Theater an der Porte St. Martin.

Doch das Jahr 1883 stand unter einem schlechten Stern. Der finanzielle Erfolg blieb aus und Damala tat natürlich nichts, um sich von seiner Morphiumsucht zu befreien. Sarah bat den Apotheker, ihm nichts mehr zu geben, doch umsonst. Die Droge war damals schließlich so gut wie frei verkäuflich. Hinzu kam, dass Damala Sarah auch weiterhin ungeniert betrog. Es gab deshalb wieder zahllose lautstarke Szenen und temperamentvolle Wutausbrüche im Hause Bernhardt, an denen auch die Presse erfreut Anteil nahm. Bald wusste ganz Paris von dem Ehedrama und voller Spott registrierte man, wie sich eine großartige Schauspielerin zum Narren zu machen schien. Eine Zeitung brachte die Karikatur des Griechen, der sich auf Sarahs berühmter Ottomane flegelte, mit der Unterschrift: „La Damala aux Camélias", zu Deutsch: Die Kameliendamala. Damit wurde auch noch das Stück durch den Kakao gezogen, mit dem Sarah Bernhardt mittlerweile in Paris die größten Triumphe feierte. Jetzt freilich hatte auch Sarah den Höhepunkt ihrer Leidensfähigkeit erreicht und warf den Schmarotzer endgültig aus der Wohnung.

„In ihr loderte ein solches Feuer …"

Um sich von ihrem privaten Desaster abzulenken, ging sie 1884 mit der „Kameliendame" auf Tournee und spielte anschließend in Paris Sardous „Théodora", ein melodramatisches Werk um die byzantinische Kaiserin, das zum großen Erfolg der Spielzeit 1884/85 wurde. Nach nur kurzer Pause trat sie eine längere Gastspielreise durch Südamerika an.

Sarah Bernhardt war jetzt 40 Jahre alt. Beruflich hatte sie alles erreicht, war tatsächlich jene „größte Schauspielerin der Welt" geworden, wie sie es sich einst vorgenommen hatte. Ihr Name allein sorgte in allen Theatern für volle Kassen.

Im Privatleben sah das freilich anders aus. Zwar hatte Sarah stets einen ganzen Schwarm Menschen um sich, denn sie konnte, außer wenn sie ihre Rollen lernte, einfach nicht alleine sein, aber wirkliche Freunde und Vertraute waren nicht darunter. Der Ehemann vegetierte inzwischen in einem kleinen schmutzigen Zimmer am Stadtrand dahin und starb 1889 an den Folgen seiner Sucht. Sarahs Mutter, mit der sie sich in der letzten Zeit wieder ausgesöhnt hatte, fand 1883 den Tod, ein Jahr später erlag auch ihre Schwester Jeanne ihrer Morphiumsucht. Régina, lange Zeit Sarahs Vertraute, starb an der Tuberkulose. Der einzige Mensch, der der Schauspielerin geblieben war, war ihr Sohn Maurice, der inzwischen verheiratet war und die 45-jährige Sarah Bernhardt zur begeisterten Großmutter machte.

Sarahs Leben spielte sich im Wesentlichen auf der Theaterbühne ab, und nur einmal im Jahr gönnte sie sich eine längere Erholungspause in ihrem Landhaus auf der Belle-Ile, einer kleinen Insel südwestlich von Quibéron, das sie 1886 erworben hatte. Dort verbrachte sie fast jeden Sommer, empfing Gäste und erfreute sich an ihrer immer größer werdenden Menagerie, zu der mehrere Pferde, Hunde, ein kleiner Affe sowie eine Wildkatze und eine Boa Constrictor gehörten, die sie von ihrer Südamerika-Tournee mitgebracht hatte.

Von ihrer Exzentrik und ihrer Ausstrahlung hatte Sarah Bernhardt im Laufe der Jahre nichts eingebüßt. Immer noch strömten die Menschen in ihre Vorstellungen. 1891 ging sie wieder auf eine Tournee, die sie im Laufe von zwei Jahren von Amerika aus um die halbe Welt führen sollte. Als sie nach Paris zurückkehrte, war Sarah Bernhardt um 3,5 Millionen Francs reicher.

Was aber war das Geheimnis ihres erstaunlichen Erfolges, der erst kurz vor ihrem Tod endete, als sie aus gesundheitlichen Gründen nicht mehr auf die Bühne gehen konnte? Ihr Aussehen ist es auf keinen Fall gewesen. Das Frauenideal der damaligen Zeit erforderte eher rundliche Formen und rosige Wangen. Sarah Bernhardt hingegen war fast zeit ihres Lebens mager, bleich und hohlwangig. Spötter meinten sogar, ihr Lächeln habe dem eines Lamas geglichen.

Und doch muss sie eine einmalige Ausstrahlung besessen haben, dazu anmutige Bewegungen sowie eine leidenschaftliche Gestik. Der englische Schriftsteller und Theaterkritiker Artur Symons (1864–1945) berichtete über eine Begegnung mit Sarah Bernhardt: „Es geschah in London 1895, dass ich sie kennen lernte. Ihre Finger – diese langen, schlanken Finger – waren über und über mit Ringen bedeckt, die Nägel mit rotem Henna gefärbt, wie ich es später im Osten noch sehen sollte. Zu diesem Zeitpunkt befand sie sich gerade auf dem Höhepunkt ihrer Berühmtheit und Schönheit. Da war diese goldene Stimme mit dem typisch jüdischen schleppenden Tonfall – eine Stimme, die unmittelbar ins Herz drang … Sie schien mir wie eine Vision, ein heidnisches Idol, das es anzubeten galt, ein Genie, dem man zu Füßen lag. Sie besaß die bösen Augen einer thessalischen Hexe; mit ihrem langsamen, subtil und grausam wirkenden Zauber konnte sie die Seelen der Männer verhexen. In dieser hoch gewachsenen schlanken Schauspielerin loderte ein solches Feuer und eine solche Leidenschaftlichkeit, wie sie bei einer Frau nur selten anzutreffen sind ..."

Dieser „Zauber" schien selbst ihrem Alter nichts anhaben zu können. Noch 1909 spielte sie die Rolle der 19-jährigen Jeanne d'Arc, ohne dass es im Geringsten lächerlich gewirkt hätte, im Gegenteil. Das Publikum nahm ihr auch diese Rolle ab.

Sarah Bernhardt war und blieb unbestritten Frankreichs größte Schauspielerin, auch wenn sich mittlerweile jüngere Miminnen mit neuen Stilmitteln nach vorne gespielt hatten. Die Bernhardt aber lief gewissermaßen „außer Konkurrenz". Alle Angebote, an die Comédie Française zurückzukehren, lehnte sie ab. Zum einen waren ihre Erinnerungen nicht die allerbesten, zum anderen gefielen ihr die Schauspieler nicht. Und schließlich hatte sie nach wie vor großen Gefallen daran, in der Welt herumzureisen und in wechselnden Städten aufzutreten. Doch auch in Paris leistete sie sich mit dem Théâtre de la Renaissance wieder ein eigenes Haus. Dort verbrachte sie Tag für Tag zwölf bis vierzehn Stunden, las neue Stücke, kümmerte sich um die Kostüme, ließ vorsprechen und bildete selber junge Schauspielerinnen aus. Aber das Alter ging freilich auch an Sarah Bernhardt nicht spurlos vorbei. Nachdem sie sich durch eine Unachtsamkeit erhebliche Verletzungen am Kniegelenk zugezogen hatte, bereitete ihr das Gehen zunehmende Beschwerden. Seit 1910 waren die Schmerzen so stark, dass sie sich auf der Bühne nicht mehr frei bewegen konnte, sondern sich ständig abstützen musste. Das Treppensteigen war nur noch unter größten Anstrengungen möglich, aber Sarah Bernhardt dachte nicht ans Aufhören. Bei einem Londoner Gastspiel hatte sie einmal zu Queen Mary gesagt: „Madame, ich werde auf der Bühne sterben!"

Leuchtende Dämmerung

Zu Beginn des Jahres 1915 hatten sich Sarahs Kniebeschwerden dermaßen verschlimmert, dass die Ärzte beschlossen, das Bein mittels eines Gipsverbandes ruhig zu stellen. Doch auch diese vorübergehende Maßnahme brachte keine Besserung, bald waren die Schmerzen nicht mehr zu ertragen. Als die Ärzte den Gips abnahmen, stellte sich heraus, dass sich das Bein inzwischen dunkelbraun verfärbt hatte, verursacht durch eine Nekrose. Eine Amputation war nicht mehr zu umgehen. Am 22. Februar 1915 amputierten Ärzte in einer Klinik in Bordeaux das Bein unmittelbar unter der Hüfte, was es später nahezu unmöglich machen sollte, eine vernünftige Prothese zu befestigen.

Der Heilungsprozess zog sich über mehrere Monate hin, erst im Oktober konnte Sarah Bernhardt in ihre Pariser Wohnung zurückkehren. Kaum jemand glaubte, dass sie sich mit dieser schweren Behinderung noch einmal auf die Bühne wagen würde, aber Sarah überraschte sie alle. Kurz nach Beginn des Ersten Weltkriegs hatten mehrere Schauspieler das Théâtre de l'Armée gegründet, um den Truppen hinter der Front ein wenig Unterhaltung zu bieten. Hier sah die glühende Patriotin ihre neue Aufgabe. Sarah Bernhardt zog mit der Truppe durchs Land, spielte in Zelten, Scheunen und Lazaretten mit scheinbar nie nachlassender Energie, trotz primitiver Lebensbedingungen. Beatrix Dussanne, eine Schauspielerin, die sie damals begleitete, schrieb später in ihren Lebenserinnerungen über Sarah Bernhardt: „Eine alte Frau, heldisch und aberwitzig entschlossen, kein Mitleid aufkommen zu lassen. Sie überschüttete ihr Publikum mit der Wärme einer niemals erlöschenden Strahlung. In dieser leuchtenden Dämmerung ist sie vielleicht größer, als sie es in den Tagen ihres höchsten Ruhms war."

Die Soldaten, vor denen Sarah Bernhardt gespielt hatte, wussten bereits, auf welche Art und Weise die Schauspielerin bei ihren Auftritten trotz Behinderung zurechtkam. Ihr Pariser Publikum, vor dem sie jetzt auch wieder auftrat, vermutete, dass sie ein Holzbein trage. Als vor Beginn der ersten Vorstellung die obligatorischen drei Hammerschläge erklangen, meinte ein Witzbold: „Aha, da kommt Sarah Bernhardt." Aber er hatte sich geirrt, auch wenn die Schauspielerin nur wenig später tatsächlich auf der Bühne erschien: in einer eigens für sie angefertigten Sänfte! Ein Holzbein oder gar ein Rollstuhl wären der „göttlichen Bernhardt" wohl auch nicht angemessen gewesen.

Doch Alter und Krankheit hatten sie inzwischen gezeichnet, selbst wenn sie ihre Falten unter einer dicken Schicht Make-up zu verbergen suchte und verschwenderisch mit dem knallroten Lippenstift umging. Zeitgenossen sprachen vom „Gesicht einer uralten Hexe", die mittlerweile auch immer seltener auf der Bühne erschien. Nach einer Tournee durch die Vereinigten Staaten 1916 und einer Europatournee nach Ende des Ersten Weltkriegs ging es ihr gesundheitlich zunehmend schlechter. Bald begab sie sich nur noch auf kurze Vortragsreisen, um Gedichte zu rezitieren.

Ihr Wunsch, auf der Bühne zu sterben, erfüllte sich leider nicht. Zwar brach Sarah Bernhardt zu Beginn des Jahres 1923 im grellen Scheinwerferlicht zusammen, doch sie musste noch einige Wochen im Krankenbett verbringen, bis ihr ehemals so glühendes Lebenslicht am 25. März 1923 endgültig erlosch. Ein schlichtes Mausoleum auf dem Pariser Friedhof Père Lachaise erinnert an die großartige Schauspielerin, die schon ein Weltstar war, als es dieses Wort noch gar nicht gegeben hat.

Else Lasker-Schüler

„Nichts geschieht wirklicher
als in meinem Kopf" –
Eine Frau dichtet ihr Leben
und lebt ihre Dichtung

Kindheit in Elberfeld

Zwischen Dichtung und Wahrheit im Leben der Lyrikerin Else Lasker-Schüler zu unterscheiden ist gewiss kein leichtes Unterfangen. Sie selbst hat nämlich nicht unerheblich dazu beigetragen, ihre Person schon früh zu mystifizieren, sei es mit Namen wie „Tino von Bagdad" oder „Prinz Jussuf von Theben", mit ihrem mehrfach veränderten Geburtsdatum oder der phantasievollen Ausschmückung ihrer Familiengeschichte, die sie um eine spanische Herkunft bereicherte, wenngleich die Vorfahren in Wirklichkeit schlicht und einfach aus Westfalen stammten.

Geboren wurde die Dichterin als Elisabeth Schüler am 11. Februar 1869 in Elberfeld, das seit 1929 zu Wuppertal gehört. Sie war das jüngste Kind einer Familie assimilierter Juden und wurde als „Nesthäkchen" von Eltern und Geschwistern naturgemäß ganz besonders geliebt und verwöhnt. Die Religion spielte bei Familie Schüler offensichtlich keine besondere Rolle. Das zeigt schon allein die Tatsache, dass die sechs Kinder keine typisch jüdischen Namen erhielten und auch die Grabsteine Elses verstorbener Großeltern nicht hebräisch beschriftet waren. Vater Aron Schüler (1825–1897) ermöglichte als Privatbankier der Familie ein Leben in komfortablen Wohlstand und wurde als heiterer und unkomplizierter Mensch geschildert. Eher verträumt und etwas kapriziös hingegen war die belesene Mutter Jeanette (1838–1890), an der die

Else Lasker-Schüler (1869–1945)
Foto, 1932

kleine Else ganz besonders hing und deren früher Tod sie wie es scheint des einzigen Menschen beraubte, zu dem sie jemals wirklich Zugang gefunden hat. Else war nämlich durchaus kein kontaktfreudiges kleines Mädchen mit einer Vielzahl gleichaltriger Spielkameraden, im Gegenteil. Der Altersunterschied zu den Geschwistern war recht groß, die älteren Brüder, der 1858 geborene Alfred und der nur ein Jahr jüngere Maximilian Moritz waren als Internatsschüler vergleichsweise selten im Elternhaus zu Gast. Nur ihr Lieblingsbruder Paul beschäftigte sich recht oft mit der kleinen Schwester, half ihr nicht nur bei den Hausaufgaben, sondern faszinierte sie wohl auch mit den Geschichten aus dem Alten Testament: „Mein Bruder besaß eine Engelsgeduld", schrieb Else später einmal, „und zum Schluss erzählte er mir immer wieder die Geschichte von Joseph und seinen Brüdern." Doch Paul starb bereits 1882 im Alter von nur 21 Jahren, ein erster Schicksalsschlag für die bis dahin weitgehend sorglos lebende Familie.

Über Elses Kindheit ist uns nur wenig bekannt. Angeblich soll sie die Schule schon früh (1880) verlassen und daheim Privatunterricht erhalten haben. Als möglicher Grund wird mitunter eine Erkrankung am „Veitstanz" (Chorea minor) genannt, einer infektiösen Nervenerkrankung, bei der es zu unwillkürlichem Grimassenschneiden und Zuckungen der Gliedmaßen kommt, oftmals begleitet von mangelnder Konzentrationsfähigkeit oder depressiver Stimmung. Dieses Leiden ist freilich in der Regel nach drei Monaten ausgeheilt, so dass dem weiteren Schulbesuch Elses damit nichts mehr im Wege gestanden hätte, sollte sie tatsächlich krank gewesen sein. Möglich ist freilich auch, dass Else deshalb daheim unterrichtet wurde, weil es ihr schwer fiel, sich in die Klassengemeinschaft zu integrieren. Dass sie keinen ihrem Alter entsprechenden Freundeskreis besaß, ist schon erwähnt worden. Else war nicht nur ein sehr phantasievolles, sondern auch ein unbeständiges und recht eigenwilliges Kind, das schon früh das Gefühl hatte, etwas Besonderes zu sein, ein Gefühl, das durch das Elternhaus wohl noch verstärkt wurde, denn Else stand ganz eindeutig im Mittelpunkt der Familie. Gleichaltrige wussten deshalb wohl mit dem sonderbaren kleinen Mädchen mit den dunklen Augen und dem schwarzen Haar, das meist in einer Art Traumwelt zu leben schien, nur wenig anzufangen.

Hin und wieder wird auch gemutmaßt, Else sei als Kind antisemitischen Anfeindungen ausgesetzt gewesen und aus diesem Grund dem Schulbesuch fern geblieben. Es ist natürlich nicht ganz auszuschließen, dass der kleinen Jüdin bisweilen entsprechende Ressentiments entgegenschlugen, schließlich war durch die Emanzipation der Juden seit den Jahren der Aufklärung der alte Hass nicht ganz aus der Welt geschafft worden. Die Dichterin selbst hat in ihrem 1932 veröffentlichten Schauspiel „Arthur Aronymus und seine Väter", das auf ihrer Familiengeschichte basiert, das problematische Thema aufgegriffen, über das sicher auch im Hause Schüler bisweilen gesprochen wurde. Nach 1815 war es nämlich in Westfalen zu einer Reihe böser Ausschreitungen gegen jüdische Mitbewohner gekommen, die von dem neuen Kampfruf „Hep! Hep!" begleitet wurden. (Die Herkunft dieses Schmähwortes ist nicht ganz eindeutig. Manche sehen darin die Anfangsbuchstaben des lateinischen Spruchs „Hierusalema est perdita – Jerusalem ist verloren".) Doch selbst wenn Else wirklich hin und wieder von Kindern engstirniger Pietisten aus der Gegend verspottet oder angefeindet wurde, so war das sicherlich kein Grund, ganz auf den Schulbesuch zu verzichten. Nicht ihr jüdischer Glaube hat Else zur Außenseiterin gemacht, sondern die Tatsache, dass sie so anders war als andere Kinder, eigenartig versponnen und für ihre Umgebung nicht immer einfach zu ertragen. Schließlich betont sie selbst die „Himmelsgeduld", die ihr Lieblingsbruder Paul mit ihr haben musste.

Aus Else wird „Tino von Bagdad"

Elses behütete Jugendzeit endete unwiderruflich mit dem Tod der Mutter im Juli 1890, durch den sich die ganze Familie gleichsam auflöste. Die Brüder hatten das Elternhaus ohnehin schon verlassen, Alfred war Kunstmaler geworden, der bodenständige Maximilian Moritz, mit dem sich Else freilich nie gut verstanden hatte, war beruflich in die Fußstapfen von Vater

Aron getreten, sodass der sich mit nunmehr 65 Jahren langsam zur Ruhe setzte. Die 1863 geborene Schwester Martha war verheiratet und auch Anna, die Zweitjüngste, strebte aus dem Elternhaus an der Sadowastraße 7 (heute Herzogstraße/Ecke Bankstraße), nachdem sie sich in den Berliner Opernsänger Franz Lindwurm-Lindner verliebt hatte.

Es ist möglich, dass Else nur auf die erstbeste Gelegenheit wartete, um das leer gewordene Heim ebenfalls verlassen zu können. Irgendwann in dieser Zeit hat sie jedenfalls den Arzt Berthold Lasker kennen gelernt, den Bruder des Mathematikers und späteren Schachweltmeisters Emanuel Lasker. Die große Liebe scheint es nicht gewesen zu sein, aber auf die wollte Else offenbar nicht warten und so entschied sie sich, den acht Jahre älteren Arzt zu heiraten. Von der Familie, die so sehr gegen Annas Hochzeit mit einem Künstler opponiert hatte, wurde Elses Entschluss mit Genugtuung aufgenommen, schien doch nun der „Luftikus"* endlich bürgerlich werden zu wollen.

Nach der Hochzeit am 15. Januar 1895 wohnte das junge Paar noch eine Weile im heimatlichen Elberfeld, zog dann aber schon bald nach Berlin, wo auch Elses Schwester Anna lebte. Man führte zunächst eine nicht unglückliche Vernunftehe wie Tausende andere auch. Berthold arbeitete tagsüber in seiner Praxis, hatte als Arzt aber auch zahlreiche gesellschaftliche Verpflichtungen, und die 25-jährige Else musste natürlich stets an der Seite ihres Mannes erscheinen und repräsentieren. Zunächst kam sie diesen wie auch allen anderen ehelichen Pflichten – wenn auch eher unwillig – nach, doch schon bald begann sie das eintönige bürgerliche Leben entsetzlich zu langweilen. Schließlich lebte man in Berlin, und im Gegensatz zum eher – wie sie es empfand – öden und spießigen Elberfeld pulsierte in der Hauptstadt das Leben! Theater, Varietés und Kabaretts erstrahlten im Glanz der neuen Beleuchtungen mit Gas und Elektrizität und es gab zahllose Möglichkeiten, sich

---

* Am 20. Juli 1893 hatte Else Lasker-Schüler an Franz Lindwurm-Lindner geschrieben: „Die Leute nennen mich ein Luftikus – und vielleicht bin ich's auch …"

zu amüsieren oder sich inspirieren zu lassen. Ein Berlin jenseits der berühmten Pickelhauben!

Zunächst beschloss Else aber erst einmal, Malstunden zu nehmen, um die Leere ihres Alltags auszufüllen. Das war durchaus nichts Ungewöhnliches und einer Dame in diesen Kreisen entsprechend angemessen. Berthold ließ sich wohl auch nicht lange bitten und finanzierte seiner Frau bereitwillig nicht nur den Unterricht durch den Maler Simon Goldberg, sondern auch ein eigenes Atelier an der Brückenallee 22 im Tiergartenviertel. Denn auch wenn die Ehe der beiden nicht gerade auf tiefen Gefühlen gründete, so war Berthold doch ausgesprochen bemüht, seiner Else das Leben so angenehm wie möglich zu gestalten. Es war ihm durchaus klar, dass man eine eigenwillige Frau wie sie nicht an die Leine legen konnte, aber das wollte er schließlich auch gar nicht. Er ahnte freilich nicht, dass er mit dieser toleranten Haltung dabei war, seiner Ehe den Todesstoß zu versetzen!

Durch Simon Goldberg war Else auch mit anderen Künstlern in Kontakt gekommen und hatte durch sie eine Welt kennen gelernt, von der sie offenbar schon immer instinktiv geahnt hatte, dass es die ihre war, eine Welt frei von Zwängen und Konventionen, in der alles möglich zu sein schien. Doch alte Dogmen waren damals ohnehin überall in Europa ins Wanken geraten. In der Kunst, der Musik und der Literatur verschwand so manches Althergebrachte. Nach fünfhundert Jahren verzichteten die impressionistischen Maler erstmals auf die festen Regeln der Perspektive, in der Musik galt das Motto „Alles ist erlaubt" und auch in der Literatur gab es ein Neben- und Gegeneinander von Naturalismus, Heimatkunst, Frauen- und Arbeiterliteratur. Das ausgehende 19. Jahrhundert, das legendäre Fin de Siècle, das Bewusstsein vom Untergang einer Epoche trieb insbesondere in der Künstlerszene recht absonderliche Blüten. Es war eine Glanzzeit für Phantasten, Exzentriker und verrückte Einzelgänger, die in allen möglichen Kneipen und Kaschemmen aufeinander trafen, in Berlin zum Beispiel im Café des Westens, aus nahe liegenden Gründen auch als „Café Größenwahn" bezeichnet. Am Nollendorfplatz sammelte sich die Berliner Bohème zudem in dem Szene-Treff der „Neuen Gemeinschaft" (auch „Die Kommenden" genannt), wo sich verschiedene Schriftsteller, Künstler, Musiker aber auch allerlei Spinner und gesellschaftliche Außenseiter ein Stelldichein gaben. Man traf sich zu Dichterlesungen, Vorträgen und Musikabenden, diskutierte, phantasierte und gab sich allem Neuen gegenüber aufgeschlossen. Hier hielt auch Rudolf Steiner einen viel beachteten Vortrags-Zyklus, bei dem zum ersten Mal der Begriff „Anthroposophie" gefallen sein soll. Doch nicht nur reformerisches und esoterisches, auch radikales Gedankengut wurde in der „Neuen Gemeinschaft" thematisiert. Anarchisten wie Erich Mühsam oder Johannes Holzmann (von Else Lasker-Schüler „Senna Hoy" genannt) fanden hier ebenso ein Forum wie der westfälische Bohemien Peter Hille (1854–1904), ein vagabundierender Dichter und Lebenskünstler und eine der skurrilsten Gestalten der Szene überhaupt.

Auch Else fand Zugang zur „Neuen Gemeinschaft" und war fasziniert von dieser schillernden Runde, insbesondere aber von dem bärtigen Peter Hille, der ihr den Namen „Tino von Bagdad" gab, den sie über viele Jahre führen sollte. Es gehörte nämlich in diesen Kreisen zum Stil, dass man sich seines bürgerlichen Namens entledigte und stattdessen mit einer Bezeichnung versehen wurde, die tatsächlich etwas über den betreffenden Menschen auszusagen schien. Elses „Künstlername" verwies sowohl auf ihr exotisches Aussehen als auch auf ihre „orientalische Seele", die sich später auch in ihren Gedichten und den Motiven ihrer Bilder manifestierte. Hille war es offenbar gewesen, der sie ermunterte, nicht nur zu malen und zu zeichnen, sondern auch Gedichte zu schreiben, um ihre Gefühle besser ausdrücken zu können, spürte er doch wohl, dass er es mit einer außergewöhnlichen Frau zu tun hatte, die sich freilich noch auf der Suche nach dem Weg befand, den sie beschreiten wollte. Der feste Boden unter den Füßen schien ihr abhanden gekommen. „Der schwarze Schwan Israels", so charakterisierte Hille die junge Else: „Eine Sappho, der die Welt entzwei gegangen ist. Strahlt kindlich, ist urfinster. In ihres Haares Nacht wandert Winterschnee. Ihre Wangen feine Früchte, verbrannt vom Geiste."

Das Bohèmien-Leben fand Else ganz wunderbar. Kein Wunder also, dass der bürgerliche Ehemann Berthold ihr bald nur noch als ein lästiges Anhängsel erschien, dessen sie sich so rasch wie möglich entledigen wollte. Das eigene Atelier war nur der erste Schritt zum neuen Leben, zur Trennung von Tisch und Bett. Ihre „Familie" wurde in diesen Jahren die „Neue Gemeinschaft", und es scheint, als hätte sie aus diesem Kreis auch etliche Liebhaber ausgewählt.

Paul, das „Königskind"

Es ist anzunehmen, dass auch der Vater ihres einzigen Kindes in diesem Kreis zu suchen ist, denn obwohl in der Geburtsurkunde Berthold Lasker als Erzeuger angegeben war, ist dessen tatsächliche Vaterschaft doch höchst unwahrscheinlich. Als der Sohn, den sie nach ihrem verstorbenen Bruder Paul nannte, am 24. August 1899 geboren wurde, bestand die Ehe allem Anschein nach nur noch auf dem Papier.

Else Lasker-Schüler hat den Namen des Betreffenden stets verschwiegen, das heißt, sie hat in der ihr eigenen Art und Weise einen Mythos daraus gemacht, Wahrheit und Dichtung wieder einmal vermischt: Nachdem sie zunächst behauptet hatte, der Vater ihres Kindes sei ein Spanier gewesen, schrieb sie später an Karl Kraus, es handle sich um einen Griechen mit dem Namen Alkibiades de Rouen. Eine dritte Variante äußerte sie gegenüber Gottfried Benn, dem sie etwas von einem spanischen Prinzen erzählte. All diese Angaben dürfen getrost in das Reich der Phantasie verwiesen werden. Die Identität des Mannes ist bis heute unbekannt. Es gab freilich Spekulationen, der Anarchist Johannes Holzmann könnte Pauls Vater sein, da zwischen beiden eine verblüffende Ähnlichkeit bestand. Auszuschließen ist das natürlich nicht, auch wenn der frühreife Johannes zum Zeitpunkt der Geburt des Kindes erst 17 Jahre alt war.

„Paulchens" bevorstehende Geburt war in mehrfacher Hinsicht eine Zäsur in Elses Leben. Hatte sie bis dahin als Ehefrau in materieller Sicherheit gelebt, änderte sich ihre Situation grundlegend, nachdem sie die eheliche Wohnung endgültig verlassen hatte. Sei es, dass Berthold Lasker ihr keinen Unterhalt mehr zahlte, sei es, dass sie zu stolz war, sein Geld anzunehmen, Tatsache ist, dass sie erstmals in ihrem Leben finanzielle Not kennen lernte. Es ist unklar, wieviel ihr vom Erbe ihres 1897 verstorbenen Vaters zugekommen ist und ob sie überhaupt etwas erhielt. Auf jeden Fall muss es erhebliche Erbschaftsauseinandersetzungen mit ihrem Bruder Maximilian Moritz gegeben haben, der sich offensichtlich weigerte, den liederlichen Lebenswandel seiner „kleinen" Schwester auch noch zu finanzieren. Else war also darauf angewiesen, selbst Geld zu verdienen. Hin und wieder verkaufte sie eines der von ihr gemalten Bilder, und auch ihre Freunde der „Neuen Gemeinschaft" werden versucht haben, die schlimmste Not zu lindern. In vielen schlaflosen Nächsten schrieb sie ihre ersten Gedichte, Verse, mit denen sie ihre Ängste und Schuldgefühle, ihre Verlassenheit und ihre Scham lyrisch verarbeitete. Doch wer wollte die schon lesen und vor allem: Wer wollte dafür bezahlen?

In der Zeit vor Pauls Geburt schwankte Else zwischen Hoffnung und Verzweiflung, was auch die Gedichte bezeugen, die sie in jener Zeit verfasst hat: Da ist einerseits von ihrem „Königskind mit Locken wie Sonnenscheinen" die Rede, andererseits aber auch von „fieberwachen" Nächten, den verstorbenen Eltern und der Mutter, die das Schicksal ihrer Jüngsten angeblich vorausgeahnt hat: „Meine Mutter träumte einmal schwer. Sie sah mich nicht ohne Seufzer mehr und ohne heimliches Weinen. –" Die Geburt selbst wurde, so scheint es, zu einem recht entwürdigenden Erlebnis: Weil sie die Kosten für die Entbindung nicht aufbringen konnte, entschied sie sich zu einer so genannten Demonstrationsgeburt in der Königlichen Frauenklinik, bei der sie und ihr Kind als lebende Lehrobjekte für die Studenten herhalten mussten. Doch auch diese Erfahrung nahm Else mit scheinbarer Gleichmut hin: Erstmals nämlich war sie als Dichterin anerkannt worden. Die Münchner Zeitschrift „Die Gesellschaft" hatte Mitte August einige ihrer Gedichte abgedruckt!

Nun konnte sie ihr bürgerliches Leben vollends abstreifen.

Ihre Scheidung von Berthold Lasker war schon seit längerem eingeleitet, und Else war fest entschlossen, einen neuen Lebenspartner zu finden, diesmal freilich einen Gleichgesinnten.

„… ein überhitzter Verstand und ein überreiztes Nervensystem"

Außerhalb der unkonventionellen „Neuen Gemeinschaft" stießen Elses Gedichte, die ausschließlich ihre persönlichen Empfindungen ausdrückten, freilich auf wenig Begeisterung. Als 1902 ihr erster Gedichtband „Styx" erschien, äußerten sich die Kritiker nahezu einhellig ablehnend. Paul Remer schrieb in der Zeitung „Der Tag" (Nr. 181, 1902): „Das Titelbild zeigt einen nackten Knaben, der mit wilden Arm- und Beinverrenkungen vor einer flackernden Sonne auf stacheligem Distelgestrüpp tanzt. Das ist ein treffendes Symbol für das Gewollte und Gequälte dieser Lyrik, an der ein überhitzter Verstand und ein überreiztes Nervensystem mehr Anteil haben als ein wirklich mystisches Welt- und Gottempfinden … Einem trunkengroßen Wollen steht ein nüchtern-kleines Können gegenüber, und diesem Zwiespalt entspringt wesentlich die Mystik der Dichterin." Manch andere junge Frau mit literarischen Ambitionen hätte nach solchen und ähnlichen Kritiken vielleicht aufgehört, ihre lyrischen Gehversuche der Öffentlichkeit zu präsentieren, nicht so Else, die durchaus glaubte, etwas mitteilen zu müssen und zudem fest von ihrer Kunst überzeugt war. Dass andere nicht so empfanden, lag ganz offensichtlich an ihnen, schließlich fanden ihre Gedichte im Freundeskreis um Peter Hille großen Zuspruch. Zudem hatte sie in der „Neuen Gemeinschaft" einen beeindruckenden jungen Mann kennen gelernt, der sie in ihrer Haltung nur bestärkte: Es handelte sich um den knapp zehn Jahre jüngeren Georg Levin (1878–1941), von Freunden Herwarth Walden genannt, Komponist und Schriftsteller, der seit 1903 Lesungen, Vorträge und Konzerte im „Verein für Kunst" organisierte und 1910 die Zeitschrift „Der Sturm" gründete. Else hatte so nicht nur ein neues

Forum für ihre Lyrik-Vorträge gefunden, sondern auch den gleich gesinnten Lebenspartner, von dem sie seit der Trennung von Berthold Lasker geträumt hatte. Kurz nach der Scheidung heirateten Else Lasker-Schüler und Herwarth Walden am 30. November 1903. Sei es, um den Altersunterschied zu ihrem Ehemann zu verringern, sei es aus weiblicher Eitelkeit oder um wieder einmal die Realität „umzudichten" – auf jeden Fall änderte Else damals ihr Geburtsjahr von 1869 auf 1876. Dieses falsche Geburtsdatum setzte sich auch nachhaltig durch: Noch 1926 sollte man in Literaturkreisen Else Lasker-Schülers 50. Geburtstag feiern!

Es schien eine ideale Verbindung zu sein: Herwarth Walden vertonte die Lyrik seiner Frau, und schuf so eine enge Symbiose – nicht nur von Text und Musik. Als ihr Mentor ermunterte er sie, sich von der Kritik nicht einschüchtern zu lassen, sondern ihren Empfindungen auch weiterhin in Gedichten Ausdruck zu verleihen. Und Else schrieb. In künstlerischer Hinsicht verstand man sich also blendend, doch davon abgesehen gestaltete sich das Zusammenleben der beiden Seelenverwandten offenbar durchaus nicht immer harmonisch. Die zwei Künstler waren schließlich gleichzeitig mit ganz alltäglichen Problemen konfrontiert: Da war zum einen der kleine Sohn, den Else mit in die Ehe gebracht hatte, und der mehr Zeit und Geduld forderte, als sensible Pianisten und Poeten mitunter aufbringen können. Zum anderen war das Geld nach wie vor äußerst knapp, und nicht zuletzt fehlte Herwarth wohl jene „Himmelsgeduld", die einst Bruder Paul mit seiner kleinen Schwester Else gehabt hatte. Die Tage verbrachte man meist im Exzentriker-Treff „Café des Westens", und obwohl hier allerhand merkwürdige Gestalten versammelt waren, erregte man Aufmerksamkeit. „Die Auffallendste: Else Lasker-Schüler", schrieb die Schauspielerin Tilla Durieux (1880–1971) in ihren Lebenserinnerungen: „Einer guten rheinischen Familie entstammend, hatte sie ihrem zweiten Mann Herwarth Walden einen Sohn aus erster Ehe mitgebracht. Dieses Ehepaar mit seinem unglaublich verzogenen Sohn konnte man nun von mittags bis spät nachts im Café des Westens unter all den wilden Kunstjüngern und Kunstfrauen antreffen … Else war klein und schmächtig, von knabenhafter Gestalt mit kurz geschnittenem Haar, was damals sehr auffällig wirkte. Ihr Mann trug hingegen lang wallendes blondes Haar ... Die kleine Familie ernährte sich, wie ich vermute, nur von Kaffee, den ihnen der bucklige Oberkellner ... mitleidig stundete. Das Kind ging heimlich zu den Kuchenschüsseln und nahm in unbewachten Augenblicken, was ihm gefiel ... Ging es dem Ehepaar gar zu schlecht, unternahm es Raubzüge, wie sie es selbst nannten und besuchten ihre Lesergemeinde ... Alle beteiligten sich dann an der Finanzierung des Ehepaares."

Kein Wunder also, dass die Ehe schon bald brüchig wurde. Gewiss hatte Else anfangs geglaubt, an der Seite eines Seelenverwandten ihr großes Glück finden zu können, doch wie es zu erwarten war, wurde sie von der Wirklichkeit eingeholt: „Paulchen" gegenüber hatte sie ein schlechtes Gewissen, weil sie ihm nicht das bieten konnte, was für ein Kind so wichtig ist: Geborgenheit, Regelmäßigkeit, Sicherheit. Der Kleine war oft krank, und Else hatte also nicht nur in finanzieller Hinsicht erhebliche Sorgen – Sorgen, die sich offenbar in heftigen Streitereien mit Herwarth Walden entluden. Zumindest schrieb der Schriftsteller Alfred Döblin über diese Zeit: „Walden, mit seinem Spürtalent, hatte die große Begabung der jungen Frau erkannt, aber ihr Temperament, wie mir scheint, nicht mit derselben Sicherheit. Ich wohnte heftigen Szenen zwischen den beiden bei. Sie war leidenschaftlich und unbändig. Es hat lange gedauert bis sie sich trennten."

In den Jahren ihrer Ehe mit Herwarth Walden gelang es Else, natürlich nicht zuletzt durch dessen tatkräftige Unterstützung und seinen „Verein für Kunst", ein breites Publikum auf sich und ihre Lyrik aufmerksam zu machen. 1906 erschien ihr zweiter Gedichtband „Der siebente Tag", 1907 das „Peter-Hille-Buch", das sie dem drei Jahre zuvor verstorbenen Freund widmete, der den Folgen eines Blutsturzes erlegen war. 1909 schließlich kam das Schauspiel „Die Wupper" heraus. Else widmete das Stück, in dem sie wiederum biografische Erfahrungen verarbeitete, ihrer unvergessenen Heimat „im Wuppertale".

„Das Publikum war starr vor Staunen ..."

Ihren eigentlichen Durchbruch hatte Else Lasker-Schüler dem ansonsten unerbittlichen Kritiker Karl Kraus zu verdanken, der auf ihr Gedicht „Ein alter Tibetteppich" aus dem 1911 erschienenen Band „Meine Wunder" aufmerksam geworden war.

> Deine Seele, die die meine liebet,
> Ist verwirkt mit ihr im Teppichtibet.
>
> Strahl in Strahl verliebte Farben.
> Sterne, die sich himmellang umwarben.
>
> Unsere Füße ruhen auf der Kostbarkeit,
> Maschentausendabertausendweit.
>
> Süßer Lamasohn auf Moschuspflanzenthron,
> Wie lange küßt mein Mund den deinen wohl
> Und Wang die Wange buntgeknüpfte Zeiten schon.

In Kraus' „Fackel" wurde das Gedicht ausgiebig gelobt: „Die Worte sind nicht nur Bedeutung, sie sind auch Klang. Die Wortzusammenhänge nicht nur Aussagen, sie sind auch Rhythmus und Melodie." Karl Kraus selbst schrieb begeistert: „Nicht oft genug kann diese taubstumme Zeit, die die wahren Originale begrinst, durch einen Hinweis auf Else Lasker-Schüler gereizt werden, die stärkste und unwegsamste lyrische Erscheinung des modernen Deutschland."

Auch wenn „Die Fackel" eher von Künstlern als von einem breiten Publikum gelesen wurde, so hatte Else doch mit nunmehr 42 Jahren geschafft, was sie sich erträumt hatte: Sie war eine anerkannte Dichterin! Mochte ihr Ruf auch recht ambivalent sein – schließlich konnten sich nicht alle für ihre Lyrik begeistern – so wurde sie fortan doch häufig zu Lesungen eingeladen, die sie durch ganz Deutschland führten. Es sprach sich schnell herum, dass diese Lesungen durchaus etwas Ungewöhnliches waren: Else verfügte zweifelsohne über schauspielerisches Talent und zögerte nicht, sich vor ihrem Publikum in Szene zu setzen. So liebte sie es, bei Kerzenlicht vorzulesen und ihre Worte beispielsweise durch Pochen, Rasseln und Schellengeläut zu untermalen. Man ging also zu Else Lasker-

Schüler nicht allein ihrer Lyrik wegen, sondern durchaus auch wegen ihres „Unterhaltungswertes". Heute würde man vielleicht sagen, ihre Auftritte waren ein „Event". Als solches empfanden die Zuhörer wohl auch jene Lesung, die die Dichterin am 23. Oktober 1912 in der Elberfelder Stadthalle hielt. Hatte Else geglaubt, hier gewissermaßen ein „Heimspiel" bestreiten zu können, so wurde sie eines Besseren belehrt. Der „Generalanzeiger" schrieb nämlich am nächsten Tag: „Auf dem Lesepult breitete sich das kostbare indische Tuch der Dichterin aus, und hinter dem Pult stand sie, die Sechsunddreißigjährige (!), in der Nacht ihres Kleides und strähnigen Kurzhaares. Ihr Gesicht ist von einer orientalischen Sinnlichkeit, ihr Körper hat etwas Schlangenhaftes. Und nun las sie; ihr eigentümliches, monoton in gleicher Tonhöhe schwebendes Organ füllte den nur halb besetzten Saal. Grelle Verzückungslaute durchschnitten hier und da den eintönigen Fluss ihrer Rede, und oft mündete er in einen schrillen Trompetenstoß, der ein Gedicht jäh und unerwartet abschloss. Das Publikum war starr vor Staunen, bis es sich der Wirklichkeit erinnerte und kopfschüttelnd, lachend und schwatzend dasaß oder – verschwand. Ein solcher Empfang musste den geladenen Gast empören. Frau Lasker-Schüler schlug dann plötzlich einen anderen Ton an und sagte: ‚Ich bitte um Ruhe. Ich lese hier das Allerfeinste vor. So geht das nicht weiter. Ich bin das nicht gewöhnt. Wünschen Sie, dass ich weiter lese?' Zaghaftes Händeklatschen war die Antwort … Eine hohe dichterische Kraft wohnt zweifellos in der seltsamen Frau … Der Hang zum Absonderlichen, Unnatürlichen, ja Hässlichen wird die meisten abgestoßen haben."

So war es damals und so blieb es: Else Lasker-Schüler polarisierte, sie stieß auf begeisterte Zuhörer, aber auch, und das häufiger, auf erbitterte Kritik. Niemand aber konnte sich dieser seltsamen Lyrikerin entziehen, zumal sie ihre Rolle nicht spielte, sondern tatsächlich verkörperte: Sie war „Tino von Bagdad", die Frau, „der die Welt entzweigegangen ist" und die sich nun eine neue, eine eigene Welt schuf – eine Welt, die für die allermeisten freilich nicht zu durchschauen war.

Doch aller Erfolg konnte sie nicht darüber hinwegtrösten,

dass ihre Welt tatsächlich zusammengebrochen war. Ihrem geliebten „Paulchen" hatte sie keine fürsorgliche Mutter sein können. Der Sohn lebte seit geraumer Zeit in verschiedenen (möglicherweise von Berthold Lasker finanzierten) Internaten, denn es gab niemanden, der sich um ihn kümmern konnte, wenn Else auf Lesereise war. Ihre Schwester Anna, mit der sie stets engen Kontakt gehabt hatte und die Paul auch hin und wieder betreute, starb im Januar 1912 im Alter von nur 49 Jahren. Und Herwarth Walden, ihr Ehemann, hatte sich in eine andere Frau verliebt. 1911 hatte er auf einer Skandinavien-Reise die schöne Schwedin Nell Rosslund kennen gelernt, die nicht nur jünger war als Walden, sondern auch in anderer Hinsicht das genaue Gegenteil von Else: groß, blond, sanft und ganz und gar nicht exzentrisch. Else war natürlich tief verletzt. Nachdem die Ehe am 1. November 1912 geschieden wurde, musste sie irgendwie versuchen, sich ein neues Leben aufzubauen. Sie war jetzt knapp 44 Jahre alt, in einem Alter also, in dem zahlreiche Zeitgenossinnen bereits ein matronenhaftes Dasein führten. Doch das war nicht die Welt der Else Lasker-Schüler. Sie, Tino von Bagdad, schuf sich stattdessen eine neue Identität.

In dieser schwierigen Situation wurde sie „Prinz Jussuf von Theben", nach dem Vorbild des biblischen Joseph, dessen Geschichte sie schon als Kind so fasziniert hatte. Fortan unterschrieb sie nicht nur ihre Briefe mit dem neuen Namen, sie begann auch, sich wie ein orientalischer Prinz zu kleiden: Zu ihrem neuen „Outfit" gehörten weite Hosen, Ohrringe, Ketten, Armreife und Glöckchen. Zwar war die orientalische Mode damals durchaus en vogue, die Damen bevorzugten entsprechende Muster, trugen Turbane und Schleier, kleideten sich aber dennoch durchaus dezent und unauffällig. Else Lasker-Schüler hingegen wirkte eher wie ein bunter Paradiesvogel, nach dem sich die Passanten umdrehten, teils verwundert und belustigt, teils verärgert. Noch aber bot ihr Heimatland Platz für Exzentriker aller Art, noch konnte Else frei und unbehelligt als „Prinz von Theben" durch Berlin spazieren.

„Giselheer"

Damals war auch ein junger Arzt auf Else Lasker-Schüler neugierig geworden. Er schrieb ebenfalls Gedichte und hatte soeben seinen ersten Band unter dem Titel „Morgue" herausgegeben. Dahinter verbargen sich Verse, die seine Erfahrungen in der *Morgue*, dem Leichenschauhaus also, widerspiegelten. Für das literarische Berlin eine Sensation! Der junge Arzt war der 1886 geborene Dr. Gottfried Benn, der schon so viel von Else Lasker-Schüler gehört und gelesen hatte und diese ungewöhnliche Frau unbedingt kennen lernen wollte. Wie es scheint, traf er sie im Café des Westens, wo sich Else nach wie vor mit Vorliebe aufhielt. Diese erste Begegnung blieb nicht ohne Folgen: Die Dichterin verliebte sich leidenschaftlich in den 17 Jahre jüngeren Benn, ihren „Giselheer", wie sie ihn gerne nannte. Wieder hatten sich zwei Seelenverwandte gefunden, und ähnlich wie in der Ehe mit Herwarth Walden inspirierten sie sich gegenseitig: Else dichtete ihren „Giselheer" an, Gottfried Benn schrieb seinerseits Verse für und über Else. Es war erneut eine künstlerische Symbiose auf Zeit, denn die Affäre dauerte nur wenige Monate.

Benn war durchaus fasziniert von der unkonventionellen Dichterin, denn eine solche Frau hatte er, ein junger Mann aus streng protestantischem Elternhaus, noch nie kennen gelernt. Doch das Zusammenleben mit der Exzentrikerin war auf Dauer unmöglich, der bürgerliche Benn war für ein derart unbürgerliches Leben nicht geschaffen. Dennoch blieb er für Else ein Leben lang ein guter Freund, an den sie sich in schweren Stunden und Krisenzeiten wenden konnte. Er schrieb später in seinen Erinnerungen: „Es war 1912, als ich sie kennen lernte … Sie war klein, damals knabenhaft schlank, hatte pechschwarze Haare, kurz geschnitten, was zu der Zeit noch sehr selten war, große rabenschwarze bewegliche Augen mit einem ausweichenden Blick. Man konnte weder damals noch später mit ihr über die Straße gehen, ohne daß alle Welt stillstand und ihr nachsah: extravagante weite Röcke oder Hosen, unmögliche Obergewänder, Hals und Arme behängt mit auffallendem unechten Schmuck … Sie aß nie regelmäßig, sie aß sehr wenig, oft lebte sie wochenlang von Nüssen und Obst". – Wohl der Not gehorchend. Denn auch wenn Else jetzt mit ihren Lesungen und Buchveröffentlichungen etwas mehr Geld verdiente, so reichte es hinten und vorne nicht. Selbst wenn sie einmal eine größere Summe besaß, so zerrann ihr das Geld zwischen den Fingern. Nicht, dass sie alles für sich ausgegeben hätte. Großzügig wie sie war, unterstützte sie andere Not leidende Künstler, nicht bedenkend, dass sie selbst schon nach kurzer Zeit wieder dazu gehören konnte. Doch Else Lasker-Schüler hatte einfach kein Verhältnis zum Geld, konnte nicht haushalten, nichts für „schlechte Zeiten" zurücklegen, sondern lebte bis zu ihrem Tod von der Hand in den Mund. Und wenn nichts mehr da war, dann fanden sich immer wieder irgendwelche Freunde und Gönner, die bereit waren, die mittellose Dichterin zu unterstützen.

1913 veröffentlichte „Die Fackel" einen Spendenaufruf, unterzeichnet unter anderem von Karl Kraus, Selma Lagerlöf und Elses adeliger Gönnerin Pauline Fürstin zu Wied. Diese Aktion brachte die stolze Summe von 4000 Mark ein, so groß war die Solidarität mit der umstrittenen Dichter-Kollegin. Auch Franz Kafka überwies fünf Kronen, schrieb aber in einem Brief an seine Freundin Felice Bauer über Else Lasker-Schülers Lyrik: „Ich kann ihre Gedichte nicht leiden. Ich fühle bei ihnen nichts als Langeweile … und Widerwillen wegen des künstlichen Aufwandes. Auch ihre Prosa ist mir lästig … es arbeitet darin das wahllos zuckende Gehirn einer sich überspannenden Großstädterin … Ich weiß den eigentlichen Grund nicht, aber ich stelle sie mir immer nur als eine Säuferin vor."

Auch mit dieser letzten Einschätzung stand Kafka nicht allein. Viele konnten sich die seltsame Lyrik der Lasker-Schüler sogar nur mit Drogenkonsum erklären, mit dessen Hilfe sie die „künstlichen Paradiese" des Orients kreierte. Aber abgesehen davon, dass sie in ihren Briefen manchmal von „Opiumrausch" schrieb, gibt es für diese Annahme keinerlei Beweise. Elses Briefe waren schließlich wie ihr Leben, eine Mischung aus Dichtung und Wahrheit, die nicht selten auch die Adressaten irritierte. Für die Lyrik der Else Lasker-Schüler ist diese Frage ohnehin unerheblich. Ihre Gedichte kamen aus ihrem Innersten, aus ihrer ungewöhnlichen Persönlichkeit und dazu brauchte sie wahrhaftig keinerlei Hilfsmittel.

Dem englischen Germanisten Jethro Bithell (1878–1962), mit dem sie über mehrere Jahre korrespondierte, hatte sie am 12. August 1910 geschrieben: „Nichts geschieht wirklicher als in meinem Kopf."

Als Gottfried Benn die Dichterin schon nach wenigen Monaten verließ, auch er wegen einer anderen, jüngeren Frau, war Else zutiefst verzweifelt und fühlte sich, als habe Benn „ein Loch in ihr Herz gebohrt". Es tröstete sie daher kaum, dass sie inzwischen einen großen Bekanntenkreis hatte, zu dem Berühmtheiten wie Alfred Döblin, Franz Marc, Georg Grosz, Franz Werfel, Karl Kraus, Otto Kokoschka, Georg Trakl und andere gehörten. Wirkliche Freunde hatte sie nämlich keine. Eine Frau wie sie, die ihr Leben dichtete und ihre Dichtung lebte, die nicht wie die meisten mit beiden Beinen auf dem Boden stand, sondern meist irgendwie darüber zu schweben schien, hatte es sicherlich schwer, einem anderen Menschen, sei es einem Mann oder einer Frau, ihr Innerstes zu offenbaren.

„Hadwiga Rheumare" – Eine Parodie hat Folgen

Der Erste Weltkrieg riss die Künstlerkreise auseinander und setzte dem Bohème-Leben ein Ende. Franz Marc war gefallen, Georg Trakl hatte in Anbetracht des Grauens in den Schützengräben seinem Leben selbst ein Ende gesetzt, ganz allgemein machten sich Trauer und Hoffnungslosigkeit breit. Für Else Lasker-Schüler brachten die Kriegsjahre jedoch keine durchgreifenden Veränderungen. Sie reiste auch weiterhin durch Deutschland, um ihre Lesungen zu halten, neue Lyrikbände erschienen in dieser Zeit aber nicht. Erst 1919 kam bei Paul Cassirer ihre Gesamtausgabe in neuer Ausstattung heraus. Im Verlagsprospekt hieß es dazu: „Else Lasker-Schülers Werke, bisher an den verschiedensten Erscheinungsorten verstreut und viel zu wenig gelesen, haben einen so starken inneren Zusammenhang, dass sich die Notwendigkeit ergeben hat, sie in einer Gesamtausgabe zusammenzufassen, um diese seltene künstlerische Erscheinung einmal in ihrer Ganzheit zugänglich zu machen." Im gleichen Jahr wurde auch das Stück „Die Wupper" an Max Reinhardts Deutschem Theater in Berlin uraufgeführt, doch die Resonanz war widersprüchlich. Allgemein einig waren sich die Kritiker, dass es sich dabei um kein Drama handelte, bestenfalls um „eine bunte Kette köstlicher Volks- und Kunstballaden" (Magdeburger Zeitung, 29. 4. 1919). Von nun an musste Else Lasker-Schüler damit leben, als „Undramatikerin" apostrophiert zu werden. Doch das war nicht ihre größte Sorge. Die nämlich galt „Paulchen", mittlerweile 20 Jahre alt, ein recht begabter Zeichner, von dessen überragendem Talent zumindest Else zutiefst überzeugt war. Beruflich hatte Paul freilich noch nichts erreicht. Immer wieder versuchte die besorgte Mutter daher, sich im Bekanntenkreis für ihn zu verwenden, aber ohne Erfolg.

Das Geld war nach wie vor knapp, zumal es mit einer Anstellung für den Sohn einfach nicht klappen wollte, was möglicherweise auch daran lag, dass er gesundheitlich nicht sonderlich robust war. Nun mussten zudem noch hohe Arztrechnungen beglichen werden, und so sah sich Else gezwungen, ihre Sammlung von Postkartengrüßen, die ihr der im Krieg gefallene und inzwischen sehr berühmte Franz Marc geschickt hatte, an die Berliner Nationalgalerie zu verkaufen. Sie erhielt dafür 8300 Mark, die die Finanznot freilich nur vorübergehend milderten.

Inzwischen erfreute sich Else einer beachtlichen Popularität. Auch der große Dramatiker Bert Brecht war Ende Juni 1920 bei einer ihrer Lesungen in München gewesen und hatte daraufhin in sein Tagebuch notiert: „Ende der Woche hörte ich die Else Lasker-Schüler lesen, gute und schlechte Gedichte, übersteigert und ungesund, aber im einzelnen wunderschön."

Am 7. Juli 1921 veröffentlichte die von Siegfried Jacobsohn herausgegebene „Weltbühne" eine Parodie über die Dichterin, die nicht ohne Folgen bleiben sollte. In dieser Doppelparodie „,Else Lasker-Schüler' von Hedwig Courts-Mahler" ging es um einen fingierten Besuch der Dichterin bei der nicht minder berühmten Unterhaltungsschriftstellerin. Folgendes war zu lesen: „Letztere stand auf dem Altan eines Schlosses, dem sich ein Wagen näherte, aus dem Else Lasker-Schüler entstieg. Sogleich eilte Courths-Mahler ihr zu einem herzlichen Willkommen entgegen. Else sprang mit einem einzigen, furchtbarwilden Satz auf die Schriftstellerin zu. Sie umarmten sich. Else Lasker-Schüler machte sich frei und schrie zweimal wie eine Eule und sprach: ‚Ich will Sie Hadwiga Rheumare nennen. Sie sehen aus wie der Dichter Peter Baum. O, das war ein großer Dichter.' ... Ich war entzückt von der Fülle der Gedanken, die die Dichterin in einem Satz so prägnant auszudrücken verstand. Ich sagte: ‚Ich danke Ihnen für Ihren Besuch, Prinzessin von Theben.' ... Dann schlug ich vor, dass wir uns in alte brokatene Schlossherrinnengewänder würfen und uns Arm in Arm photographieren ließen. Die Prinzessin wollte jedoch durchaus aufs Klavier, um sich einen Wigwam einzurichten. Sie kletterte auch wirklich hinaus und begann mit leiser, geheimnisvoller Stimme zu singen ...“

Bereits am folgenden Tag erhielt Siegfried Jacobsohn einen empörten Brief von Else Lasker-Schüler: „Es kann nicht sein, daß Sie von dem Artikel der letzten Nummer auch nur irgend etwas wissen ... Ich bin in dem Artikel direkt wie eine Verrückte geschildert; auch als Parodie höchst geschmacklos ...“ Sie betonte, das Ganze habe nicht nur ihr allein, sondern allen Juden geschadet und schloss mit der folgenschweren Bitte: „Wollen sie den Brief abdrucken wörtlich?“ Jacobsohn kam dem Wunsch der Dichterin nach und veröffentlichte ihn am 14. Juli in der „Weltbühne“, nicht ahnend, dass er erst damit eine üble antisemitische Provokation auslösen sollte.

Gewiss wäre Else Lasker-Schülers beleidigte und humorlose Reaktion auf die Parodie eine Marginalie geblieben, hätte sich nicht der Journalist und Schriftsteller Ludwig Thoma durch einen gehässigen Artikel im „Miesbacher Anzeiger“ als Antisemit übelster Sorte entlarvt. Unter der Überschrift „Unsere Muttersprache“ hatte er am 22. Juli 1921 in Hinblick auf die Wortstellung in Elses Brief geschrieben: „Wir wissen kaum, wer Lasker-Schüler ist, und unsere Leser werden es auch nicht wissen, aber der Jacobsohn in Berlin sagt, dass sie die größte Dichterin Deutschlands ist, und der Judassohn sagt das auch ... Sie schreibt: ‚Ich frage Sie, wollen Sie meine Antwort abdrucken wörtlich?' ... Die erste Dichterin Deutschlands scheint zu besitzen nichts von der Sprache Deutsch. Wir haben es abgedruckt wörtlich, um es zu zeigen deutlich, daß mauscheln so die Kladerjüdinnen, die was kommen auf eine Postkarte hin sofort. Wir drucken es ab, damit der wirkliche Deutsche sieht, wie die Saubande sogar mit seiner Sprache Schindluder treibt ... In Berlin hockt das Gesindel zu Hunderten beisammen, das die Sprach-Syphilis einführt ..."

Hier war sie also wieder, die alte, offen zur Schau gestellte Judenfeindlichkeit, die Else ihr Leben lang gefürchtet, gleichwohl aber als anachronistisch angesehen hatte. Schließlich lebte man zu Beginn des 20. Jahrhunderts! Tatsächlich aber hatte der Antisemitismus in Deutschland seit der Reichsgründung 1871 wieder zugenommen. Das Deutsche Reich hatte erst spät zu nationaler Einheit gefunden, und die Nationalisten glaubten daher, Selbstwertgefühl noch „ankurbeln" zu müssen: „Am deutschen Wesen soll die Welt genesen" wurde bekanntlich zum Wahlspruch dieser Bemühungen. In den „Preußischen Jahrbüchern" schrieb der berühmte Heinrich von Treitschke Aufsätze unter dem Titel „Ein Wort über unser Judentum", in dem er den unheilvollen Satz „Die Juden sind unser Unglück" prägte und von Überfremdung sprach, obwohl der Anteil der Juden an der deutschen Bevölkerung nur 0,8% ausmachte. Der nunmehr auch auf der so genannten „Rassenlehre" basierende Antisemitismus wirkte wie ein schleichendes Gift. Doch noch nahm man ihn nicht wirklich ernst, und auch die Juden selbst fühlten sich – noch – nicht bedroht. Die meisten waren der Auffassung, das Zusammenleben von Juden und Nicht-Juden funktioniere weitgehend reibungslos. Aus dem Kultur- und Geistesleben waren die jüdischen Exponenten ohnehin nicht wegzudenken: Sigmund Freud, Albert Einstein, Alfred Döblin, Max Reinhardt und Kurt Tucholsky, um nur einige Namen zu nennen. Doch nur ein knappes Jahr nach Ludwig Thomas üblem Pamphlet ereignete sich die erste antisemitische Gewalttat, die man eigentlich als Sturmzeichen hätte deuten müssen: Im Juni 1922 wurde der populäre Außenminister der Weimarer Republik, Walther Rathenau, von verhetzten jungen Antisemiten ermordet.

Größtes Leid und späte Ehre

Im April 1927 machte Else dem Chef der Waldorf-Astoria-Zigarettenfabrik Ernst Molt das ungewöhnliche Angebot „Reclame für Ihre Fabrik ersten Ranges mit meinem berühmten Namen zu machen in vielen Ländern ... Wie würden Sie mich honorieren, glänzend?" Was auf den ersten Blick nach maßloser Selbstüberschätzung aussehen mag, war tatsächlich wieder einmal nichts anderes als ein erneuter verzweifelter Versuch, zu Geld zu kommen, Geld, das sie dringender als zuvor benötigte. Diesmal freilich war sie an ihrer Misere nicht ganz schuldlos. In der irrigen Annahme, von all ihren Herausgebern stets übervorteilt worden zu sein, hatte sie 1925 im Selbstverlag die Streitschrift „Ich räume auf! Meine Anklage gegen meine Verleger" veröffentlicht und damit selbst den ihr stets wohl gesonnenen Paul Cassirer verprellt, der sich daraufhin von der streitbaren Dichterin trennte. Dass sich unter diesen Umständen kein neuer Verlag finden würde, auch nicht, als die literarische Welt 1926 den angeblich 50. Geburtstag von Else Lasker-Schüler feierte, hätte sie eigentlich voraussehen müssen.

Nun aber plagten sie nicht nur finanzielle Sorgen. Bei ihrem Sohn Paul, der sich von einer schweren Grippe nicht erholen wollte, war Tuberkulose diagnostiziert worden, die seinen Aufenthalt in verschiedenen Sanatorien notwendig machte. Doch die Behandlung blieb ohne Erfolg. Pauls Zustand verschlechterte sich zusehends, und Else holte ihn schließlich zu sich nach Berlin, um ihn „zu Hause" zu pflegen. Ein wirkliches Zuhause hatte Else freilich schon lange nicht mehr. Eine Wohnung konnte sie sich nicht leisten, stattdessen lebte sie in billigen Mansarden oder Hotelzimmern. Hierhin brachte sie nun ihr „Paulchen" und holte in diesen wenigen Wochen offensichtlich das nach, was sie seinerzeit an dem Kind versäumt hatte – oder was sie einfach nicht leisten konnte: Jetzt aber war sie für ihr „Paulchen" die treu sorgende Mutter, die er sich vielleicht immer gewünscht haben mochte. Dass Else diese Rolle in Pauls ersten Lebensjahren niemals richtig erfüllt hat, hat sie freilich nicht gleichgültig gelassen. Einmal hatte sie ihren Sohn daher auch direkt gefragt, ob er nicht eine „normale" Mutter mit Heim und Herd lieber gehabt hätte. Paul hatte zwar geantwortet: „Nur nicht!", aber was hätte er auch sonst sagen sollen? Nichtsdestotrotz vergötterte sie ihn, den einzigen Menschen, der ihr auf der Welt geblieben war, mit einer geradezu blinden und bedingungslosen Liebe.

Doch alle noch so liebevolle Pflege war vergebens. Am 15. Dezember 1927 starb Paul im Alter von 28 Jahren. Gottfried Benn stand Else als Arzt und als Freund zur Seite und nahm auch am Begräbnis teil. Viele Jahre später,1952, schrieb er in einem Nachruf auf Else Lasker-Schüler: „Im heutigen Berlin bin ich … sicher der einzige, der am Grab ihres Sohnes Paul neben ihr stand, als er auf dem Weißenseer Friedhof beigesetzt wurde, dieser Sohn, der ihr so viel Leiden brachte, für den sie ihre wenigen Einkünfte ausgab, für den sie Liebesbriefe austrug und für den sie bei seinen Freundinnen um Rendezvous und Zärtlichkeiten warb, Paul, oft von ihr besungen, ein zarter, schöner Junge, sein Vater war angeblich ein spanischer Prinz …"

Else hatte ihr Allerliebstes verloren und nun begann sie wirklich den Boden unter den Füßen zu verlieren, auf dem sie freilich nie sonderlich fest gestanden hatte. Paul war tot, seit 1921 war kein neues Buch mehr von ihr erschienen, und auch die politische Situation begann sich für sie als Jüdin beängstigend zuzuspitzen. Zwar trat sie dem braunen Mob furchtlos entgegen, und mehr als einmal bezog sie Prügel, als sie sich an Demonstrationen gegen die immer zahlreicher werdenden Rechten beteiligte, doch sie konnte nicht mehr verdrängen, dass sich der Wind in ihrem Heimatland gedreht hatte. Noch aber hatten sich die Nazis nicht ganz an die Schaltstellen der Macht vorgearbeitet. Im Dezember 1932 erhielt sie – freilich zusammen mit dem Blut- und Boden-Dichter Richard Billinger – den Kleistpreis zuerkannt, „für den überzeitlichen Wert ihrer Verse, der den ewig gültigen Schöpfungen unserer größten Meister ebenbürtig ist", wie es in der Verleihungsurkunde hieß. Der „Völkische Beobachter" indes vertrat naturgemäß eine ganz andere Ansicht: „Die Tochter eines Beduinenscheichs erhält den Kleistpreis!", hatte er bereits am 18. November gelästert, nachdem Else Lasker-Schülers Nominierung bekannt geworden war. Es folgte das übliche Lamento über die vermeintliche Wertlosigkeit des Preises mit der Begründung, auch die früheren Kleistpreisträger seien „vorwiegend Juden, Halbjuden, Pazifisten, Bolschewisten, Nullen, Tendenzlinge und Tantiemenjäger" gewesen. Als Beispiele nannte das Blatt „Bertold (!) Brecht und Karl (!) Zuckmayer". „Wir meinen", lautete die Schlussfolgerung, „dass die rein hebräische Prosa der Else Lasker-Schüler uns Deutsche gar nichts angeht."

Schon lange hatte Else davon geträumt, in ihre eigentliche „geistige Heimat" zu fahren, ins Land des „Prinzen Jussuf", des biblischen Josephs – nach Palästina, nicht wegen ihrer jüdischen Religion, sondern weil sie dort die Wurzeln ihrer „orientalischen Seele" vermutete.

„So schiebt mich das Leben …" – Flucht aus Deutschland

Kurz nach der Machtübernahme Hitlers verließ Else Lasker-Schüler Deutschland und floh in die Schweiz, zunächst nach Basel, dann nach Zürich, Ascona und Bern, freilich ohne polizeiliche Aufenthaltsgenehmigung. Als flüchtige Jüdin war sie zwar geduldet, aber nur vorübergehend. Bereits am 31. März 1933 war die Weisung erlassen worden, Juden den Grenzübertritt nur noch unter der Auflage zu gestatten, die Schweiz lediglich als Durchgangsland zu betrachten. Neben jeglicher politischer Tätigkeit war ihnen auch die Aufnahme einer Arbeit untersagt, anderenfalls, so die amtliche Befürchtung, werde man „die Leute nur noch schwer oder gar nicht mehr wegbringen". Eine Weile funktionierte dieses System tatsächlich, und der Großteil der jüdischen Flüchtlinge benutzte die Schweiz bloß als Transitland, um andere sichere Ziele anzusteuern. Else aber blieb, insgesamt sechs Jahre lang, denn welches Land war schon daran interessiert, eine mittellose Dichterin aufzunehmen? Auch in der Schweiz fürchtete man, sie könnte dem Land finanziell zur Last fallen, und so schwebte während der ganzen Zeit das Damoklesschwert der Ausweisung über ihr. Zum Glück aber fand sie auch unter den

Schweizern großzügige Gönner, allen voran den Zürcher Seidenfabrikanten Silvain Guggenheim, der sie über Jahre unterstützte und sich den Behörden gegenüber für sie verbürgte. Im Grunde setzte sie im Exil das Leben aus Berliner Tagen fort. Hin und wieder hielt sie Lesungen, zu denen sich bisweilen auch prominente Flüchtlinge wie die Familie Mann einfanden. Am 12. Dezember 1933 notierte Klaus Mann in sein Tagebuch: „In den Augustinerhof zu Lasker-Schüler. Ihre echte Zerstörtheit, Spuren legitimen dichterischen Wahnsinns". Tatsächlich machte Else Lasker-Schüler damals auf zahlreiche Menschen den Eindruck, nicht mehr so recht bei Verstand zu sein. Exzentrisch war sie ja von jeher gewesen, so kannte man sie eben. Nun mischten sich in ihre Exzentrik aus verständlichen Gründen Angst und Misstrauen und ließen sie noch sonderbarer erscheinen, zumal auch das Äußere der mittlerweile 64-Jährigen nach wie vor „weder in puncto Sauberkeit noch in puncto Zusammenstellung der Farben und Kleidungsstücke bürgerlichen Maßstäben entsprach", wie es der Schweizer Buchhändler Hans Bolliger formulierte, der des Öfteren mit Else verkehrte, und Klaus Mann wunderte sich am 20. Dezember 1933 über einen „völlig verrückten Brief von der Lasker-Schüler mit zwei Glasschussern". Die hatte ihm Else „zum Zeichen meiner allerliebsten Gesinnung zu Ihnen" beigelegt und hinzugefügt: „So schiebt mich das Leben …"

Reise ins „Hebräerland"

1934 ging endlich Elses alter Traum in Erfüllung: die Reise nach Palästina. Sie hatte ein wohlhabendes griechisches Ehepaar kennen gelernt, das in Alexandria wohnte und nun bereit war, den Herzenswunsch der Dichterin zu erfüllen – und damit auch zu finanzieren. Zunächst einmal aber musste sich Else einen Pass ausstellen lassen, und wieder nutzte sie die Gelegenheit, „jünger" zu werden: In dem Dokument war das Geburtsjahr 1891 angegeben, das die 65-Jährige nunmehr als 42-Jährige auswies! Erwartungsvoll reiste sie im März in ihr „gelobtes Land", die geistige Heimat des „Prinzen Jussuf".

Nun sah sie endlich all die Orte, die sie sich in ihrer Phantasie ausgemalt hatte: Jerusalem, Bethlehem, den Garten Gethsemane, den Hügel Golgatha und die Straße nach Emmaus. Aber so rechte Begeisterung wollte sich bei ihr dennoch nicht einstellen, so wie es Reisenden oftmals ergeht, wenn sie sich ein Traumziel immer wieder vorgestellt haben und dann tatsächlich dort ankommen. Sowohl das Land als auch die Leute enttäuschten sie. Die Heimat des „Prinzen Jussuf" hatte sie sich in ihrer Phantasie anders ausgemalt: reicher, prächtiger. Aber von jenem orientalischen Ambiente war nichts zu spüren. Das Land war arm, und die Menschen hatten ganz andere Sorgen, als den „schwarzen Schwan Israels" zu hofieren, was Else Lasker-Schüler ganz offensichtlich erwartet hatte.

Im Juni kehrte Else Lasker-Schüler in die Schweiz zurück, trotz allem voll neuer Eindrücke und Ideen, die sie in dem Band „Hebräerland" verarbeitete, der 1937 in Zürich erschien, von der Kritik allerdings wenig wohlwollend aufgenommen wurde. Unterdessen war auch ihr Aufenthalt in der Schweiz mehr als unsicher geworden. Bereits am 23. Oktober 1934 hatte die Städtische Fremdenpolizei der Kantonalen Polizei folgende Mitteilung gemacht: „Frau Lasker verfügt über keine eigenen Mittel, sondern ist auf die Wohltätigkeit von Privatpersonen angewiesen … Die weitere Anwesenheit der Petentin ist weder notwendig noch erwünscht und wir stellen den Antrag auf Verweigerung einer weiteren Aufenthaltsbewilligung …" Zwar blieb ihr noch eine „Gnadenfrist", doch die Situation wurde für die Dichterin immer verzweifelter. Am 14. Juli 1938 wurde ihr die deutsche Staatsangehörigkeit aberkannt. Die Begründung: „Durch Vorträge und Schriften versuchte sie, den seelischen und moralischen Wert der deutschen Frau verächtlich zu machen. Nach der Machtergreifung flüchtete sie nach Zürich und brachte dort ihre deutschfeindliche Einstellung durch Verbreitung von Gräuelmärchen zum Ausdruck …" In Wirklichkeit ist Else Lasker-Schüler zwar eine erklärte Gegnerin des Nationalsozialismus, niemals aber deutschfeindlich gewesen, im Gegenteil. In den langen Jahren im Exil hat sie ihr Heimatland schmerzlich vermisst und gehofft, nach dem Ende des braunen Spuks wieder dorthin zurückkehren zu können. In verschlüsselter Form erkundigte sie sich brieflich über die Entwicklung daheim. So schrieb sie am 12. April 1939 an ihre Nichte Edda Lindwurm-Lindner: „Ist Tante besser? Oder schlimmer geworden? Sie war meine Lieblingstante, wenigstens ich nannte sie so." Doch Else Lasker-Schüler sollte ihre „Lieblingstante" nicht mehr wiedersehen.

„Ich bin verzweifelt in der Einsamkeit"

Mit dem „Anschluss" Österreichs an Deutschland im März 1938 und den nun gezielt stattfindenden Judenverfolgungen und -vertreibungen hatte sich die Situation für die Flüchtlinge erneut verschärft. Nachdem Ungarn und Jugoslawien ihre Grenzen geschlossen hatten und Italien sich nur noch als „Durchreiseland" zur Verfügung stellte, erlebte die Schweiz einen ungeheuren Ansturm. Man suchte daher nach Möglichkeiten, jüdische Emigranten schon an der Grenze erkennen – und abweisen – zu können. Verhandlungen mit dem Auswärtigen Amt in Berlin brachten bekanntlich das Ergebnis, von nun an alle Pässe ausreisewilliger deutscher Juden mit einem dicken „J"-Stempel zu versehen – eine einmalige Maßnahme, die bis dahin von keinem anderen Land in Erwägung gezogen worden war.

Am 24. November 1938 wurde Else Lasker-Schüler letztmalig von der Schweizer Fremdenpolizei mitgeteilt, dass ihr weiterer Aufenthalt nicht länger geduldet werden könne. Im April 1939 musste sie die Schweiz endgültig verlassen und eine letzte, eher unfreiwillige Reise ins „Hebräerland" antreten, eine Reise zudem ohne Wiederkehr. Sie war zu diesem Zeitpunkt 70 Jahre alt und den nicht enden wollenden Strapazen ihrer Odyssee kaum noch gewachsen. Gesundheitliche Probleme stellten sich ein, von finanziellen ganz zu schweigen. Auch in Jerusalem setzte sich daher das alte Dilemma fort, für ihr Überleben betuchte Gönner und Fürsprecher finden zu müssen. Daneben verdiente sie selbst ein wenig mit Dichterlesungen, für die sie eigenhändig Plakate schrieb und in Buchhandlungen aushängte. Aber ein Leben in bitterer Armut war für Else Lasker-Schüler ja durchaus nichts Ungewöhnliches.

Ein wenig besserte sich ihre Situation zu Beginn der 40er Jahre, als sie regelmäßige Bezüge von der deutschen Abteilung der Jewish Agency erhielt, der obersten jüdischen Behörde Palästinas. Auf diese Weise war ihr zumindest ein Existenzminimum gesichert. In jener Zeit fand sie sogar wieder ein neues Betätigungsfeld: 1941 gründete Else Lasker-Schüler den „Kraal", einen von Freunden und Bekannten unterstützten Veranstaltungsring für Lesungen und Vorträge, für die sie selbst verantwortlich zeichnete. Ihr Leben aber spielte sich wie in den guten alten Berliner Tagen auch in Jerusalem meist in Cafés ab, und noch immer hielt sie Lesungen bei Kerzenschein. Und wie ein junges Mädchen verliebte sie sich noch einmal unsterblich! Der (Un-)Glückliche war der 30 Jahre jüngere Pädagogikprofessor Ernst Simon (1899–1988), dem es verständlicherweise ausgesprochen peinlich war, dass ihn die greise Dichterin derart anhimmelte, ihm Gedichte widmete und ihn „schön wie Apoll" fand. Doch es gelang ihm, sich Elses Schwärmerei rechtzeitig und feinfühlig zu entziehen, bevor sich die Dichterin vollends zum Gespött machen konnte. Am 15. August schrieb er ihr: „Sie machen den heroischen wie tragischen Versuch, ihr Dichtertum zu leben … Wir leben in verschiedenen Zeiten, Sie in der Ihren, eigenen …"

Nachdem Else Lasker-Schüler 1942 ihre letzte Gedichtsammlung „Mein blaues Klavier" geschrieben hatte, ging es ihr sowohl seelisch als auch körperlich zunehmend schlechter: „Ein müder Mensch, dessen Antlitz von zerstörter Schönheit zeugt, und in dessen großen schwarzen Sulamith-Augen der Wahnsinn aufloderte …", so beschrieb der Dichter Chalom Ben Chorin seinen Eindruck von der Dichterin in ihren letzten Jahren. Das Schlimmste war aber, dass sie nahezu völlig vereinsamt war. Viele Bekannte hatten sich von der eigensinnigen Lyrikerin wieder zurückgezogen, und so wurden auch die „Kraal"-Veranstaltungen immer seltener, die Leere in ihrem Leben umso größer. Sie hat dieses Gefühl im Juli 1944 auch bildnerisch darzustellen versucht. In ihrer Zeichnung „Im Grauen der Einsamkeit" hat sich „Prinz Jussuf" an einem Ast erhängt. Die Bildunterschrift lautete: „Ich bin verzweifelt in der Einsamkeit. Euer Jussuf."

Ein Brief des aus Berlin emigrierten Arztes Dr. Adolf Wagner schildert die verzweifelte Situation der alten Frau kurz vor ihrem Tod: „Ich fand sie rein zufällig an einem ihrer letzten Tage in einem desolaten Zustande, wie sie sich an einem Baum festhielt, um nicht umzufallen. Sie war ganz blassblau, stark unterernährt, halb verhungert. Ich bot ihr meine Hilfe an, sie wollte sich weder tragen noch stützen lassen. Mit Mühe und List brachte ich sie in ein kleines Café, wo sie sich allmählich erholte ..." Wagner nannte auch den Grund für Elses körperlichen Verfall: „Sie hatte hier einige Freunde, für die sie sich sehr aktiv interessierte, denen sie materiell half, wenn sie in Not waren ... während sie selbst recht dürftig lebte. Sie konnte nicht wirtschaften und es fehlte ihr am Notwendigsten, sie machte also Schulden, die sie abbezahlte und dann darbte sie weiter ... Sie lebte zuletzt viel in der Vergangenheit, besonders mit ihrem Sohn und ihrer Mutter ..."

Am 22. Januar 1945 endete das bunte und dennoch so trostlose Leben der Else Lasker-Schüler. Sie starb nur wenige Tage, nachdem sie mit einem Angina pectoris-Anfall ins Krankenhaus eingeliefert worden war und wurde unter Anteilnahme von rund 60 Trauergästen auf dem Jerusalemer Ölberg beigesetzt. „Prinz Jussuf" war damit endgültig in seine Heimat zurückgekehrt.

Mata Hari alias
Margaretha Geertruida Zelle

„Sie nannten mich das Auge
der Morgenröte" – Von einer falschen
Tempeltänzerin zur angeblichen Spionin

Ein sonderbares Friesenmädchen

Mata Hari – ein Name, der noch heute die Phantasie anregt und selbst im beginnenden 21. Jahrhundert für eine Schlagzeile gut ist: „Wo ist der Kopf von Mata Hari?" fragte die Boulevardpresse im Sommer 2000. Die sterblichen Überreste der berühmten Spionin waren nach ihrer Hinrichtung 1917 in das anatomische Museum von Paris gebracht worden. Dort wird der Kopf mit den rötlichen Haaren zwar noch heute in den Inventarlisten geführt, ist aber leider unauffindbar. Möglicherweise, so mutmaßte der Museumsdirektor, habe ein Bewunderer den Kopf mitgenommen, als das Museum 1954 umgezogen ist. Der vermeintliche Dieb war aber nicht der Einzige, der sich der Faszination der exotischen Schönen nicht entziehen konnte.

Die Legende hat aus der „Tempeltänzerin" Mata Hari eine Spionin aus Leidenschaft gemacht, die noch lächelnd vor ihren Kerkermeistern getanzt haben soll, bevor sie von einem französischen Hinrichtungskommando erschossen wurde. Mit dieser Legende, von der Nachwelt ersonnen, vollendet sich lediglich der Mythos Mata Hari, an dem die schöne Holländerin allerdings auch selbst schon früh gearbeitet hat. Die Wahrheit hinter dem Mythos indes ist wesentlich nüchterner und beginnt in der Grote Kerkstraat in der friesischen Provinzhauptstadt Leeuwarden.

Hier, im Norden der Niederlande, fiel sie bereits auf, die kleine Margaretha, die mit ihren pechschwarzen Haaren und der bernsteinfarbenen Haut so ganz anders aussah als die meist hellhäutigen blonden Mädchen in der Nachbarschaft. Ihre Eltern, Antje van der Meulen und Adam Zelle, waren daher auch mächtig stolz auf ihre kleine Tochter, die am 7. August 1876 das Licht der Welt erblickt hatte. Der dunkle Teint war offenbar ein Erbteil der einheimischen mütterlichen Vorfahren, die ebenfalls aus Friesland stammten, doch er gab Margaretha das Aussehen einer echten Orientalin.

Während die Mutter in den kommenden Jahren mit der sich vergrößernden Kinderschar – es wurden außer Margaretha vier Söhne geboren – alle Hände voll zu tun hatte, konzentrierte sich der Vater nahezu ausschließlich auf seine kleine „Prinzessin". Nichts war ihm für Margaretha zu teuer, kein Spielzeug und auch kein Kleidungsstück. Als Hutmacher war er schließlich nicht arm, da konnte er schon zeigen, was er hatte, allem voran eine bezaubernde Tochter, deren erster und – vorerst – größter Bewunderer er war. Und Margaretha, die ganz eindeutig Stolz und Eitelkeit des Vaters geerbt hatte, genoss die allgemeine Aufmerksamkeit, die sie erregte, die neidischen Blicke der Altersgenossinnen und war sich schon früh bewusst, dass sie ganz offensichtlich etwas Besonderes war.

Auch an der Ausbildung seiner schönen Tochter wollte der stolze Vater natürlich nicht sparen und schickte Margaretha auf eine teure Mädchenoberschule. Hier lernte sie, was sie für ihr späteres Leben in den „besseren Kreisen" einmal benötigen würde, insbesondere die Sprachen Englisch, Französisch und Deutsch. Doch ganz offensichtlich hatte sich Adam Zelle zu viel um seine Tochter und zu wenig um sein Unternehmen gekümmert. Während Margaretha nämlich vor ihren Schulkameradinnen mit eleganter teurer Kleidung prahlte, hatte ihr Vater sein Geschäft Schritt für Schritt in den Ruin getrieben. 1889 musste er Konkurs anmelden – mit allen Konsequenzen für den Lebensstandard seiner Familie, die nun von heute auf morgen mit einem Existenzminimum auskommen musste. Und natürlich hatte auch Margaretha die kostspielige Schule zu verlassen. Dieser Absturz ins gesellschaftliche Nichts war

Mata Hari (1876–1917)
im Kostüm einer Hinduprinzessin

Foto, 1904

mehr, als ein Großtuer wie Adam Zelle verkraften konnte. Er ließ seine Familie im Stich und machte sich in Richtung Amsterdam aus dem Staub.

Nachdem Antje Zelle mit ihren Kindern in eine wesentlich kleinere Wohnung hatte umziehen müssen, erkrankte sie lebensbedrohlich und starb nur wenige Monate nach der Scheidung von ihrem verantwortungslosen Ehemann. Die halbwüchsige Margaretha hatte damit binnen kurzem alles verloren, was ihre Welt bis dahin ausgemacht hatte: ihre Eltern, ein gut situiertes Zuhause, eine kultivierte Umgebung und sorgenfreie Zukunft. Auch von ihren Brüdern musste sie sich trennen: Die Geschwister wurden unter verschiedenen Angehörigen aufgeteilt und Margaretha kam in die Obhut ihres Patenonkels Visser, der in der kleinen Stadt Sneek wohnte.

„... zwecks späterer Heirat"

Der erneute Besuch der Mädchenoberschule überstieg freilich die finanziellen Möglichkeiten des Patenonkels ganz eindeutig, doch um der mittel- und elternlosen Nichte dennoch eine solide Ausbildung zu ermöglichen, schickte er Margaretha nach Leiden in ein Pensionat für angehende Kindergärtnerinnen. Das freilich war nun ganz und gar nicht das, was sich die verwöhnte „Prinzessin" für ihr späteres Leben vorgestellt hatte. Wieso sollte sie sich mit den Kindern anderer Leute herumärgern? So wie sie aussah, 1,70 m groß, schlank, mit schwarzen Haaren, großen Augen und einem sinnlichen Mund, da stand ihr schließlich die Welt offen! Die Blicke, die die Männer der Heranwachsenden zuzuwerfen pflegten, dürften ihr gewiss nicht entgangen sein. Sie spürte, wie attraktiv sie war – und wie sie ihre Attraktivität wirkungsvoll einsetzen konnte. Offenbar hat ihre etwas frivole Ausstrahlung selbst den alternden Schulleiter nicht ganz unbeeindruckt gelassen. Auf jeden Fall machten schon bald seltsame Gerüchte die Runde, die Beziehung zwischen der jungen Margaretha und ihrem Lehrer sei nicht nur eine pädagogisch motivierte. Ganz gleich, ob daran etwas Wahres war oder nicht – auf jeden Fall musste die inzwischen 17-jährige Margaretha die Schule sofort verlassen. Unterschlupf fand sie bei einem Verwandten, der in Den Haag lebte.

Dort also saß sie nun meist gelangweilt zu Hause und träumte sich durch den Tag. Wie konnte sie es bloß schaffen, dem Mief ihrer spießigen Umgebung zu entkommen? Doch wohl nur mit Hilfe eines reichen Mannes, der ihr all das erfüllen sollte, was ihr der Vater einst versprochen, niemals jedoch wahr gemacht hatte. Und dafür hasste sie Adam Zelle inzwischen ebenso sehr, wie sie ihn früher einmal geliebt hatte.

Doch Margaretha wollte nicht tatenlos auf ihren „Traumprinzen" warten. Tag für Tag blätterte sie die Zeitungen durch, bis sie auf die Seite mit den Heiratsannoncen kam und machte sich zielstrebig auf die Suche. Nicht lange, und sie stieß auf die Anzeige eines 40-jährigen Offiziers, Hauptmann aus Niederländisch-Indien, zur Zeit auf Heimaturlaub. Nun suchte er eine „passende Frau – zwecks späterer Heirat". Margaretha konnte zwar nicht mit einer Mitgift aufwarten, doch sie hoffte sehr, dass John Rudolf MacLeod selbst vermögend genug war, um nicht auf das Geld seiner Frau zu spekulieren. Und ihr „Kapital", davon war sie zutiefst überzeugt, war schließlich ihr Aussehen! Margaretha legte ihrem Brief an MacLeod daher ein Foto bei und wartete zunächst einmal ab.

Tatsächlich schrieb der „Traumprinz" schon bald zurück, doch der Inhalt des Briefes war so viel versprechend nicht: MacLeod war krank, er litt an Rheuma und Diabetes und der Heimaturlaub galt in erster Linie seiner Erholung. Doch sobald es sein Befinden zuließe, wollte er sich mit Margaretha treffen.

Nun galt es, Vor- und Nachteile des Heiratskandidaten abzuwägen: Ein kränkelnder Mann, zudem noch mehr als zwanzig Jahre älter als sie, war so erstrebenswert eigentlich nicht, aber – und das gab schließlich den Ausschlag – er war wohlhabend und würde ihr das Luxusleben ermöglichen können, das Margaretha für sich als einzig angemessen empfand.

Schon beim ersten Treffen war John Rudolf MacLeod von der sinnlichen Ausstrahlung der schwarzhaarigen Schönheit dermaßen fasziniert, dass er glaubte, die Frau fürs Leben gefunden zu haben, und auch Margaretha selbst war eher angenehm überrascht von ihrem gut aussehenden stattlichen Gegenüber. Bald war die Heirat beschlossene Sache, und nur drei Monate nach der ersten Begegnung, am 13. Juli 1895, fand die Eheschließung statt. Wider Willen musste Margaretha auch den ungeliebten Vater zur Hochzeit einladen, denn als Minderjährige hätte sie ohne väterliche Genehmigung nicht heiraten können. So aber war aus der armen Margaretha Zelle eine wohl situierte Frau MacLeod, Gemahlin eines Hauptmanns, geworden und die erste Stufe auf dem Weg nach oben mit Leichtigkeit bewältigt.

Luxusleben in den Tropen

Der Heimat- und Genesungsurlaub MacLeods dauerte noch eine Weile an, und so wohnte das Paar einstweilen noch in den Niederlanden. Nach dem Zauber der ersten Wochen war John Rudolf MacLeod freilich schon recht bald klar geworden, dass die überstürzte Heirat möglicherweise ein Fehler war. Zwar hatte er nun eine äußerst attraktive junge Frau, um die ihn alle beneideten, die Männer zumindest, doch hatte er feststellen müssen, dass Margaretha ein ausgesprochen oberflächlicher Mensch war, eine Frau, der der schöne Schein alles galt. Auch wenn er zugeben musste, dass sie in der eleganten Garderobe, die sie sich nun zulegte, wirklich phantastisch aussah, so gab sie doch mehr Geld aus, als er sich im Grunde leisten konnte. Noch aber überwog der Stolz auf die schöne Margaretha, und noch konnte er über die kritischen Stimmen aus seiner Verwandtschaft hinweghören.

Am 30. Januar 1897 kam Sohn Norman zur Welt, sodass berechtigte Hoffnung zu bestehen schien, als Mutter würde Margaretha endlich reifer und verantwortungsbewusster werden. Ein fataler Irrtum, wie sich schon bald herausstellen sollte! Tatsächlich hatte sie etwas ganz anderes im Sinn. John Rudolf musste nämlich wieder zurück zu seinem Regiment, und man bereitete sich auf die Abreise nach Java in Holländisch-Ostindien vor. Java – schon allein der Name ließ die abenteuerhungrige Margaretha träumen! Die langgestreckte Insel im

Malaiischen Archipel gehörte zu Indonesien und stand damals ganz unter niederländischem Einfluss. Bereits 1602 war die Niederländisch-Ostindische Companie gegründet worden, in in der Folgezeit entstanden vor allem auf West-Jawa etliche holländische Handelsplätze. Durch Verträge sowie Eroberungen erwarb die Compagnie mit der Zeit immer weitere Gebiete, bis sie schließlich fast ganz Indonesien als Niederländisch-Indien beherrschte.

Am 1. Mai 1897 bestieg die kleine Familie die „Princess Amalia" und reiste ihrer neuen Heimat in den Tropen entgegen.

Es war ein recht angenehmes Leben, das Margaretha in einem freilich unangenehm feuchtwarmen Klima führen konnte, das Leben einer Kolonialherrin mit einem großzügigen Haus, ausreichend Personal und finanziellem Freiraum. Der gleichförmige Alltag wurde erfreulicherweise durch häufige Einladungen und Empfänge aufgelockert, die Margaretha hinreichend Gelegenheit boten, sich extravagant zu kleiden und von den männlichen Gästen bewundern zu lassen – sehr zum Missvergnügen des eigenen Ehemanns. Der Ehe der MacLeods war der Umzug nach Java nämlich keinesfalls so gut bekommen, wie beide gehofft hatten. Daran konnte weder die Geburt eines zweiten Kindes noch die Versetzung MacLeods an die Ostküste Sumatras etwas ändern. Mit der am 2. Mai 1898 geborenen Tochter Jeanne Louise, genannt Non, konnte Margaretha nicht mehr anfangen als mit dem kleinen Sohn. Beide wurden in die Obhut eines Kindermädchens gegeben, während die Mutter es vorzog, das abwechslungsreiche gesellschaftliche Leben zu genießen, das sie nun als Ehefrau eines Standortkommandeurs führen durfte. Bedenkenlos gab Margaretha auch weiterhin das Geld mit vollen Händen aus, um sich mit schönen Kleidern zu schmücken und einem edlen Ambiente zu umgeben, ohne Rücksicht darauf, dass ihr Leben mitunter mehr kostete, als ihr Ehemann finanzieren konnte. Die Streitereien zwischen den beiden nahmen an Häufigkeit und Intensität zu. Während er ihr Oberflächlichkeit und Verschwendungssucht vorhielt, beklagte sich Margaretha, dass ihr Mann ihr keinen Freiraum lasse und an allem und jedem etwas

auszusetzen habe. Die Ehekrise ging also ohnehin schon un-
aufhaltsam ihrem Höhepunkt entgegen, als eine fürchterliche
Katastrophe die Beziehung vollends zerstörte: Am 27. Juni
1899 starb der kleine Sohn Norman im Alter von drei Jahren,
nachdem er, wie sich später herausstellte, vergiftet worden
war. Völlig unklar sind sowohl die Motive als auch der Täter.
Gemunkelt wurde, MacLeod habe ein Verhältnis mit dem
Kindermädchen gehabt, deren Liebhaber hatte Rache nehmen
wollen. Doch das ist völlig ungewiss. Auch der einjährigen
Tochter war Gift verabreicht worden, doch die überlebte den
Anschlag glücklicherweise, ohne bleibende Schäden davonzu-
tragen. Vor allem der verzweifelte Vater war untröstlich. In
seiner Trauer warf er Margaretha vor, Schuld am Tod des Kindes zu sein, da sie sich nie genügend um die beiden Kleinen
gekümmert hätte. Es war das endgültige Aus für die Ehe, ein
weiteres Zusammenleben war kaum noch möglich, nicht auf
Sumatra und nicht daheim in den Niederlanden, wohin die
Familie 1902 zurückkehrte. Dort beschloss man umgehend,
die Scheidung einzureichen, wobei freilich noch unklar war,
wer das Sorgerecht für die Tochter erhalten sollte.

Ein neuer „Stern" über Paris

Da die kleine Non vorerst gut bei ihrem Vater untergebracht
war, sah Margaretha keinen Grund, sich in der holländischen
Heimat erneut zu langweilen. Schließlich war sie erst 26 Jahre
alt, wollte etwas erleben und von der Welt sehen! Paris sollte
es sein! Die französische Hauptstadt war damals in der Belle
Époque schließlich der künstlerische und kulturelle Nabel
Europas. Die Weltausstellungen von 1878, 1889 und 1900
hatten für internationales Aufsehen gesorgt. Und vor allem
Frauen schien hier die Welt offen zu stehen. Namen wie Sarah
Bernhardt und Isadora Duncan gingen Margaretha durch den
Kopf. Warum also sollte nicht auch sie in Paris ihr Glück fin-
den?
  Ohne Geld, jedoch voller Optimismus kam sie im Frühjahr
1903 in Paris an.

Doch in der Stadt wimmelte es geradezu von schönen, eleganten und exotischen Frauen, da musste man nicht eigens auf eine Holländerin mit Namen Margaretha MacLeod warten. Hatte sie geglaubt, sich mit ihren körperlichen Vorzügen durchschlagen zu können, so gab man ihr schon bald zu verstehen, dass ihr Körper – nach der Geburt von zwei Kindern – nicht ganz so perfekt war, wie sie angenommen hatte. Künstler gaben ihr unmissverständlich zu verstehen, dass sie als Modell nicht in Frage kam.

Von jeglicher selbstkritischer Betrachtung war Margaretha freilich weit entfernt. Von klein an war ihr bestätigt worden, dass sie etwas ganz Besonderes war, schön, weltgewandt, mit einer zweifelsohne erotischen Ausstrahlung – das konnte doch auch den Franzosen nicht verborgen bleiben! Irgendwann kam sie schließlich auf die Idee, es mit Tanzen zu versuchen – und zwar so, wie sie es so oft auf Java und Sumatra gesehen und bewundert hatte: jene indischen Tempeltänzerinnen, die zu Ehren des Gottes Schiwa religiöse Darbietungen aufführten, mit geschmeidigen Bewegungen des ganzen Körpers und in hauchzarten seidenen Gewändern. Margaretha beschloss, Tanzunterricht zu nehmen, um später einmal das vorführen zu können, was „tout Paris" ganz gewiss sehen wollte.

Das Leben in Paris war freilich teuer, und auch die Tanzstunden wollten bezahlt werden. Für Margaretha war das jedoch kein allzu großes Problem. Seitdem sie ohne Geld in der französischen Hauptstadt angekommen war, hatte sich immer wieder ein reicher Gönner gefunden, der nur allzu bereit war, für die Hotelkosten und sonstigen Bedürfnisse der schönen Margaretha aufzukommen, wenn sie ihm nur die Gunst gewährte, hin und wieder eine Nacht mit ihm zu verbringen. Auf diese Art erreichte sie zweierlei: Nicht nur die Finanzierung ihres inzwischen zunehmend luxuriöseren Lebens, sie knüpfte gleichzeitig Kontakte zu wichtigen Männern, die in der Lage waren, ihr bei der angepeilten Karriere behilflich zu sein.

Tatsächlich war die Nachfrage nach exotischen Tänzerinnen damals beachtlich. Das klassische Ballett befand sich im Umbruch, seit die junge Tänzerin Isadora Duncan (1878–1927) vor wenigen Jahren in London einen freien Tanzstil kreiert hatte, gelöst von allen Fesseln der Regel, nur nach Stimmung und Ausdruck geformt, der in seiner mitreißenden Wirkung durch weite fließende Gewänder unterstützt wurde, die sich bei jeder Bewegung den Linien des Körpers anpassten. Seitdem die Duncan in Paris aufgetreten war, konnte die feinere Gesellschaft von derlei Darbietungen gar nicht genug bekommen. Und so war es auch Margaretha möglich, schon bald in einem der zahllosen Pariser Salons als „Tempeltänzerin" zu debütieren.

Bereits der erste Auftritt zu Beginn des Jahres 1905 geriet zur Sensation, denn Margaretha gelang es nicht nur, ihre indischen Vorbilder überzeugend zu imitieren, sie verblüffte auch durch ihr spärliches „Outfit": Ihre Brüste waren mit zwei runden Metallplatten bedeckt, um die Hüften trug sie nur ein langes Tuch, das sie am Ende ihrer Darbietung auch noch lasziv fallen ließ und darunter – trug sie scheinbar nichts! Bei alledem wirkte sie aber keineswegs frivol, sondern durchaus anmutig und geheimnisvoll, und das Publikum stand ganz im Bann ihrer erotischen Ausstrahlung. Schon am nächsten Tag war Lady MacLeod das Stadtgespräch, zumindest in gehobenen Gesellschaftskreisen. Der „Courrier français" schrieb am 16. Februar 1905: „Ihr dunkler Teint, ihr umschatteter Mund und die feucht schimmernden Augen sprechen von der Sonne ferner Länder und von gewaltigen Regengüssen. Sie windet und schlängelt sich unter den Schleiern, die ihren Körper gleichzeitig verhüllen und enthüllen ... Was sie erfleht, können wir nur ahnen. Die Tänzerin wahrt das Geheimnis ihrer beschwörenden Hände, so wie das Götzenbild das Geheimnis seines starren Blicks bewahrt. Es ist das ewige Verlangen nach dem Unbestimmten, das aufsteigt zu dem Unbekannten. Der schöne Leib fleht, windet sich und gibt sich hin; es ist gleichsam die Auflösung des Begehrens im Begehren."

Ein Zuschauer, Monsieur Guimet, machte ihr daher das verlockende Angebot, in seinem Museum für Orientalische Kunst aufzutreten – das ideale Ambiente für ihre exotischen Tänze. Alles schien perfekt – bis auf ihren prosaisch klingenden Namen, der so ganz und gar nicht zu ihrer orientalischen Erscheinung und ihren fernöstlichen Darbietungen passen wollte. Doch Margaretha präsentierte ihrem Publikum nicht nur einen neuen Namen, sondern gleich eine ganze Biografie, die ungleich phantastischer war als ihr wirklicher Lebenslauf. Sie war, so ließ sie vernehmen, als Tochter einer Brahmanenfamilie zur Welt gekommen. Ihre Mutter, eine berühmte Tempeltänzerin, sei freilich kurz nach ihrer Geburt gestorben, sodass das kleine Mädchen von Priestern adoptiert worden war: „Sie nannten mich Mata Hari, das bedeutet Auge der Morgenröte", fabulierte Margaretha, „sobald ich ein paar Schritte laufen konnte, sperrten sie mich in dem großen unterirdischen Saal der Pagode des Schiwa ein, um mich in die heiligen Riten des Tanzes einzuweihen …" Niemand kam zunächst auf die Idee, an den Worten Mata Haris zu zweifeln, alle waren von ihr und ihren „Tempeltänzen" derart fasziniert, dass sie sich kaum noch vor Aufträgen retten konnte. Mata Hari tanzte fortan nicht nur in Paris, sie war gleichermaßen umjubelter Star in Monte Carlo, Mailand, Berlin und zahlreichen anderen Städten. Die Zeitungen waren voll begeisterter Kritiken, und Mata Haris Gagen stiegen in astronomische Höhen. Das „Neue Wiener Journal" jubelte in seiner Ausgabe vom 15. Dezember 1906 gar: „Isadora Duncan ist tot, es lebe Mata Hari!"

Nun konnte sie sich auch (fast) ohne reiche Liebhaber alles gönnen was sie wollte – Schmuck, Pelze, exklusive Kleidung – einfach alles. Und sie schwelgte geradezu im Kaufrausch. Vergessen war ihr altes Leben, vergessen vielleicht auch die kleine Tochter Non, die bei Margarethas mittlerweile geschiedenem Ehemann lebte – und die sie bis zu ihrem Tod nicht mehr wiedersehen sollte. (Non starb am 10. August 1919 an den Folgen einer Gehirnblutung.) Es existierte nur noch die neue Mata Hari, ein Planet, um den alles kreiste, auch und gerade ihre zahlreichen Verehrer, doch es gab keinen Menschen, dem sie wirklich Zugang zu ihrem Innersten gewährte. Mehr denn je zählten Äußerlichkeiten in ihrem Leben, war Margarethas Persönlichkeit zu einer dekorativen Hülle geschrumpft, die ihr nichtsdestotrotz allergrößte Bewunderung einbrachte.

Enttäuschungen

Auf dem Höhepunkt ihrer Karriere machte plötzlich das Gerücht die Runde, Mata Hari habe sich in ein tibetanisches Kloster zurückgezogen. Tatsächlich lag ihr natürlich nichts ferner als ein Leben in kontemplativer Zurückgezogenheit, und die Geschichte mit dem Kloster war nichts anderes als das, was wir heute als „PR-Gag" zu bezeichnen pflegen: Margaretha hatte das Gerücht selbst in die Welt gesetzt, um sich wieder einmal ins Gespräch zu bringen. Tatsächlich hielt sie sich 1906 in Deutschland und Österreich auf. In Berlin lernte sie, die offenbar ein ausgeprägtes Faible für Uniformen besaß, Leutnant Alfred Kiepert kennen, der ihr nicht nur ein aufregendes Leben mit Besuchen in schicken Restaurants und Bars bieten konnte, sondern ihr auch Zutritt zu den maßgebenden Kreisen in Deutschland verschaffte, dem Adel und den hohen Militärs. Und so war Mata Hari auch in Berlin schon bald Gegenstand des Klatsches: Sie habe ein Verhältnis mit dem Kronprinzen, dem Sohn Kaiser Wilhelms II., so wurde kolportiert und Margaretha, Spezialistin in Werbung „in eigener Sache", dachte nicht im Traum daran, das Gerücht zu dementieren. Stattdessen begleitete sie ihren schmucken Leutnant nach Schlesien, wo der an einem Militärmanöver teilnehmen musste.

Ihre nächste Station war Wien, wo sie für einige Monate noch einmal – vielleicht ein letztes Mal – als großer Star gefeiert wurde. Denn als sie wieder nach Paris zurückkehrte, musste sie feststellen, dass das Interesse an ihr und ihren Darbietungen ganz erheblich nachgelassen hatte. Es gab inzwischen etliche andere „Tempeltänzerinnen" in der französischen Hauptstadt, die genauso gut, wenn nicht sogar besser tanzten als das „Original", und die sich zudem am Schluss tatsächlich so gut wie nackt präsentierten, während Mata Hari, wie inzwischen bekannt geworden war, stets ein hauchdünnes Trikot zu tragen pflegte. Auch hatte sich herumgesprochen, dass sie mit ihren „Tempeltänzen" bereits die Grenze ihrer künstlerischen Leistungsfähigkeit erreicht hatte. Mehr konnte sie nicht bieten und ihre schier unerträglichen „Starallüren" taten ein Übriges, ihren Abstieg zu beschleunigen. Hinzu kam, dass auch Zweifel an ihrer exotischen Herkunft laut wurden. So berichtete die Schriftstellerin Colette (1873–1954) in der Zeitung „Le Figaro" am 20. November 1923 von einer Begegnung mit Mata Hari, „als sich Lady W.s klare und schonungslose Stimme neben uns erhob: Die und eine Asiatin? Dass ich nicht lache, Hamburg, Rotterdam, ja Berlin vielleicht …" Ihren Nimbus hatte Margaretha damit weitgehend verloren.

Es folgten also vergleichsweise „magere" Jahre, in denen Margarethas Liebhaber wieder ein wenig tiefer in die Tasche greifen mussten. Einer von ihnen, ein reicher Bankier, erwies sich als ganz besonders großzügig: Er bezahlte für die schöne Mata Hari nicht nur eine geräumige Villa bei Tours samt Einrichtung, Hauspersonal und Reitpferden, sondern finanzierte ihr zusätzlich, nachdem sie nach einigen Monaten des Landlebens überdrüssig geworden war, auch ein Haus in Neuilly-sur-Seine bei Paris.

Inzwischen war Margaretha 34 Jahre alt, ohne Zweifel noch immer eine attraktive Frau, doch keineswegs mehr der umjubelte Star der früheren Jahre. Zwar gab es hin und wieder noch ein paar erfolgreiche Engagements, unter anderem 1912 in Mailand, doch ihr Stern hatte unzweifelhaft zu sinken begonnen. Mata Hari freilich konnte und wollte das nicht wahrhaben. Welches Leben hatte sie schließlich sonst, wenn nicht das Leben auf der Bühne?

Aus Mata Hari wird „H 21"

Wenn schon nicht Paris, dann eben vielleicht Berlin! Dorthin jedenfalls reiste Margaretha zu Beginn des Jahres 1914, um alte Freundschaften wiederzubeleben und auch ihren ehemaligen Geliebten Kiepert zu treffen. Es schien eine gute Entscheidung gewesen zu sein, die alten Gönner gaben sich großzügig, und auch die alten Kontakte erwiesen sich als scheinbar äußerst vorteilhaft: Auf jeden Fall lagen Mata Hari bereits die ersten Angebote für ein Engagement in Berlin vor. Doch dann veränderte sich durch den Ausbruch des Ersten Weltkriegs alles von Grund auf. Und so wie man Menschen insbesondere in Kriegszeiten in Freund und Feind aufzuteilen pflegt, so geriet nun auch Mata Hari als Ausländerin unversehens ins feindliche Lager, und dieselben Männer, die ihr noch vor kurzem den Hof gemacht hatten, gingen nun auf Distanz. Erst als ihr die deutschen Behörden mitteilten, dass man ihren Schmuck und die Pelze konfisziert hatte, begriff Margaretha, dass es an der Zeit war, Deutschland zu verlassen. Doch wohin? Schließlich besaß sie weder genügend Geld noch gültige Papiere – Letztere hatte sie bislang niemals gebraucht. Zum Glück traf sie auf einen holländischen Landsmann, der ihr nicht nur die Hotelrechnung bezahlte, sondern auch eine Fahrkarte nach Holland kaufte, sodass Margaretha Ende August 1914 in das Land zurückkehrte, in dem ihre Odyssee einst begonnen hatte.

Mit ihren Bühnenauftritten freilich hatte Margaretha in ihrer calvinistischen Heimat wenig Aussicht auf Erfolg, denn eine Nackttänzerin galt dort als anstößig. Dafür aber gab es nach wie vor zahllose Männer, die sie umschwirrten, und die mitunter auch über erheblichen Einfluss verfügten. Auf einem Empfang im Mai 1916 lernte Margaretha so den Presseattaché der deutschen Botschaft kennen, Karl Kramer, gleichzeitig Agent des militärischen Nachrichtendienstes. In der Annahme, sie habe wieder einmal einen dicken Fisch an der Angel, ließ sie sich mit Kramer ein, nicht ahnend, dass diesmal sie die Rolle des Fisches übernehmen sollte. Zunächst aber staunte sie nicht schlecht, als Kramer ihr den Vorschlag machte, als elegante und weit gereiste Frau doch ein wenig die Stimmung in Paris auszukundschaften, ganz einfach, ganz harmlos – im Dienste Deutschlands. Diese vermeintlich harmlose Tätigkeit sollte ihr die stolze Summe von 20 000 Francs einbringen! Für Geld tat Margaretha bekanntlich fast alles und daher sagte sie auch zu, ohne weiter über mögliche Konsequenzen nachzudenken. Das Einzige, was ihr als Rechtfertigung einfiel, waren ihr Schmuck und die Pelze, die in Berlin von den Deutschen konfisziert worden waren. Das Geld war also gewissermaßen nichts anderes als eine Entschädigung!

Für ihre zu erwartenden Nachrichten erhielt Margaretha von Kramer eine Geheimtinte und wurde darüber informiert, dass sie von nun an unter dem Codenamen „H 21" geführt wurde.

Das Spiel konnte beginnen, und etwas anderes als ein Spiel scheint es für Mata Hari auch nicht gewesen zu sein. Sie ahnte aber nicht, dass ihr Treffen mit Kramer von den holländischen Behörden aufmerksam registriert worden war.

Ein Spiel mit dem Feuer

Im Sommer 1916 befand sich Margaretha also wieder in Paris und versuchte immer dann, wenn sie mit hochrangigen Personen zusammentraf, die Ohren besonders zu spitzen, ohne dass ihr freilich brisante Informationen zugetragen wurden. Und ausgerechnet jetzt, bei ihrem wichtigen Auftrag, jetzt, mit beinahe vierzig Jahren, kam ihr die große Liebe dazwischen, und zwar in Gestalt eines 21-jährigen russischen Offiziers! Sie verliebte sich Hals über Kopf in Vadime de Massloff, der von der alternden, aber immer noch berühmten Diva ebenfalls äußerst beeindruckt gewesen zu sein schien. Die Tatsache freilich, dass sich Margaretha trotz der Liebesbeziehung damals gleichzeitig mit etlichen anderen Herren traf, wurde vom französischen Geheimdienst genauestens registriert. Ganz offensichtlich war Agentin H 21 dabei, besagten Herren wichtige Informationen zu entlocken.

Dabei kreisten Margarethas Gedanken nur noch um ihren schönen Russen, der nun an der französischen Front kämpfte. Umso größer war ihr Entsetzen, als sie erfuhr, dass Massloff von einer Granate schwer verletzt und in ein Militärlazarett in Vittel eingeliefert worden war. Sie musste auf dem schnellsten Wege zu ihm! Ohne Sondererlaubnis kam sie freilich nicht in die militärische Sperrzone hinein, und die musste sie im Militärbüro für Ausländer beantragen. Da aber auch hier einer ihrer verflossenen Liebhaber arbeitete, glaubte sie, das gewünschte Papier ohne Probleme ausgehändigt zu bekommen. Doch dann passierte ihr ein folgenschwerer Irrtum: Anstatt im Büro ihres Ex-Geliebten landete sie in den Räumen von George Ladoux, dem Chef des französischen Spionageabwehrdienstes! Und für den war Agentin „H 21" natürlich schon längst keine Unbekannte mehr. Der Umstand, dass sie nun so dringend nach

Vittel wollte, machte sie noch verdächtiger. Möglicherweise wollte sie für die Deutschen Informationen über den neuen Militärflughafen besorgen, der dort gerade gebaut wurde. Vielleicht, vielleicht auch nicht. Auf jeden Fall schien es Ladoux ratsam, die Spionagequalitäten der berühmten Mata Hari persönlich in Augenschein zu nehmen. Und so fragte er Margaretha ohne Umschweife, ob sie nicht bereit sei, für Frankreich zu arbeiten – und bot als Honorar 25 000 Francs für jeden enttarnten Spion. Das Angebot schien reizvoll, doch zuvor wollte Margaretha unbedingt die Genehmigung für Vittel, um ihren verletzten Massloff wieder zu sehen. Mit dem begehrten Schein in der Tasche versprach sie Ladoux jedoch, sich in Kürze wieder bei ihm zu melden.

Nicht ahnend, dass sie mit dem Feuer spielte, hielt sie ihr Versprechen und bekundete auch tatsächlich Interesse daran, für Frankreich zu spionieren. Ja, sie prahlte sogar mit ihrer angeblichen Affäre mit dem deutschen Kronprinzen und ihrem guten Kontakt zu Kramer vom deutschen Geheimdienst! Noch glaubte sie, die Fäden in der Hand zu halten und wusste nicht, dass sie tatsächlich dabei war, sich selbst ein Netz zu knüpfen, in dem sie sich mehr und mehr verfangen sollte. Die Aussicht auf viel Geld ließ Mata Hari in ihrer grenzenlosen Naivität zur Doppelagentin werden.

In Madrid machte sie sich an den deutschen Militärattaché von Kalle heran, der die unbegabte Spionin freilich durchschaute und selbst für seine Zwecke benutzte. Er tischte ihr eine Lügengeschichte auf: Angeblich sei man dabei, deutsche und türkische U-Boote vor der marokkanischen Küste zu stationieren. Diese Falschinformation, so glaubte er mit Recht, würde sie unverzüglich an die Franzosen weiterleiten – und das war natürlich auch der Sinn der Sache. Um dem Ganzen jedoch besondere Glaubwürdigkeit zu verleihen, mussten die Franzosen überdies davon überzeugt werden, dass das Verhältnis Mata Haris zum deutschen Nachrichtendienst nach wie vor ausgezeichnet sei. Und so funkte von Kalle nach Berlin, Agentin H 21 sei nur zum Schein auf das Angebot der Franzosen eingegangen. Natürlich wurde der Funkspruch abgefangen – und die Falle war zugeschnappt!

Derweil glaubte Mata Hari immer noch, Ladoux mit ihren vermeintlich brisanten U-Boot-Informationen beeindruckt zu haben, wunderte sich freilich, dass der sie nach ihrer Rückkehr nach Paris nicht empfangen wollte. Und noch mehr wunderte sie sich, als sie am 13. Februar 1917 in ihrem Pariser Hotel verhaftet wurde. Vorwurf: Spionage und Zusammenarbeit mit dem Feind.

Das Spiel ist aus

Margaretha wurde ins Frauengefängnis Saint Lazare gebracht, wo sie weder Besuche noch Post empfangen durfte, auch nicht jene letzten Briefe, die ihr der junge Massloff schickte, mit dem sie seit dessen Entlassung aus dem Lazarett nur noch einmal kurz in Paris zusammengetroffen war. Da freilich hatte er sich bereits einer anderen – jüngeren – Frau zugewandt.

Ihre Mitgefangenen waren neugierig auf die berühmte schöne Mata Hari, doch wenn man den Beobachtungen des Untersuchungsrichters Bouchardon Glauben schenken darf, so waren sie enttäuscht. Bouchardon zumindest fand sie eher hässlich: „Ich erblickte eine große Frau mit wulstigen Lippen und kupferfarbenem Teint, mit falschen Perlen an den Ohren, vom Typus einer Wilden, ihre Augen waren riesengroß und rund, das Weiße war gelb und mit roten Äderchen durchzogen, die Nase platt, der Mund breit, fast bis zu den Ohren, die Lippen waren Negerwülste, die Zähne gewaltig, mit einer Lücke zwischen den Schneidezähnen, das Haar war schon grau an den Schläfen, wo das Färbemittel nicht hielt. Im fahlen Tageslicht hatte sie kaum Ähnlichkeit mit der Tänzerin, die so viele Männer behext hatte."

Am 24. Juli 1917 begann vor dem Kriegsgericht der Prozess gegen Mata Hari. Sie gab freimütig zu, im Mai 1916 20 000 Mark von Kramer erhalten zu haben, als Anzahlung dafür, dass sie den Deutschen bei ihrem nächsten Aufenthalt in Paris Informationen liefern sollte. Da sie aber, wie sie beteuerte, niemals die Absicht gehabt hatte, den Deutschen irgendetwas zu liefern und das Geld lediglich als Entschädigung für Schmuck und Pelze betrachtete, die seinerzeit in Berlin konfisziert worden waren, sei sie vollkommen unschuldig. Das Gericht glaubte ihr nicht, sondern stellte weitere Fragen: Warum hatte sie so viel Kontakt zu Deutschen? Und welche Art von Informationen hatte sie in Paris beschaffen sollen? Fragen über Fragen, die Mata Hari allesamt nicht oder nur unzureichend beantworten konnte. Tatsächlich aber hatte das Gericht nicht die Spur eines Beweises, dass Mata Hari jemals irgendwelche Informationen an die Deutschen geliefert hatte. Nach den beim Prozess vorgebrachten Beweisen hatte sie sich schlimmstenfalls der Fraternisierung mit Frankreichs Gegnern schuldig gemacht. Aber es war Krieg, und da herrschen bekanntlich andere Gesetze. Und so musste ganz einfach ein Exempel statuiert werden. Denn Frankreich war 1917 kriegsmüde, an der Front gab es mehr und mehr Fahnenflucht sowie Meutereien, die mit aller Härte unterdrückt werden mussten. Und daher sollte auch der Fall Mata Hari dem Land vor Augen führen, wie gefährlich Zusammenarbeit mit dem Feind werden konnte. Vergeblich versuchte sich Margaretha in einer Schlusserklärung zu rechtfertigen: „Bedenken Sie bitte, dass ich nicht Französin bin und mir das Recht vorbehalte, die Bekanntschaften zu pflegen, die mir passen. Der Krieg ist für mich kein hinreichender Grund, nicht länger kosmopolitisch zu denken. Ich bin die Bürgerin eines neutralen Staates, aber meine Sympathien sind bei Frankreich. Wenn Ihnen das nicht genügt, machen Sie, was Ihnen beliebt." Das Gericht folgte ihrer Aufforderung. Nicht aufgrund von Beweisen, sondern einzig und allein, weil es militärisch und politisch zweckdienlich war, wurde Margaretha am 25. Juli 1917 wegen Hochverrats zum Tode verurteilt.

Am 15. Oktober 1917 fuhr man sie im Morgengrauen nach Vincennes, wo das dortige Schloss vorübergehend von der Armee genutzt wurde. Hier sollte das Todesurteil vollstreckt werden. Angeblich soll Mata Hari noch kurz zuvor vor ihren Kerkermeistern in Saint Lazare getanzt haben, und auch dem Erschießungskommando habe sie zum Schluss lasziv zugewinkt – doch nichts von alledem ist wahr. Tatsächlich stand sie im Schlosshof vor einem Pfahl – sie wollte nicht angebunden werden, ebenso wie sie eine Augenbinde ablehnte – und wurde nach Verlesung des Urteils von einem sechsköpfigen Hinrichtungskommando erschossen – als angebliche Spionin und Opfer ihrer eigenen Legende.

Nachleben

In die Geschichte freilich ist Mata Hari als raffinierte Spionin aus Leidenschaft eingegangen, die ihren Liebhabern wichtige Staatsgeheimnisse entlockt haben soll. Eine solch faszinierende Mischung aus Sex & Crime ist natürlich ungleich spannender als die vergleichsweise banale „Spionagekarriere" der glücklosen Agentin „H 21". Und so lebt die Legende der Mata Hari bis in unsere Tage fort. Ihr Leben bot schließlich hinreichend Stoff für Romane und wurde bereits 1931 mit Greta Garbo verfilmt.

Zweifel an der Rechtmäßigkeit des Todesurteils waren freilich schon bald nach der Exekution laut geworden. So schrieb ein ehemaliger Mitarbeiter des deutschen Geheimdienstes am 21. Januar 1929 in der „Kölnischen Zeitung": „Mata Hari hat gar nichts für den deutschen Nachrichtendienst geleistet. Ihr Fall ist über die Maßen aufgebauscht worden." Und der französische Historiker Paul Allard bemerkte 1933: „Ich habe alles gelesen, was über die berühmte tanzende Spionin geschrieben wurde und bin nicht weiter als vorher. Man frage den durchschnittlichen oder sogar intelligenten Franzosen, was Mata Haris Verbrechen war und man wird feststellen, dass er es nicht weiß." Aber natürlich liegt es nicht gerade in der Natur eines Geheimdienstes – weder eines französischen noch eines deutschen – derlei Geheimnisse aufzuklären.

Auch in ihrer Heimatstadt Leeuwarden ist man von der Unschuld Margarethas überzeugt. 1976, zu ihrem 100. Geburtstag, hat man ihr ein kleines Denkmal aufgestellt, und seit 1997 befindet sich in ihrem Elternhaus in der Grote Kerkstraat ein Mata-Hari-Museum.

Und deshalb soll Margaretha Zelle jetzt endlich, 85 Jahre nach ihrem Tod, auch offiziell rehabilitiert werden. Im Oktober 2001 wurde dem französischen Justizministerium jedenfalls ein entsprechender Antrag der niederländischen Stadt Leeuwarden und der Mata-Hari-Stiftung übergeben. Er basiert auf den Recherchen des Historikers Léon Schirmann, der in seinem unlängst veröffentlichten Buch „Mata Hari – Autopsie d'une machination" (Autopsie eines Komplotts) seine Erkenntnisse vorgelegt hat. Für Schirmann steht ganz ohne Zweifel fest, dass Margaretha Zelle lediglich für eine antideutsche Kampagne der Franzosen missbraucht wurde, die freilich erst durch die Manipulationen des Madrider Militärattachés von Kalle möglich geworden ist.

Bleibt also abzuwarten, zu welcher Entscheidung sich das französische Justizministerium durchringen wird. Sollte ihre Unschuld tatsächlich bestätigt werden, dann bliebe nur noch eine Frage offen: Wo ist der Kopf von Mata Hari?

Isabelle Eberhardt

„Ich liebe dieses Land aus Sand und Stein" –
Das Leben einer ungewöhnlichen Europäerin
in der Sahara

Kindheit jenseits aller Konventionen

Warum flieht eine junge Frau vor den Errungenschaften der europäischen Zivilisation, um in der nordafrikanischen Wüste das entbehrungsreiche Leben einer Nomadin zu führen? Isabelle Eberhardt war zwanzig Jahre alt, als sie mit dem festen Wunsch in Algerien eintraf, sich voll und ganz auf das Leben im Orient einzulassen und es nicht nur mit den Augen einer privilegierten Kolonialherrin zu betrachten. In zahlreichen Erzählungen hat sie ihre Stimmungen und Eindrücke festgehalten, und doch ging sie nicht in die Wüste, um zu schreiben, sondern um, wie sie es selbst formuliert hat, „ans Ziel zu gelangen". Isabelles Ziel, ein vollkommen freies Leben, schien ihr nur fern von der zivilisierten Welt realisierbar: „Ich bin weit von der Welt entfernt", schrieb sie am 4. August 1900 zufrieden in ihr Tagebuch, „weit von der Zivilisation und ihren scheinheiligen Komödien. Ich bin allein, mitten auf dem Boden des Islam, frei …" Doch wirkliche Freiheit, das musste auch Isabelle Eberhardt erfahren, ist nichts anderes als eine Schimäre, zumal, wenn sie als regelrechte Zwangsvorstellung daherkommt.

Die „Schaffung des freien Menschen" war schon das Erziehungsideal ihres (mutmaßlichen) Vaters gewesen, als Isabelle Eberhardt am 17. Februar 1877 als Produkt einer „freien Ehe" in Meyrin bei Genf das Licht der Welt erblickte. Ihre Mutter, Nathalie, geborene Eberhardt, war damals 39 Jahre alt und hatte vor einigen Jahren ihren rechtmäßig angetrauen Ehemann de Moërder verlassen, einen in Diensten des russischen Zaren Alexander III. stehenden General, um mit dem Hauslehrer ihrer drei Kinder durchzubrennen. Dieser Hauslehrer, Alexander Trofimowski, stammte aus Armenien und war früher einmal russisch-orthodoxer Priester gewesen, dann aber unter dem Einfluss Michail Bakunins (1814–1876) zum Anarchisten geworden. Bakunin war es auch gewesen, der in seinem „Revolutionären Katechismus" besagte „Schaffung des freien Menschen" propagiert hatte: „Diese Gesellschaft setzt sich als Ziel den Sieg des Prinzips der Revolution auf der Erde, folglich die radikale Auflösung aller gegenwärtig bestehenden religiösen, ökonomischen und sozialen Organisationen ... auf den Grundlagen der Freiheit, der Vernunft und der Gerechtigkeit." Diese utopische Vorstellung wurde auch zur Maxime von Alexander Trofimowski, von der Familie „Vava" genannt. Es liegt in der Logik der Dinge, dass er „bürgerliche Institutionen" wie Ehe, Kirche und Schule strikt ablehnte, die Kinder selbst unterrichtete und natürlich auch in „wilder Ehe" lebte, obwohl Nathalies Ehemann bereits kurz nach der Trennung verstarb. Unklar ist freilich, inwieweit auch Nathalie Eberhardt von den ihr zustehenden Freiheiten Gebrauch gemacht hat: Hartnäckig halten sich Gerüchte, der wirkliche Vater Isabelles sei nicht Vava, sondern der Dichter Arthur Rimbaud (1854–1891) gewesen, der das Kind während einer Reise durch die Schweiz gezeugt haben soll. (Rimbaud allerdings hielt sich zum fraglichen Zeitpunkt offenbar woanders auf.)

Seit 1873 lebte die Familie bereits in der Schweiz, damals ein Sammelbecken für politische Flüchtlinge aller Art. Man bewohnte in Meyrin ein geräumiges Haus, das wegen des verwilderten Gartens, der es umgab, „Villa Tropicale" genannt wurde. Auch hier gingen etliche Verfolgte ein und aus, revolutionäre Jungtürken wie russische Anarchisten, die vor der zaristischen Geheimpolizei geflohen waren. So gab es in der „Villa Tropicale" des Öfteren hitzige Diskussionen über die Abschaffung des Eigentums, der bürgerlichen Familie, über die angestrebte Gleichheit von Mann und Frau – Diskussionen, die alle auf das eine hinausliefen: die „Schaffung des freien Menschen"!

Isabelle Eberhardt (1877–1904)
in der von ihr bevorzugten orientalischen Kleidung

Foto, 1897

Es war also durchaus kein bürgerliches Leben, das diese seltsame Familie in einer nicht minder seltsamen Umgebung führte, misstrauisch beäugt von der konservativen Nachbarschaft. Kontakte zu anderen Anwohnern gab es – abgesehen von den politisch Verfolgten – daher keine. Den Kindern war es strengstens untersagt, eine Kirche zu betreten oder eine Schule zu besuchen und so lernten sie alles, was Vava für wissenswert hielt, von ihm selbst: alte und neue Sprachen, Geschichte und Geographie sowie „praktische Biologie". Der scheinbar verwilderte Garten war nämlich tatsächlich ein ökologisches Mustergut. Vava lehrte nun auch die fünf Kinder – vor Isabelle war Sohn Wladimir zur Welt gekommen –, biologische Anbau-Methoden anzuwenden und so sah man sie regelmäßig Beete umgraben, Unkraut jäten und Dünger ausfahren. Dass das jüngste der Kinder ein Mädchen war, fiel kaum auf: Isabelle soll sich angeblich schon damals geweigert haben, Kleider anzuziehen. Vielleicht aber trug sie die Hosen auch auf Wunsch ihres Vaters als Ausdruck von „Freiheit", möglicherweise aber fand sie sie auch einfach nur zweckmäßig und bequem.

Isabelle war ein ausgesprochen sprachbegabtes Kind und lernte mit Leichtigkeit nicht nur Russisch, Französisch, Deutsch und Italienisch, sondern auch Griechisch und Latein. Schon früh soll sie sich mit den Grundlagen des Arabischen beschäftigt haben. Fremdsprachen waren für Isabelle nämlich keineswegs nur eine Voraussetzung dafür, sich miteinander verständigen zu können, sie gewährten ihr auch den Eintritt in eine fremde Welt, die sich hinter der Sprache verbarg. Am stärksten empfand sie diese Faszination für das Arabische, für sie zugleich Ausdruck einer exotischen Kultur und unbekannten Religion. Dabei galt ihr besonderes Interesse wohl schon früh dem Islam, obwohl oder vielleicht gerade weil sie von Vava so gewaltsam von allen Glaubensfragen fern gehalten wurde. Die Gemeinschaft der Gläubigen, feste Regeln und Riten, die einem das Gefühl der Dazugehörigkeit und Geborgenheit vermittelten, verbunden mit der allgemeinen Faszination für den Orient, das waren möglicherweise die Gründe dafür, dass Isabelle schon mit 14 Jahren den Entschluss gefasst haben soll, Muslimin zu werden.

Faszination Orient

Als Isabelle Eberhardt älter wurde, lernte sie über Zeitungs-inserate verschiedene Briefpartner kennen, mit denen sie sich über Fragen arabischer Kultur und Lebensart sowie des Islam austauschen konnte. Ihr religiöser Mentor wurde ein türki-scher Gelehrter, der sie von Istanbul aus mit dem Koran ver-traut machte. Ein weiterer Briefpartner war ein in der Sahara stationierter französischer Kolonialoffizier, der vom Leben in der Wüste schwärmte und ihr die legendären „Sandmeere" be-schrieb, die großen Dünenlandschaften, die der Wind mitunter bis zu 300 Meter hohen Bergen türmt.

Schon seit dem Entstehen der großen Handelsgesellschaften im 17. Jahrhundert waren die meisten Europäer vom Orient fasziniert. Wer es sich leisten konnte, der sammelte exotische Objekte aus dem „Morgenland" und beeindruckte damit seine Umgebung. Allgemein beliebt waren auch die Erzählungen aus „1001 Nacht", ebenso Abenteuerromane, deren Handlung im Orient spielte oder Gemälde mit türkischem Ambiente (z. B. Ingres, Das türkische Bad). Und seitdem Napoleons Soldaten das Haschisch nach Europa gebracht hatten, nutzten vor allem etliche Literaten die Möglichkeit, sich durch den Drogen-rausch gewissermaßen direkt in die Zauberwelt des Orients zu versetzen.

Vorerst konnte Isabelle Eberhardt nur von diesen „uner-forschten Fernen" träumen, doch als sie zwanzig Jahre alt war, erhielt sie die Gelegenheit, das Land ihrer Träume mit eigenen Augen zu sehen. Und sie war überglücklich, der „Villa Tropi-cale" endlich den Rücken kehren zu können. Die häusliche Atmosphäre war nämlich für die Familienmitglieder überaus bedrückend geworden. Mutter Nathalie kränkelte, litt über-dies an Migräne und zog sich so oft wie möglich auf ihr Zim-mer zurück. Vava hingegen hatte sich mehr und mehr zum Haustyrannen entwickelt, der mit aller Gewalt seine radikalen Erziehungsmethoden durchsetzen wollte und regelmäßig Wut-ausbrüche bekam, wenn seine „Erziehung zum freien Men-schen" keine Früchte tragen wollte. Die beiden älteren Ge-schwister Isabelles, Nathalie und Nicolas, flohen regelrecht vor der schier unerträglichen Pädagogik ihres Ziehvaters zurück nach Russland, woraufhin Vava der Familie strikt verbot, die Namen der beiden „Abtrünnigen" jemals wieder zu erwähnen. Zurück blieben neben dem melancholischen Wladimir Isabelle und Augustin, die sich nun eng einander anschlossen und nur auf den Moment warteten, an dem auch sie die „Villa Tropicale" hinter sich lassen konnten. Für Augustin war der Zeitpunkt 1895 gekommen, als er das verhasste Elternhaus gewissermaßen in einer Nacht-und-Nebel-Aktion verließ, um sich nach Marseille durchzuschlagen. Lieber wollte er in die Fremdenlegion eintreten, als den tyrannischen Stiefvater noch einen Tag länger zu ertragen!

Isabelle aber musste noch zwei weitere Jahre in der bedrückenden Atmosphäre ausharren und fühlte sich verlorener denn je. Verzweifelt schrieb sie an ihren Bruder: „Was hast du getan, Unglücklicher! Du musst wahnsinnig geworden sein – begreifst du denn nicht all das Schreckliche, das du mit diesem Schritt angerichtet hast? Für mich ist alles aus. Selbst ohne diesen neuerlichen Schock war mein Leben schon so zerstört durch all das, was hier vorgefallen ist …" Und unter den Brief schrieb sie auf arabisch die Zeilen: „Mein Körper ist im Okzident und meine Seele ist im Orient; mein Körper ist im Land der Ungläubigen und mein Herz ist in Istanbul und mein Herz ist in Oran!"

Doch im Mai 1897 empfahl ein Arzt der kränkelnden Nathalie Eberhardt einen Klimawechsel, und so entschlossen sich Mutter und Tochter, sicherlich auf Drängen Isabelles, die nächsten Monate in Algerien zu verbringen, damals noch eine Kolonie Frankreichs. Die beiden waren nicht die einzigen Frauen, die sich zu dem nordafrikanischen Land hingezogen fühlten. Im selben Jahr nämlich hatten sich auf einen Aufruf der „Société française d'émigration des femmes aux colonies" rund 500 Kandidatinnen gemeldet, die sich in der französischen Kolonie niederlassen wollten. Wie Isabelle und Nathalie Eberhardt entstammten auch sie den so genannten „besseren Kreisen", die sich von einem Leben im Orient neue Perspektiven erhofften. Reisen in exotische Länder waren damals auch für Frauen durchaus keine Seltenheit. Schon seit Beginn des

19. Jahrhunderts waren zahlreiche Frauen in ferne Länder aufgebrochen, die nicht selten über ihre Erfahrungen schrieben und die Reiseberichte anschließend in ihrem Heimatland veröffentlichten. So war die Österreicherin Ida Pfeiffer schon in der ersten Jahrhunderthälfte rund um die Welt gereist und eine der ersten Frauen, die es wagten, eine Reise in den Orient zu unternehmen. Auch die Russin Lydia Alexandra Paschkow, Korrespondentin verschiedener Zeitungen in St. Petersburg und Paris, hatte Reisebeschreibungen zu ihrem Beruf gemacht. 1872 war sie durch Ägypten, Palästina und Syrien gereist und hatte in der Zeitschrift „Tour du Monde" einen genauen Bericht darüber verfasst, den auch Isabelle Eberhardt gelesen haben wird. Die Reiselust der Damen wurde von vielen Seiten gefördert: durch Weltausstellungen, Lichtbildvorträge und zahlreiche Artikel und Abbildungen in Zeitungen und Illustrierten. Und wer es sich leisten konnte, der machte sich auf den Weg. Was für die einen den Charakter einer Bildungsreise hatte, war für andere durchaus auch Flucht vor einer unerträglichen Zukunftsperspektive daheim und Hoffnung auf ein – wie auch immer geartetes – neues Leben. Letzteres galt insbesondere für jene Emigrantinnen, die sich entschlossen, ihrem Heimatland endgültig den Rücken zu kehren und sich in einer der Kolonien niederzulassen.

Mehr als neun Zehntel des afrikanischen Kontinents waren um 1900 unter den europäischen Mächten in Kolonien und Einflusssphären aufgeteilt. Nur Äthiopien im Osten und Liberia im Westen waren von europäischer Kontrolle verschont geblieben. „Eine Sonne des Unglücks ist im Westen aufgegangen", mit dieser Metapher beschrieb damals ein afrikanischer Dichter die Situation der Menschen auf dem „schwarzen Kontinent", „die christliche Katastrophe ist wie eine Staubwolke über uns gekommen." Die Kolonialherren nämlich glaubten Land und Leute in Besitz nehmen zu dürfen. In Algerien, seit 1830 französische Kolonie, lebten damals bereits über 200 000 Europäer neben einer muslimischen Bevölkerung von $2\frac{1}{2}$ Millionen. Algier und andere Küstenstädte waren bereits größtenteils europäisch geworden, und das sollte erst der Anfang sein. Nach dem Willen der Kolonialherren hatte das Land zu einem

Teil Frankreichs zu werden: „Es gibt kein arabisches Volk mehr", so eine zynische Bemerkung, „nur noch Menschen, die eine andere Sprache sprechen als wir." Trotzdem hoffte Isabelle Eberhardt, in Algier noch ein Stückchen von dem Orient zu finden, den sie sich in ihren Träumen ausmalte.

Heimatlos

In Bône (heute Annaba), zwischen dem Meer und dem waldbedeckten Edough-Massiv gelegen, nicht weit von der tunesischen Grenze entfernt, bezogen Mutter und Tochter eine kleine Wohnung am Rande der Kasbah. Nathalie war wohlhabend genug, um für sich und ihre Tochter einen längeren Auslandsaufenthalt zu finanzieren. Der Kontakt zur einheimischen Bevölkerung blieb freilich begrenzt. Meist waren Nathalie und Isabelle in den prachtvollen und komfortablen Villen des Europäerviertels zu Gast, nicht selten auch in den Residenzen der höheren Militärs. Doch während man es in diesen Kreisen bevorzugte, unter sich zu bleiben, wollte Isabelle Land und Leute, Sitten und Gebräuche kennen lernen. Um sich ungehindert bewegen zu können, kleidete sie sich als Araber, so, wie sie auch daheim am Genfer See stets Männerkleidung bevorzugt hatte, gewiss Ausdruck ihrer Unkonventionalität. Endlich konnte sie all das in Augenschein nehmen, von dem sie zuvor nur gelesen hatte: die engen Gassen der Altstadt, durch die ein Duft von Hammelbraten wehte, die bunten Märkte und Moscheen sowie die Suks, jene Geschäftsviertel, in denen Händler wie Handwerker ihre Waren feilboten.

Isabelle besuchte auch die Überreste der Stadt Hippo, die früher einmal als Karthago gegründet worden sein soll. Diese Ruinen aus der Phönizierzeit, am Südrand von Bône gelegen, waren schon um die Jahrhundertwende beliebtes Ziel der damaligen Bildungsreisenden. Und so wanderte auch Isabelle Eberhardt auf historischen Spuren, durchstreifte das Ruinenfeld, das Theater, Forum und die Thermen. Der Reiseschriftsteller R. Davidsohn, der Karthago 1886 besucht hatte, beschrieb, was sicherlich auch Isabelle gesehen und gedacht haben wird: „Man hat hier den schönsten Überblick über das weite Meer … und über die versandeten Häfen der zerstörten Weltstadt, in welchen einst die Flotten ankerten, die das Mittelmeer beherrschten … Heute erscheinen beide Häfen … nur noch als mäßig große Teiche, und die Zeit wird kommen, wo selbst ihre Spur verschwunden ist …"

Schon daheim in der Schweiz hatte sich Isabelle intensiv mit dem Islam auseinandergesetzt, seine Grundlagen studiert, selbst die vorgeschriebenen Gebete gesprochen. Nun tat sie, was sie schon lange vorhatte und wurde Muslimin. Ihre Motivation freilich lag in einer zutiefst pessimistischen Lebenseinstellung: „Mein schlummernder Fatalismus wurde nach und nach durch den Kontakt zu den Moslems geweckt, die sich schon von vornherein mit der unausbleiblichen Vergeblichkeit menschlicher Hoffnung abfinden." Sie scheint also bereits zu diesem Zeitpunkt geahnt zu haben, dass sie selbst hier im Orient nie „ans Ziel" gelangen sollte.

Sorgen bereitete ihr der Gesundheitszustand ihrer Mutter, der sich trotz des milden Klimas weiter verschlechtert hatte. Er war schon bald derart Besorgnis erregend, dass Isabelle nach Meyrin telegrafierte, ihr Vater möge so rasch wie möglich nach Algerien kommen. Aber noch bevor er eintraf, starb Nathalie Eberhardt im Alter von 59 Jahren. Der Tod der Mutter stürzte Isabelle in eine tiefe Krise, die auch Gedanken an Selbstmord mit sich brachte. Neben ihrem Bruder Augustin, der aber jetzt im fernen Südfrankreich lebte, und eine Französin geheiratet hatte, war Nathalie ihre einzige Bezugsperson gewesen. Vielleicht war es Isabelles Rettung, dass Vava ihr vor seiner Abreise einen geladenen Revolver in die Hand drückte und sie so indirekt aufforderte, nicht nur von Selbstmord zu reden …

Nach der Beisetzung Nathalie Eberhardts auf dem islamischen Friedhof von Bône war Isabelle ganz auf sich gestellt und hatte damit die Freiheit, alles tun und lassen zu können, was sie wollte. Als Erstes tauschte sie ihre weibliche Identität in eine männliche, nannte sich Si Mahmoud und gab sich als Sohn eines Tunesiers und einer Deutschen aus. Sie scheint ihre Rolle perfekt gespielt zu heben, denn niemand wurde misstrauisch, selbst wenn sie sich in Hafenkneipen und Drogenhöhlen herumtrieb, die Haschischpfeife rauchte und kräftig dem Absinth zusprach. Haschisch und Alkohol sollten auch fortan eine maßgebliche Rolle in Isabelles Leben spielen. Sie konsumierte von beidem erhebliche Mengen, auch wenn sie damit dem Islam zuwiderhandelte. Doch ganz offensichtlich musste der Rausch das verdecken, was sie sich nicht eingestehen wollte: Die Hoffnungen, hier im Orient fern von der westlichen Zivilisation ihr eigenes Ich zu finden, hatten sich nicht erfüllt, Isabelle war nach wie vor auf der Suche.

Unterdessen hatte sie Bône verlassen und war nach Tunis weitergezogen. Inzwischen hatte sie auch angefangen, ihre Eindrücke vom Leben im Orient zu Papier zu bringen und die kleinen Erzählungen verschiedenen französischsprachigen Zeitungen anzubieten. Doch niemand wollte die Kurzgeschichten des seltsamen Si Mahmoud abdrucken. Je mehr Isabelle am eigenen Leibe jene Herablassung zu spüren bekam, mit der die Kolonialherren die Araber zu behandeln pflegten, desto mehr fühlte sie sich diesen Menschen verbunden, ganz besonders jenen der untersten Schichten, mit denen sie oft bei ihren Besuchen in Hafenkneipen und sonstigen Kaschemmen zusammentraf.

Zu Beginn des Jahres 1899 erhielt Isabelle einen Brief aus Genf, in dem ihr mitgeteilt wurde, sie möge umgehend nach Hause kommen, da ihr Vater lebensbedrohlich erkrankt sei. Besorgt machte sie sich auf den Weg und traf gemeinsam mit ihrem Bruder Augustin in Meyrin ein. Dem Vater konnte freilich niemand mehr helfen. Alexander Trofimowski, bis zum Schluss Anarchist und fest von dem Recht auf absolute Selbstbestimmung des Menschen durchdrungen, setzte seinem Leben nur wenig später mit einer Überdosis Morphium ein Ende. Wirklich trauern konnte Isabelle nicht um ihren tyrannischen Vater, auch nicht um den melancholischen Wladimir, der nur wenig später dem Beispiel Vavas folgen sollte. Dafür empfand sie etwas anderes umso schmerzlicher: die spürbare Entfremdung von Augustin, in dem sie doch stets ihr Alter ego erblickt hatte. Doch nun war aus ihm ein biederer Familienvater geworden, der sich all jene Konventionen übergestreift hatte, die Isabelle im Begriff war, endgültig hinter sich zu lassen. Man hatte sich nichts mehr zu sagen. Jetzt galt es nur noch, einen Notar mit der Abwicklung der Erbschaftsangelegenheiten zu beauftragen und dann so schnell wie möglich nach Nordafrika zurückzukehren. Ein Zuhause gab es in Genf nicht mehr, Isabelle war heimatlos geworden.

Die Nomadin

Zurück in Tunis, kaufte sich Isabelle von dem Geld, das sie bereits aus dem elterlichen Erbe erhalten hatte, ein Pferd, um in den nächsten Wochen durch die Wüste zu reiten. Die Sahara nimmt 85 Prozent ganz Algeriens ein, doch die „Sandmeere" werden immer wieder von Oasenstädten durchzogen, den Inseln des Lebens inmitten der Wüste.

Aus Sicherheitsgründen ritt Isabelle freilich nicht allein, sondern schloss sich stets anderen Reisenden an und gelangte so immer tiefer in die Sahara hinein, bis sie die weiter südwärts gelegenen Oasen erreichte: Touggourt, Ourlane sowie El-Oued. Trotz aller Anstrengungen und Temperaturen, die mitunter auf 50 Grad Celsius stiegen, war Isabelle fasziniert von den einsamen Weiten der kolossalen Dünenlandschaften in der flirrenden Hitze Afrikas. In El-Oued, jener „Stadt der tausend Kuppeln", von der Isabelle bereits gehört und gelesen hatte, fühlte sie sich besonders wohl. Die Stadt erschien ihr wie ein Mosaik aus Eierschalen oder ein Feld voller Maulwurfshügel. Die Häuser besaßen nämlich nicht, wie sonst üblich, flache Dächer, sondern Kuppeln oder längliche Tonnengewölbe, die im ersten Morgenlicht rosarot schimmerten. Sie schrieb in ihren „Erinnnerungen an El-Oued": „Beim ersten Mal erschien El-Oued mir als eine Offenbarung zutiefst geheimnisvoller, visueller Schönheit; eine nie geahnte Vision dieses Landes ergriff Besitz von meinem irrenden, unsteten Wesen. Ich glaube, es gibt prädestinierte Stunden, höchst geheimnisvolle privilegierte Augenblicke, in denen bestimmte Landschaften, bestimmte Städte uns ihre Seele in einer subtilen Intuition enthüllen, in denen wir plötzlich die richtige, einzige, unauslöschliche Sicht begreifen."

111

Doch so glücklich Isabelle auch in jenem August 1899 in El-Oued gewesen sein mochte, ihr unruhiger Geist trieb sie weiter. Sie hatte während ihrer Reise eifrig geschrieben, alle Impressionen in Tagebucheintragungen und kleineren Erzählungen festgehalten, die sich nach wie vor stark von den Schriften anderer Sahara-Reisender jener Zeit unterschieden. Während sich die meisten mit kolonialer Überheblichkeit über die „unterentwickelten" Araber ausließen, war Isabelle dieser Blickwinkel völlig fremd. Sie hatte sich ganz auf das Land eingelassen, von Afrika regelrecht Besitz ergriffen, wie das Land auch umgekehrt von ihr Besitz ergriffen hatte: „Manchmal frage ich mich, ob die Erde des Südens nicht alle Eroberer vereinnahmen wird, die mit neuen Träumen von Macht und Freiheit kommen werden", rätselte sie in „Die Macht Afrikas" und konnte sich kaum vorstellen, dass andere Menschen von dem Land nicht genauso in Bann gezogen wurden wie sie. Doch gerade ihre Distanzlosigkeit war wohl der Grund, warum man ihre Geschichten in Algerien nicht abdrucken wollte. Identifikation mit den Arabern war schließlich das Letzte, was die französischen Kolonialherren anstrebten. Mit ihren Erzählungen begann Isabelle daher, das Misstrauen der Kolonialbehörden zu erregen. Wer war dieser seltsame Si Mahmoud, vielleicht ein Rebell?

„Hinter mir eine Welt enttäuschter Hoffnungen"

Im Herbst 1899 reiste Isabelle nach Paris, um möglicherweise dort einen Verleger für ihre Geschichten und Zugang zu den Salons zu finden. Als Tochter einer adeligen russischen Emigrantin standen ihr nach wie vor die Türen der „besseren Kreise" offen, selbst wenn sie dort in Männerkleidung auftauchte. Ein solches Outfit war zwar nicht gang und gäbe, doch so selten freilich auch wieder nicht. Die Schriftstellerin George Sand hatte es vorgemacht, andere unkonventionelle Damen taten es ihr nach. Der androgyne Typ war ohnehin das Leitbild der Belle Époque, in der man sich an Originalität gegenseitig zu übertreffen suchte. Und dass Isabelle in orientalische Kleidung gewandet war, in Pluderhosen und einen gestreiften Kaftan, machte sie nur umso interessanter. Das Thema Orient war in den Pariser Salons nämlich gerade en vogue!

Doch trotz des freundlichen Empfangs konnte niemand etwas für Isabelle tun. Zwar wurden ihre Geschichten durchaus gelobt und man ermunterte sie, auch weiterhin zu schreiben, aber Geld ließ sich damit auch in Frankreich nicht verdienen. Auch ein Verleger fand sich hier nicht. Dafür bot sich ihr unverhofft eine andere Möglichkeit, ihre schrumpfenden Finanzreserven ein wenig aufzubessern: Die Witwe eines in der Sahara verschollenen Millionärs und Zeitungsmagnaten, der auf einer Nordafrikareise von aufständischen Nomaden ermordet worden war, machte Isabelle ein ungewöhnliches Angebot: Gegen ein ansehnliches Honorar sollte sie nach den Mördern des Marquis fahnden!

Isabelle zögerte nicht lange, steckte einen ordentlichen Vorschuss ein und verließ Paris ziemlich enttäuscht.

Als Nächstes machte sie bei Augustin in Marseille Station, entfloh der bürgerlichen Enge aber schon nach kurzer Zeit nach Genf, wo noch einige Erbschaftsangelegenheiten zu erledigen waren. Dort blieb sie bis zum kommenden Sommer, gequält von einem peinigenden Gefühl allgemeiner Sinn- und Hoffnungslosigkeit, das zahllose Seiten in ihrem Tagebuch füllte. Auch das neue Jahrhundert begann voller Melancholie. Am 1. Januar 1900 schrieb sie in ihr Tagebuch: „Ich bin allein, sitze vor der riesigen grauen Weite des murmelnden Meeres … allein, hinter mir eine ganze Welt enttäuschter Hoffnungen, abgestorbener Illusionen und Erinnerungen, die von Tag zu Tag in immer weitere Fernen rücken, fast unwirklich geworden sind … Wo auch Vava wieder zu Staub geworden ist, und von all dem, was mir haltbar und beständig schien, nichts mehr geradesteht … Und wo das Schicksal mich seltsamer- und geheimnisvollerweise von dem einzigen Wesen getrennt hat, das meiner wahren Seele nahe genug gekommen war, um wenigstens etwas von ihr zu erfassen, und sei es nur einen schwachen Widerschein – Augustin …"

Als von den Erziehungsidealen Vavas geprägte Tochter hatte

Isabelle stets geglaubt, die Freiheit suchen zu müssen. Doch was sie wirklich wollte, waren menschliche Bindungen und die damit verbundene Wärme. Sie sehnte sich nach Liebe, Geborgenheit und Verständnis, wusste aber zugleich, warum sie das Gesuchte nicht finden konnte: „Für das Publikum", so schrieb sie, „setze ich die Maske des Zynischen, des Ausschweifenden, des großspurig Unbekümmerten auf ... Bis heute hat es niemand verstanden, diese Maske zu durchdringen und meine wahre Seele zu erkennen, diese feinfühlige und reine Seele, die sich so hoch über jene Niedrigkeiten und Entwürdigungen erhebt, durch die ich mein physisches Dasein aus Verachtung gegenüber den Konventionen und auch aus einem eigentümlichen Bedürfnis nach Leiden schleppe ..." Doch Isabelle wusste nicht, wie sie diesen Widerspruch je auflösen sollte. Und so spielte sie auch weiter den „Säufer, den Verderbten, den Scherben stiftenden Rohling", betrank sich immer wieder hemmungslos oder suchte gnädiges Vergessen im Drogenrausch.

Ein neues Leben mit Slimène

Im Juli 1900 kehrte Isabelle nach Algerien zurück: „O glückseliger Eindruck der Rückkehr", heißt es im entsprechenden Tagebuch-Eintrag, „der mich heute Abend beim Betreten der feierlichen Moscheen ... ergriff! ... Wieder einmal erlebe ich eine Wiedergeburt in meinem Leben." Nur wenige Tage später, nachdem sie sich erneut in der von ihr so geliebten Oasenstadt El-Oued niedergelassen hatte, traf sie jenen Mann, mit dem sie die wenigen restlichen Jahre ihres Lebens teilen sollte: Slimène Ehnni war Leutnant der einheimischen Hilfstruppen und mit seinem Regiment in Batna stationiert, einem kleinen Städtchen rund fünfzig Kilometer von El-Oued entfernt.

War er endlich der Mann, dem sie ihre „wahre Seele" offenbaren konnte? „Vor einigen Tagen habe ich eine ganze Nacht mit Slimène verbracht", notierte sie am 9. August, „er glaubt zwar nicht an die Ewigkeit, aber immerhin an die unbestimmte Dauer der irdischen Liebe." Isabelle hatte trotz allem keineswegs das Gefühl, endlich „am Ziel" angekommen zu sein, in einer großen Liebe endlich Erfüllung zu finden. Sie fühlte auch weiterhin eine seltsame Unruhe in sich und war nicht in der Lage, sich über ihr momentanes Glück so zu freuen, wie sie es eigentlich wollte. Gedanklich war sie, so scheint es, stets auf der Flucht, permanent in Erwartung des Kommenden, niemals in sich ruhend und somit in der Lage, den Augenblick entspannt zu genießen. Stattdessen empfand sie „ein ausdrückliches Verlangen nach etwas, was ich nicht benennen kann, eine Sehnsucht nach einem Woanders, das ich nicht beschreiben kann" (9. Oktober 1900). Gleichzeitig aber stellte sie auch klar: „Selbst wenn ich die Mittel hätte, fühle ich mich im Augenblick nicht in der Lage, wegzugehen, Slimène für immer zu verlassen. Warum sollte ich auch?" Offenbar war es vor allem die sinnliche Anziehungskraft ihres Geliebten, die ihn für Isabelle so attraktiv machte. Durch alle Höhen und Tiefen ihrer Beziehung hindurch genoss sie stets den körperlichen Aspekt der Liebe, der für sie freilich keineswegs neu war: Flüchtige Männerbekanntenschaften hatte es seit ihrer Ankunft in Algerien immer wieder gegeben – trotz ihrer Verkleidung als Si Mahmoud.

Ihrem Auftrag, nach den Mördern des Marquis zu fahnden, scheint Isabelle nicht mit allzu großem Eifer nachgekommen zu sein, wie sollte sie auch? Und so war das Ganze spätestens vergessen, als der Vorschuss, den sie von der Witwe erhalten hatte, aufgebraucht war.

Isabells Gefühlsschwankungen nahmen hingegen kein Ende, und zu allem Übel drohte ihr nun auch Ärger mit den Kolonialbehörden, nachdem sie gemeinsam mit Slimène der sufistischen Moslembruderschaft Kadriya beigetreten war, um noch tiefer in die Mysterien des Islams einzudringen. Durch Meditation und Askese wollten die Mitglieder dieser Bruderschaft ihren Weg zu Gott finden, doch zu Beginn des 20. Jahrhunderts stand die Kadriya zugleich in Verdacht, den Aufstand gegen die französische Kolonialherrschaft zu schüren. Und so machte sich Isabelle, die zwar nicht als erste Frau, aber doch als erste Europäerin überhaupt in die Bruderschaft aufgenommen worden war, in den Augen der Kolonialbehörden höchst verdächtig. Freilich standen auch etliche Araber der merkwürdigen jungen Frau äußerst skeptisch gegenüber und mutmaßten, Isabelle sei möglicherweise eine Spionin der Franzosen.

Und dennoch war es für Isabelle eine weitgehend glückliche und sorgenfreie Zeit, auch wenn sie inzwischen bitterarm war. Doch Armut und Askese hatten für sie ja durchaus keine negative Qualität, im Gegenteil: Beides war in der Wüste geradezu ihre Weltanschauung geworden.

„Ich werde den Mörderhänden nicht entkommen …"

Das Jahr 1901 begann für Isabelle mit erheblichen gesundheitlichen Problemen, die sie von nun an häufiger plagen sollten. Und viel hätte nicht gefehlt, und sie hätte bereits in diesem Jahr ihr Leben verloren: Das geistliche Oberhaupt der Kadriya bat sie nämlich, einem Einheimischen bei der Übersetzung eines Briefes zu helfen, und Isabelle kam der Bitte gerne nach. Doch als sie sich im Innenhof des Hauses in Gedanken vertieft über das Papier beugte, da traf sie plötzlich ein Säbelhieb und ihr wurde schwarz vor Augen …

Der Attentäter, der Isabelles Leben an jenem 29. Januar auslöschen wollte, war ein religiöser Fanatiker, Anhänger der mit der Kadriya verfeindeten Sekte der Tidjaniya. Nur eine über den Hof gespannte Wäscheleine, in der sich der Säbel verfing, verhinderte das Schlimmste. Gleichwohl hatte Isabelle, deren linker Arm schwer verletzt wurde, in diesem Moment den Tod vor Augen. In ihrem Tagebuch ist zu lesen: „Dann erinnere ich mich plötzlich an die Einzelheiten des fatalen Tages … Da sitze ich, den Schlag auf dem Kopf, ich hebe die Augen; vor mir steht der Mörder mit hoch erhobenen Armen … Ich kann nicht erkennen, was er in den Händen hält … Stöhnend lass ich mich auf einen Koffer fallen, mein Kopf schmerzt, alles dreht sich, mir wird schlecht …" Man lieferte Isabelle in das Militärhospital von El-Oued ein, derweil der Attentäter überwältigt und verhaftet wurde.

Die wahren Motive für den Mordversuch sowie mögliche Hintermänner blieben freilich im Dunkeln. Isabelle musste also die bittere Erfahrung machen, dass sie durchaus nicht von allen Arabern in ihren Reihen geduldet wurde: „Ich werde den Mörderhänden nicht entkommen", schrieb sie bedrückt in ihr Tagebuch. Als sie nach wenigen Wochen aus dem Krankenhaus entlassen wurde, war ihr Arm nach wie vor halb gelähmt, doch viel schlimmer waren die Depressionen, die ihr so sehr zu schaffen machten, dass sie wieder einmal an Selbstmord dachte. Auch der nachfolgende Prozess gegen den Attentäter brachte ihr keine Genugtuung. Das Gericht verurteilte ihn zwar zu lebenslänglicher Zwangsarbeit, gab Isabelle aber gleichwohl eine Mitschuld an dem Mordversuch, den sie durch ihre unkonventionelle Lebensweise angeblich provoziert hatte. Aus diesem Grund, so teilte man ihr mit, habe sie als unerwünschte Ausländerin das Land umgehend zu verlassen.

Isabelle war zutiefst schockiert, versuchte klarzustellen, dass sie niemals an irgendwelchen antifranzösischen Aktionen teilgenommen hatte, doch es war vergeblich. Die Kolonialbehörden beharrten auf ihrem Beschluss und noch im Mai musste Isabelle Algerien verlassen. Es war nicht nur ein Abschied von einem lieb gewonnenen Land, es war auch ein längerer Abschied von Slimène, als Isabelle das Schiff bestieg, das sie nach Marseille bringen sollte. Hier nahm sie wieder einmal Quartier bei Augustin, der trotz zunehmender Entfremdung der Einzige von ihren Geschwistern war, zu dem sie noch Kontakt hatte.

Im Exil

„Ich mache eine seltsame Zeit psychischer und physischer Ruhe durch", schrieb Isabelle am 8. Juli in Marseille, „... und die Zeit fließt ziemlich schnell dahin, was vorläufig Hauptsache ist." Wieder einmal hatte sie viel Zeit – zum Schreiben wie zum Nachdenken. Es waren nicht nur die französischen Kolonialbehörden gewesen, die sie hatten loswerden wollen, auch die muslimische Welt hatte in ihren Augen ein paar hässliche Kratzer bekommen. Doch sowohl den Mordanschlag als auch ihr glückliches Überleben erklärte sich Isabelle mit dem göttlichen Willen. Schließlich, so glaubte sie, war alles vorher-bestimmt. Sie war ruhiger geworden. Es scheint, als habe sie aus ihrem Glauben die Kraft geschöpft, die sie brauchte, um sowohl mit dem fürchterlichen Trauma als auch mit ihrer ungewissen Zukunft zurechtzukommen. Und nicht zuletzt mit der Trennung von Slimène. Es waren wohl die Sehnsucht nach ihrem Geliebten sowie die Sehnsucht nach ihrem „verheißenen Land", die in Isabelle den Wunsch entstehen ließen, Slimène zu heiraten und dadurch die französische Staatsbürgerschaft zu erhalten. Denn dann würde man sie nie wieder als „unerwünschte Ausländerin" des Landes verweisen können! Beharrlich schrieb Isabelle Briefe an die Behörden, stellte Anträge, füllte zahllose Formulare aus und so gelang es ihr schließlich tatsächlich, dass ihr Geliebter nach Marseille versetzt wurde.

Am 17. Oktober 1901 heirateten Isabelle Eberhardt und Slimène Ehnni, zunächst auf dem Standesamt von Marseille, anschließend nach islamischem Ritus in der Moschee. Es war auch insofern ein denkwürdiger Tag, als Isabelle zur Hochzeit weibliche Kleidung trug, was sie Slimène bereits in einem Brief angekündigt hatte: „Ich werde einen schönen schwarzen Stoff kaufen und eine Art ‚Halbtrauerkleid' nähen lassen und dazu eine Weste aus fliederfarbenem Satin. Ich lasse mein Haar wachsen und lasse es für diesen Anlass in Locken legen. Ich habe mir einen schwarzen, mit Flieder geschmückten Hut anfertigen lassen, einen Männerhut. Du wirst sehen, das ganze wird sehr elegant und geschmackvoll wirken und niemand wird sich darüber aufhalten." Das freilich war bereits das Maximum an bürgerlichen Zugeständnissen. Denn Isabelle war keineswegs gewillt, sich als Ehefrau fortan ausschließlich mit Heim und Herd zu beschäftigen.

Und doch musste sich das junge Paar zumindest vorübergehend bürgerlichen Konventionen beugen. Noch bis Januar 1902 lebte man in der vergleichsweise kleinen Wohnung Augustins und hoffte sehnlichst, bald nach Algerien zurückkehren zu können. Slimène war nämlich unterdessen aus dem Militärdienst ausgeschieden, und Isabelle musste nur noch auf die notwendigen Papiere warten, bis die beiden zu Beginn des Jahres 1902 Marseille verlassen konnten – ohne freilich zu ahnen, dass es ein Abschied für immer sein würde.

Rückkehr aus dem Exil

Begeistert sah Isabelle während der Überfahrt, wie die Silhouette Algiers immer näher rückte. Die dicht gedrängten Dächer der Kasbah ähnelten aus der Ferne einem gewaltigen Amphitheater mit etwas unregelmäßigen Sitzreihen. „Endlich ist der Traum Wirklichkeit geworden", schrieb sie am 15. Januar 1902 in ihr Tagebuch, „wir sind wieder da, unter der strahlenden, ewig jungen Sonne, auf der geliebten Erde ..."

Doch ganz so traumhaft gestaltete sich das Leben zunächst nicht. Das junge Paar war so gut wie mittellos und lebte vorerst in einer billigen Absteige in der Kasbah in den Tag hinein, die Langeweile nicht selten in Alkohol ertränkend. Doch glücklicherweise kam schon bald Rettung in Gestalt des aufgeschlossenen französischen Journalisten Victor Barrucand, der seinerzeit den Prozess in Constantine verfolgt hatte und so auf die erstaunliche Isabelle Eberhardt aufmerksam geworden war. Jetzt bot er ihr nicht nur an, ihre Kurzgeschichten in der von ihm herausgegebenen Tageszeitung abzudrucken, sondern besorgte auch Slimène einen Posten als Gemeindeschreiber in der Verwaltung von Ténès an der Küste des Mittelmeers.

Das finanzielle Problem war damit zwar weitgehend gelöst, doch Isabelle fühlte sich in dieser typischen Kolonialstadt ausgesprochen unwohl. Sie, die inzwischen längst wieder die gewohnte arabische Männerkleidung trug, blieb auch hier eine ungeliebte Außenseiterin, sowohl bei der europäischen Oberschicht als auch bei der arabischen Bevölkerung. Denn Isabelles Lebensstil – nicht nur ihr Alkohol- und Drogenkonsum, auch ihre immer zahlreicher werdenden außerehelichen Affären – riefen heftige Empörung hervor. Es kam zu einer regelrechten Verleumdungskampagne durch die örtliche Presse, vor der Isabelle wieder einmal in die von ihr so geliebte Wüste floh. Doch diesmal fand sie nicht die erhoffte innere Ruhe zum Schreiben. Die feindliche Atmosphäre um sie herum belastete sie, und auch mit Slimène hatte es mehrfach heftige Auseinandersetzungen gegeben, da er keineswegs gewillt war, die Seitensprünge seiner Ehefrau so einfach hinzunehmen. Doch Isabelle, getrieben von ihrer Sinnlichkeit, konnte offenbar nicht anders, obwohl ihr die Beziehung zu Slimène nach wie vor sehr viel bedeutete. Schon kurz nachdem sie ihren Mann kennen gelernt hatte, hatte sie in ihr Tagebuch geschrieben: „In der modernen, verzerrten und zerrütteten Welt ist der Ehemann im Allgemeinen nie derjenige, der die Sinnlichkeit erregt ...“

Zurück in Ténès hatte sich nichts verändert: „Was Ténès verpestet, ist die Herde neurotischer, orgiastischer, stupider und böser Weiber“, hielt Isabelle am 18. Oktober 1902 in ihrem Tagebuch fest. „An sich ist mir dieser Schlamm gleichgültig, doch wenn er versucht, mich zu umzingeln, bis zu mir durchzudringen, wird er mir lästig.“ Insgesamt jedoch hatte Isabelle Grund zur Zufriedenheit, zumal Barrucand sein Versprechen wahr gemacht und nicht nur ihre Kurzgeschichten in seiner Zeitung veröffentlicht hatte, sondern auch dafür sorgte, dass die junge Autorin über die Grenzen Algeriens hinaus jetzt auch in Frankreich bekannt wurde. „Wir sind verhältnismäßig glücklich“, schrieb Isabelle denn auch zum Jahresende in ihr Tagebuch.

In geheimer Mission

Im Herbst 1903 lernte Isabelle den französischen Militärkommandanten General Hubert Lyautey kennen, der einen geheimen Plan verfolgte: Auf friedliche Weise sollte der Anschluss Marokkos an Algerien vorbereitet werden. Dazu galt es, verfeindete Nomadenstämme sowie politische und religiöse Führer gegeneinander auszuspielen und dann entsprechende Kontakte zu knüpfen. Bei diesem Plan schien ihm Isabelle, die sich so gut mit Land und Leuten auskannte, geradezu als ein Geschenk des Himmels und er bot ihr daher an, in seinem Auftrag „ein wenig zu spionieren“. Doch Lyautey war von der jungen Frau ohnehin fasziniert. Später sollte er in seiner

Trauerrede über Isabelle sagen: „Was für ein Vergnügen, jemanden zu treffen, der ganz er selbst ist, jenseits aller Vorurteile, aller Heuchelei und aller Klischees und der ein freies Leben führt wie der Vogel in der Luft!" Und auch Isabelle war der charismatische General auf Anhieb sympathisch, insbesondere als sie hörte, dass er sich für eine friedliche Koexistenz von Franzosen und Arabern einsetzte, dabei strikt von seinen Landsleuten forderte, sich mehr mit der Kultur des Landes auseinander zu setzen, sich mit dem Islam zu beschäftigen und die Landessprache zu lernen. Diese Art von „alternativer" Kolonisation war so ganz nach ihrem Geschmack und so willigte sie auch ein, für Lyautey tätig zu werden, nicht gerade als offizielle Agentin, eher als Gelegenheitsspionin.

Für Isabelle war dieses Angebot auch eine Art Genugtuung, nachdem sie seinerzeit von den französischen Kolonialbehörden als „unerwünschte Ausländerin" diffamiert und ausgewiesen worden war. Nun konnte sie beweisen, dass sie durchaus Sympathien für Frankreich empfand, insbesondere dann, wenn sich die Interessen der Kolonialmacht mit denen der arabischen Einwohner zu decken schienen.

Vor allem aber war es eine großartige Gelegenheit, ungehindert durch die Provinz Oran zu reisen und – zu schreiben. Die folgenden Monate waren ganz offenbar die literarisch produktivsten in Isabelles Leben und sie kehrte mit einem gewaltigen Stapel an Manuskripten nach Algier zurück. Ob sie tatsächlich Kontakte im Sinne Lyauteys knüpfen konnte, scheint dagegen fraglich – so groß war das Vertrauen der einheimischen Bevölkerung zu der verkleideten Europäerin nun doch nicht!

Auch die Geldsorgen gehörten in dieser Zeit der Vergangenheit ein, denn Isabelle erhielt für die Veröffentlichung ihrer Kurzgeschichten und Reportagen ein derart stattliches Honorar, dass sie sich sogar den Kauf eines Araber-Hengstes leisten konnte. Doch nach wie vor jagte sie unbestimmten Träumen hinterher, war depressiv und unzufrieden, suchte nach jenem „Woanders", das sie niemals fand. Hinzu kam ihr schlechter Gesundheitszustand, der sich in immer häufiger wiederkehrenden Fieberattacken manifestierte und sie zunehmend mutlos werden ließ. Slimène scheint von ihrer verzweifelten

Grundstimmung angesteckt worden zu sein. Und so stimmte er eines Tages zu, als Isabelle von gemeinsamem Selbstmord sprach. Mit einer Pistole und etlichen Flaschen Absinth zogen sich die beiden gegen Ende des Jahres 1903 in die Wüste zurück, um dort ihrem Leben ein Ende zu setzen. Stattdessen aber betranken sie sich bis zur Besinnungslosigkeit und schossen mit der Pistole lediglich auf die geleerten Flaschen. Am nächsten Morgen wurden sie zufällig in diesem Zustand aufgefunden.

Tod in den Fluten

Doch Isabelle hatte ohnehin nur noch kurze Zeit zu leben. Nur wenig später erkrankte sie an Malaria, die ihren ohnehin schon kranken Körper zusätzlich schwächte, sodass ihr sowohl physisch als auch psychisch die Kraft zum Weiterleben fehlte. Der vom jahrelangen Nomadenleben, übermäßigen Alkohol- und Drogenkonsum gezeichnete Körper erschien ihr inzwischen ebenso als Gefängnis wie ihr verzweifelter Geist. Sie, die stets nach „Freiheit" gesucht hatte, sah nur noch eine – endgültige – Möglichkeit, frei zu werden: durch den Tod.

Nach ihrer Entlassung aus dem Militärhospital von Äin-Sefra, nahe der marokkanischen Grenze, mieteten sich Isabelle und Slimène in dem Ort eine kleine Lehmhütte am Ufer eines ausgetrockneten Flusses. Nur kurze Zeit später, in der Nacht vom 20. zum 21. Oktober 1904 ging über der Stadt ein heftiges Gewitter nieder und die Regenmassen verwandelten den Fluss binnen Minuten in ein reißendes Gewässer, das mehr und mehr anschwoll und die Uferbebauung unter sich begrub. Während Slimène rechtzeitig floh, bevor die Wasser- und Schlammmassen die kleine Hütte erreichten, blieb Isabelle allein zurück. Vielleicht schlief sie wieder einmal ihren Rausch aus, vielleicht aber suchte sie den Tod auch ganz bewusst. Wie auch immer – erst nach Tagen wurde ihr Leichnam in der Trümmern der zerstörten Lehmhütte gefunden, und auch ihr einziger Nachlass: ein schlammverkrusteter Sack mit Manuskripten, aus denen eigentlich einmal ein Roman werden sollte, den sie „Le Trimadeur" („Der Vagabund") hatte nennen wollen. Auf dem islamischen Friedhof von Äin-Sefra fand Isabelle Eberhardt endlich jene Ruhe, nach der sie sich ein Leben lang gesehnt hatte. Sie war nur 27 Jahre alt geworden.

Agatha Christie

„Ich liebe Leichen" –
Die First Lady des Kriminalromans

„Ein wirklich glückliches Haus" –
Agathas Kindheit in Torquay

Agatha Christie – ihr Name ist sicherlich der Inbegriff des Kriminalromans überhaupt. Zumindest was Popularität und Auflagenhöhe betrifft, hat sie ihre männlichen und weiblichen Schriftstellerkollegen wie Raymond Chandler oder Dorothy Sayers mit Leichtigkeit in den Schatten gestellt. Die Gesamtauflage ihrer Werke bis zu ihrem Tod 1976 wird auf 350 Millionen geschätzt, und noch heute verkauft allein ihr deutscher Verlag jährlich rund 750 000 Agatha-Christie-Krimis. Übersetzt wurden ihre Bücher in über 45 Sprachen.

Agatha wurde am 15. September 1890 als jüngstes Kind der Familie Miller geboren, zu der bereits die 11-jährige Madge und der zwei Jahre jüngere Bruder „Monty" (eigentlich Louis Montant) gehörten. Die beiden bekamen ihre kleine Schwester freilich nur selten zu Gesicht, da sie, wie in diesen Kreisen nicht unüblich, standesgemäße Internate besuchten. Agatha wuchs daher gewissermaßen als Einzelkind in einem wohlhabenden Elternhaus auf. Ihr Vater Frederick Miller konnte es sich dank eines geerbten Vermögens leisten, die ungewöhnliche Berufsbezeichnung „Gentleman" zu führen und anstatt einer Arbeit nachzugehen, die Tage hauptsächlich in seinem Club zu verbringen. „Er war ein Nichtstuer", schrieb Agatha später ein wenig respektlos in ihrer Autobiografie, meinte es aber keineswegs böse, denn sie hing ebenso an ihrem Vater wie der an ihr.

Das behagliche Leben, das die Familie führte, hatte eine recht komplizierte Vorgeschichte. Agathas Großmutter müt-

Agatha Christie (1890–1976)
bei der Premiere ihres Stückes „The Unexpected
Guest" in London

Foto, 12. August 1958

terlicherseits, Mary Ann Boehmer, war bereits mit 27 Jahren Witwe geworden, und da sie in ihrer Verzweiflung nicht wusste, wie sie ihre vier Kinder durchbringen sollte, nahm sie dankbar den Vorschlag ihrer Schwester Margaret an, eines der Kinder zu adoptieren und überließ ihr schweren Herzens die damals 9-jährige Clara. Auch wenn das Mädchen ein Leben lang darunter leiden sollte, von der eigenen Mutter weggegeben worden zu sein, so hatte sie es doch in ihrer neuen Familie gut angetroffen. Ihre Tante Margaret war mit einem reichen Amerikaner, Nathaniel Miller, verheiratet und bot der kleinen Nichte ein ebenso liebevolles wie komfortables Zuhause in Yorkshire. Nathaniel hatte aus seiner ersten Ehe – er war Witwer – einen bereits erwachsenen Sohn namens Frederick, der in Amerika lebte, wo er sich vorwiegend den vergnüglichen Dingen des Lebens widmete. Häufig aber war er im Elternhaus zu Besuch, zur großen Freude der 9 Jahre jüngeren Clara, die für ihren stets fröhlichen Stiefbruder Fred, wie er im Familienkreis genannt wurde, mehr oder weniger heimlich schwärmte. Mit den Jahren fand auch Frederick immer größeren Gefallen an der adoptierten Schwester, sodass beide schließlich im April 1878 heirateten.

Sie fanden ein neues Zuhause in Torquay, einem Seebad an der englischen Südküste, wo ein Jahr später Tochter Margaret, genannt „Magde" zur Welt kam. Nach einem vorübergehenden Aufenthalt in den Vereinigten Staaten kehrte die Familie, die sich inzwischen um Söhnchen Monty vergrößert hatte, wieder nach England zurück, um dort endgültig heimisch zu werden. Zu diesem Zweck kauften die Millers eine große viktorianische Villa in Torquay, das eindrucksvolle Anwesen Ashfield. Hier wurde Agatha Christie geboren und hier erlebte sie ihre überwiegend unbeschwerten Kinderjahre. „Ein wirklich glückliches Haus" sei es gewesen, schrieb sie Jahrzehnte später in ihrer Autobiografie „Meine gute alte Zeit".

War schon die ungewöhnliche Familiengeschichte dazu angetan, die kindliche Phantasie anzuregen, so war es Ashfield offenbar noch mehr. Insbesondere der wunderschöne Garten mit seinem geheimnisvollen „Wäldchen" war für Agatha in ihrer Erinnerung das reinste Kindheitsparadies. Wirkliche

Spielkameraden freilich hatte das Mädchen nur selten, stattdessen gab es zahlreiche „imaginäre Freunde", mit denen Agatha ihre Welt belebte: „Ich war ein Einzelkind und erzählte mir selbst Geschichten", berichtete sie später einmal und beantwortete damit gleichzeitig die Frage, warum sie Schriftstellerin geworden war. Auch der Besuch einer öffentlichen Schule stand in den Kreisen der *upper middle class* damals nicht zur Debatte und ein Kind lernte daheim, was es wissen musste. Die wissbegierige Agatha hat schon sehr früh damit begonnen. Mit fünf Jahren brachte sie sich selbst das Lesen bei, sehr zum Entsetzen von Mutter Clara, die irreparable Schäden an Augen und Gehirn ihrer Tochter befürchtete. Mit der Rechtschreibung jedoch sollte Agatha Christie ein Leben lang auf Kriegsfuß stehen.

Die wichtigste Bezugsperson war in diesen frühen Jahren nicht die Mutter, sondern „Nursie" das Kindermädchen, ein Pol der Ruhe und Beständigkeit und von Agatha ganz besonders geliebt. Das Kind war untröstlich, als sich „Nursie" schließlich zur Ruhe setzte und eine Lücke hinterließ, die selbst die Mutter nicht zu füllen vermochte. Die etwas exzentrische Clara beschäftigte sich lieber mit anderen Dingen und sah ihr Kind, spätviktorianischen Grundsätzen gemäß, nur vergleichsweise selten. Agatha bewunderte ihre schöne Mutter zwar, doch beide liebten sich mit einer gewissen Distanz, ein Muster, das sich später, als Agatha selbst Mutter einer Tochter wurde, fortsetzen sollte. Claras nahezu ausschließliche Liebe galt Frederick, ihrem Ehemann, sodass sich Agatha in dieser trauten Zweisamkeit immer ein wenig „störend" empfand. Ohnehin hielt sie sich viel lieber bei dem Dienstpersonal auf, das damals für eine wohlhabende Familie wie die Millers eine Selbstverständlichkeit war.

Was die kleine Agatha nicht ahnen konnte: Trotz der großbürgerlichen Fassade hatte die Familie finanzielle Sorgen. Der unbekümmerte Vater hatte zu sehr den Ratschlägen seines amerikanischen Vermögensverwalters vertraut. Dessen Fehlinvestitionen aber hatten erhebliche finanzielle Einbußen für die Millers zur Folge gehabt, ohne dass man sich freilich vorerst ernsthafte Sorgen machen musste. Noch konnte man das

Problem auf eine damals durchaus übliche und obendrein auch recht angenehme Weise lösen: Vermutlich im Winter 1895/96 wurde Ashfield vorübergehend vermietet, und die Familie verbrachte mehrere Monate im südfranzösischen Pau mit Blick auf die Pyrenäen. Hier lebte man nicht nur preiswerter als in England, auch das Klima war milder, Agatha hatte erstmals Kontakt zu Gleichaltrigen und lernte zudem ein wenig Französisch.

Doch auch nach der Rückkehr ins heimische Torquay hörten die Geldsorgen nicht auf. Zwar verbrachte der Vater seine Tage nach wie vor vorwiegend im Club – was hätte er auch sonst tun sollen –, doch die ungeklärte finanzielle Situation belastete ihn stark, ja, sie machte ihn ganz offensichtlich auch körperlich krank. Durch mehrere „Herzanfälle" verschlechterte sich sein Gesundheitszustand in den nächsten Jahren zusehends, und als er sich im November 1901 eine schwere Lungenentzündung zuzog, hatte er, wie es scheint, nicht mehr genügend Widerstandskraft, um der Krankheit trotzen zu können. Frederick Miller starb am 26. November 1901 im Alter von 55 Jahren.

Der Todestag ihres Vater war, so empfand es Agatha, das vorzeitige Ende ihrer Kindheit. Die Mutter, selbst völlig verzweifelt, war nicht in der Lage, ihre kleine Tochter zu trösten, stattdessen fuhr sie für eine Weile zur Erholung nach Frankreich und ließ ihr jüngstes Kind daheim in der Obhut der Köchin zurück.

Glücklicherweise war die finanzielle Situation nicht so prekär, dass, wie Agatha es schon gefürchtet hatte, Ashfield verkauft werden musste. Zudem kam Hilfe kam von Madge. Sie hatte den wohlhabenden Fabrikantensohn James Watts geheiratet und war nunmehr in der Lage, Mutter und Schwester finanziell ein wenig unter die Arme zu greifen, derweil sich Monty mit seinem Regiment im fernen Indien aufhielt.

„Sie sollte nur noch reden lernen" – Jugendjahre

Auch wenn Agatha ihren Vater natürlich vermisste, so ging das Leben doch weitgehend seinen gewohnten Gang. Neu für sie war freilich, dass sie von nun an ungewöhnlich oft mit Mutter Clara zusammen war und dabei fast den Eindruck erhielt, die Mutter-Kind-Beziehung hätte sich ins genaue Gegenteil verschoben. Jetzt war sie, Agatha, die Stärkere, die den Schicksalsschlag, der die Familie getroffen hatte, weitaus besser verkraftete als die verzweifelte Clara.

Trotz gewisser Einschränkungen und eines anderen Lebensstils – als Witwe wurde Clara nur noch selten eingeladen – verlief Agathas Jugend doch im Wesentlichen sorgenfrei. Als „höhere Tochter" bestand ihre Ausbildung in dem Besuch verschiedener französischer Mädchenpensionate, in denen sie vor allem ihre Französischkenntnisse perfektionierte. Gleichzeitig erhielt sie sowohl Klavier- als auch Gesangsunterricht und träumte sogar heimlich davon, Karriere als Pianistin oder Opernsängerin zu machen. Doch dazu, so wurde ihr ganz klar zu verstehen gegeben, reichte ihr Talent nun doch nicht aus. Eine „richtige" Berufsausbildung hingegen war für ein Mädchen in diesen Kreisen undenkbar. Stattdessen galt es, sich Gedanken um eine „gute Partie" zu machen und Agatha daher möglichst bald „in die Gesellschaft" einzuführen.

Mittlerweile war das „Nesthäkchen" der Familie 18 Jahre alt geworden, ein eher schüchternes und zurückhaltendes junges Mädchen, das nur wenig Kontakt zu Gleichaltrigen hatte. Damals musste Agatha wegen einer Grippe für längere Zeit das Bett hüten, und da ihr Zustand nicht sonderlich ernst war, scheint sie sich entsetzlich gelangweilt zu haben. Des ständigen Gejammers der Kranken überdrüssig, schlug ihr die Mutter kurzerhand vor, doch einfach eine Geschichte zu schreiben. Das war so ungewöhnlich nicht. Auch Agathas große Schwester Madge hatte bereits mit Erfolg verschiedene Kurzgeschichten verfasst und in der Zeitschrift „Vanity Fair" veröffentlicht. Warum also sollte es Agatha nicht auch einmal versuchen?

Tatsächlich machte sie sich ans Werk und schrieb mit wachsender Begeisterung die mehrere Seiten lange Geschichte „The House of Beauty", eine offenbar phantasievolle Erzählung zum Thema Wahnsinn und Traumvorstellungen, inspiriert durch Edgar Allan Poe, dessen Bücher damals zu Agathas Lieblingslektüre gehörten. Nachdem sie erst einmal Feuer gefangen hatte, folgten noch weitere Versuche, die sie auf Anraten der Mutter unter verschiedenen (männlichen) Pseudonymen an diverse Zeitschriften schickte – und postwendend zurückbekam. Ein mit der Familie befreundeter Autor, Eden Philpotts, den Agatha um ein paar Tipps für ihre „Schriftstellerkarriere" gebeten hatte, gab ihr den guten Rat, sich zuvor erst einmal mit den Werken der Weltliteratur vertraut zu machen, vor allem aber zunächst das Leben zu genießen und sich das Schreiben aus dem Kopf zu schlagen.

Agatha war zwanzig Jahre alt, als sich ihre Mutter auf ärztlichen Rat hin entschloss, den Winter in einem warmen Klima zu verbringen, vorzugsweise in Ägypten. Diese Wahl war keineswegs so außergewöhnlich, wie es uns heute erscheinen mag. Ägypten stand seit 1904 unter britischem Protektorat, es gab einen regelmäßigen Schiffsverkehr und die Reisevorbereitungen pflegte man dem Unternehmen Cook anzuvertrauen, das alles bestens organisierte. Kairo verfügte beispielsweise über etliche angenehme Hotels, in denen zahlreiche englische Gäste abstiegen. Auch für Unterhaltung war dort gesorgt: An jedem Abend gab es Tanzveranstaltungen, eine ideale Umgebung also, auch für Agatha. Clara hatte nämlich vor, in Ägypten gleich zwei Fliegen mit einer Klappe zu schlagen: Zum einen wollte sie ihrer angeschlagenen Gesundheit natürlich etwas Gutes tun, zum anderen aber, und das war nicht weniger wichtig, ihre Tochter endlich in die so genannte bessere Gesellschaft einführen, was daheim in England eine ungleich teurere Angelegenheit geworden wäre.

Also reiste man im Winter 1910 nach Kairo. Wie Clara nicht anders erwartet hatte, genoss Agatha den Aufenthalt im sonnigen Ägypten, auch wenn sie keine Lust hatte, sich an Ausflügen zu den Pyramiden zu beteiligen oder die Sphinx mit eigenen Augen zu sehen. Für Archäologie interessierte sich Agatha ohnehin nicht, und sie konnte sich auch nicht vorstellen, dass das je der Fall sein würde. Doch wie sich noch zeigen wird, sollte sie sich gewaltig täuschen.

Vorerst aber bevorzugte sie die gesellschaftlichen Zerstreuungen, die Bälle und Tanzveranstaltungen, für die Clara ihr eigens eine passende Garderobe hatte schneidern lassen. Schließlich sollte ihre Tochter nicht zuletzt die jungen Herren beeindrucken, denn dazu hatte man ja schließlich die weite Reise – auch – unternommen. Es scheint freilich nicht, dass Agatha bei den anwesenden Männern so gut ankam, wie Clara erhofft hatte: „Hier haben sie Ihre Tochter wieder", mit diesen Worten verabschiedete sich einer von Agathas Tanzpartnern, „Tanzen hat sie gelernt, sie tanzt sogar ganz wunderbar, jetzt sollte sie auch noch reden lernen." Doch gerade das fiel Agatha ausgesprochen schwer. Insbesondere im Umgang mit dem männlichen Geschlecht fehlten ihr sowohl Übung als auch die notwendige Unbeschwertheit. Sonderlich charmant scheint sie daher auf die potentiellen Heiratskandidaten nicht gewirkt zu haben. Und so kehrte sie zwar mit ein wenig mehr Erfahrung, aber doch ohne Verlobten im Schlepptau zurück nach England.

Archibald

Auch als ihr in der folgenden Zeit daheim in Torquay verschiedene junge Männer den Hof machten, konnte und wollte sie sich nicht so recht entscheiden. Mit 22 Jahren lernte sie aber doch noch auf einem Ball ihren Traummann kennen: Er hieß Archibald Christie, war ein Jahr älter als sie, Hauptmann bei der Königlichen Feldartillerie, der sich soeben für das Königliche Fliegercorps (RFC) qualifiziert hatte. Nach ihren eigenen Angaben stürmte „Archie", wie sie ihn nannte, „wie ein Wirbelwind" in ihr Leben, sodass man wohl davon ausgehen kann, dass es sich bei Agatha um die berühmte „Liebe auf den ersten Blick" gehandelt haben muss. Nicht lange, und die beiden schmiedeten Heiratspläne, die Mutter Clara vorerst freilich mit dem durchaus vernünftigen Hinweis vereitelte, dass es Archie mit seinem vergleichsweise geringen Gehalt nie und nimmer gelingen werde, eine Familie zu ernähren. Insgeheim freilich wird sie gehofft haben, für ihre Tochter doch noch eine bessere Partie zu finden. Die Hochzeit jedenfalls wurde auf einen unbestimmten Zeitpunkt verschoben.

Im August 1914 brach – völlig unerwartet für Agatha, die sich bis dahin (und auch später) nie mit Politik beschäftigt hatte – der Erste Weltkrieg aus. Archie wurde bereits zu Beginn eingezogen und war in Frankreich stationiert. Für Agatha begann damit, wie für so viele andere auch, eine Zeit angstvollen Wartens. Mit zunehmender Sorge verfolgte sie in den englischen Zeitungen die immer länger werdenden Listen der Gefallenen und Vermissten, und um nicht vollends von ihren Ängsten überrollt zu werden – und natürlich auch als „gute Patriotin" – beschloss sie, wenigstens etwas Sinnvolles zu tun, das sie von ihrem Kummer ablenken sollte.

Nachdem sie schon vor Kriegsbeginn einen Erste-Hilfe-Kurs besucht hatte, entschied sie sich, als Schwestern-Helferin beim Freiwilligen Hilfskomitee (V.A.D.) in Torquay mitzuarbeiten – eine für eine „höhere Tochter" zwar ungewohnt anstrengende Arbeit, aber in Zeiten wie diesen ausdrücklich erwünscht und natürlich dringend benötigt.

Kurz vor Weihnachten aber gab es für Agatha eine überaus erfreuliche Überraschung: Archie hatte Urlaub, kam nach Ashfield und bat sie, seine Frau zu werden – und zwar sofort! Natürlich war Agatha völlig überrumpelt, aber schließlich hatte sie Archie schon lange heiraten wollen. Zudem gab ihr schon allein der Gedanke ein vages Gefühl von Sicherheit in einer Zeit existenzieller Bedrohung. Völlig überstürzt heirateten die beiden am Nachmittag des 25. Dezember 1914 – ohne Familie und Freunde, mit von der Straße geholten Trauzeugen. Auch die Feier fiel aus, und bereits am nächsten Tag mussten Agatha und Archie Christie für weitere sechs Monate voneinander Abschied nehmen.

Derweil setzte Agatha auch als frisch verheiratete Ehefrau ihre Arbeit beim Hilfskomitee fort, zunächst noch als Krankenschwester, schließlich als Apothekengehilfin, wo sie naturgemäß auch mit verschiedenen giftigen Substanzen wie Belladonna und Digitalis zu tun hatte, ein Umstand, der ihre blühende Phantasie nicht unerheblich anregte. Und so entschloss sie sich, ihr länger vernachlässigtes Hobby wieder aufzunehmen, um ihren Kriminalroman-Erstling „The Mysterious Affair at Styles" (dt.: Das fehlende Glied in der Kette) zu schreiben, auch wenn sie zunächst natürlich nicht ahnen konnte, dass ihre Geschichte tatsächlich einmal gedruckt werden und den Ausgangspunkt des „Golden Age" der englischen Kriminalliteratur markieren sollte.

Agatha schrieb über das, was sie kannte: das ländliche England, das Milieu der *upper middle class*, idyllische Schauplätze, die freilich nur scheinbar friedlich waren. Damals entwickelte sie eine Methode, die sie auch weiterhin beibehielt: Das Verbrechen, das im Mittelpunkt der Geschichte stand, war schwer aufzuklären. Denn meist war es so, dass jemand ganz offensichtlich Vedächtiger der Täter gewesen sein musste, wobei sich gleichzeitig aus irgendeinem Grund herausstellte, dass er es unmöglich gewesen sein konnte. In Wirklichkeit war er es dann aber doch. Der Leser erhielt dabei die gleichen Hinweise wie der ermittelnde Detektiv und konnte sich so an der Lösung des Falles beteiligen.

Agatha Christies erster Detektivheld war „Hercule Poirot", ein belgischer Polizeioffizier im Ruhestand, klug und penibel, überzeugt von seinen Fähigkeiten, dabei aber ein wenig skurril, mit eiförmigem Kopf, pomadiertem Haar und üppigem Schnurrbart, fast schon eher eine Karikatur als ein Mensch aus Fleisch und Blut. Vielleicht aber hatte er auch ein Vorbild in einem der vielen belgischen Flüchtlinge, die sich in den Kriegsjahren in Torquay aufhielten.

Zwar bot das Schreiben Agatha eine willkommene Zerstreuung in Kriegszeiten und lenkte sie tatächlich von ihren Sorgen um Archie ab, doch es erwies sich letztlich als anstrengender, als sie erwartet hatte. Es war nämlich gar nicht so leicht, die verschiedenen Handlungsstränge miteinander zu verbinden. Vielleicht wäre diese Geschichte daher auch niemals fertig geworden, hätte ihr Mutter Clara nicht den Vorschlag gemacht, Urlaub zu nehmen, sich ein Hotelzimmer zu mieten und den Kriminalroman dort ungestört zu Ende zu schreiben. Agatha zog sich daraufhin in ein Hotel im Dartmoor zurück, schrieb offenbar regelrecht wie im Rausch – und vollendete das Manuskript innerhalb von vierzehn Tagen. Zurück in Torquay ließ sie das Geschriebene ordentlich abtippen und schickte es an einen Verlag – um es nach eigenen Angaben sofort wieder zu vergessen. Schwer vorzustellen, vielleicht aber vergaß sie es tatsächlich. Unterdessen nämlich ging der Krieg seinem Ende entgegen, Archie kehrte nach England zurück und schon bald konnte Agatha zu ihrer großen Freude feststellen, dass sie endlich schwanger war.

Erste Erfolge

Agatha und Archie Christie mieteten sich eine kleine Wohnung in London, und erstmals in ihrem Leben musste die „höhere Tochter" ohne Dienstboten auskommen und selbst den Haushalt führen, was ihr nicht so ganz leicht gefallen zu sein scheint. Auch Archie hatte Schwierigkeiten, in ein neues Leben zu finden. Die Kriegsjahre waren nicht spurlos an ihm vorübergegangen. Er war ernster und verschlossener als früher, und Agatha vermisste seine jungenhafte Heiterkeit, die sie seinerzeit so fasziniert hatte. So mussten sich die beiden – wie andere junge Paare schließlich auch – erst einmal „zusammenraufen" und das gemeinsame Leben erlernen. Zum Glück fand Archie, der die Luftwaffe bei Kriegsende verlassen hatte, schon bald Anstellung bei einer Bank, sodass es der kleinen Familie finanziell recht gut ging. Am 5. August 1919 kam Tochter Rosalind zur Welt, doch auch wenn Agatha über die Geburt ihres Kindes überglücklich war, so engagierte sie doch umgehend ein Kindermädchen, das sich um die Kleine kümmerte – so wie sich einst „Nursie" um Agatha gekümmert hatte. Alles in allem war 1919 daher ein gutes Jahr – und es sollte noch besser werden. Eines Tages nämlich erhielt Agatha einen Brief des Verlages „The Bodley Head", in dem man ihr mitteilte, ihr Manuskript, das sie noch während des Krieges eingeschickt hatte, sei nun angenommen worden! Was zählte es schon, dass die Konditionen für die Jung-Schriftstellerin alles andere als günstig waren, wenn nur ihr Roman gedruckt wurde. Agatha jedenfalls hatte allen Grund zum Jubeln. Ihr Buch erschien 1920 in England und nur ein Jahr später in den Vereinigten Staaten, und das war schließlich schon Erfolg genug.

Dass aus der Hobby-Schriftstellerei schließlich Agatha Christies Beruf(ung) wurde, hatte sie möglicherweise Archie zu verdanken. Denn nach dem Tod ihrer wohlhabenden Großmutter Margaret, die im hohen Alter von 92 Jahren gestorben war, und bislang stets zum Unterhalt ihrer Adoptivtochter Clara großzügig beigetragen hatte, fehlte das Geld in Ashfield an allen Ecken und Enden. Es wurde sogar schon erwogen, das kostspielige Anwesen, das freilich mit so vielen schönen Erinnerungen verbunden war, zu veräußern, als Archie den Vorschlag machte, Agatha solle doch weiter schreiben und mit ihrem Honorar zum Unterhalt ihres Elternhauses beitragen. So erschien bereits 1922 ihr zweiter Kriminalroman „The Secret Adversery" (dt.: Ein gefährlicher Gegner) und in den nächsten Jahren folgten in kurzen Abständen nahezu einhundert weitere Thriller, dazu noch zahllose Kurzgeschichten sowie Theaterstücke. Heute steht Agatha Christie nach einer Erhebung der UNESCO über die meistgelesenen Bücher der Welt an dritter Stelle – gleich hinter der Bibel und Shakespeare.

Noch aber befand sich Agatha Christie erst am Anfang ihrer Karriere. Und nun wollte sie auch zunächst einmal den Ratschlag, den ihr der Schriftsteller Eden Philpotts seinerzeit gegeben hatte, beherzigen und ihr Leben so richtig genießen. Denn völlig unerwartet ergab sich für sie die einmalige Gelegenheit, ein Jahr lang mit Archie die Welt zu bereisen und sich damit einen alten Traum zu erfüllen. Major Belcher nämlich, ein guter Bekannter ihres Mannes, arbeitete an einem großen Projekt: Er plante für das Jahr 1924 eine Empire-Ausstellung, die, ganz nach dem Vorbild der berühmten Weltausstellung von 1851, in London stattfinden sollte, eine PR-Aktion und Verkaufsmesse für die Produkte des britischen Kolonialreichs. Zuvor musste freilich in Ländern wie Australien, Neuseeland, Kanada und Südafrika bei den dortigen Führungskräften aus Wirtschaft und Politik ordentlich die Werbetrommel gerührt werden, und dazu brauchte Belcher tüchtige Mitarbeiter.

Archie sollte während der zehn Monate dauernden Tour als sein Finanzberater fungieren – und wenn er wollte, auch Agatha kostenlos mitnehmen. So reizvoll der Vorschlag auch sein mochte – er musste wohl erwogen werden. Archies Arbeitgeber war nämlich nicht bereit, seine Stelle über einen derartig langen Zeitraum frei zu halten, also war eine Kündigung unabdingbar – mit allen Risiken, wie es nach der Weltreise weitergehen sollte. Archie entschloss sich dennoch, das Angebot anzunehmen, und auch Agatha war sofort hellauf begeistert. Dass sie ihre kleine Tochter für ein knappes Jahr in England zurücklassen musste, schien sie nicht weiter zu beunruhigen. Schließlich gab es ja ein zuverlässiges Kindermädchen, und Clara und Madge waren auch noch da. Warum also sollte sie sich die Traumreise entgehen lassen? Eine Frau gehöre schließlich zu ihrem Mann, pflegte sie all jenen zu entgegnen, die sie auf ihre Pflichten als Mutter hinweisen wollten.

Dass Agatha ihre Tochter Rosalind liebte, steht außer Zweifel, aber sie liebte sie mit derselben Distanz, die damals auch zwischen ihr und Clara bestanden hatte. Die sprichwörtliche „Nabelschnur", die so viele andere Mütter zeitlebens auf die eine oder andere Art mit ihrem Kind verbindet, hat Agatha niemals gekannt. In ihrer Autobiografie verglich sie später ein Kind „mit einer seltenen Pflanze, die du mit nach Haus gebracht, eingepflanzt hast und deren Aufblühen du jetzt kaum erwarten kannst". An einer anderen Stelle ihrer Autobiografie stellte Agatha Christie den Vergleich mit Katzenmüttern her, die schließlich auch schon bald nach der Geburt ihre Kinder sich selbst überließen. Allein durch die Geburt, so behauptete sie, sei der Mutterinstinkt bereits gestillt. Dass Agatha einen großen Teil ihrer Zeit dem Schreiben widmete, hatte also mit ihrem distanzierten Verhältnis zu Rosalind nicht das Geringste zu tun. Das Kind war einfach nur Teil, nicht aber Mittelpunkt ihres Lebens.

So ging sie am 20. Januar 1923 weitgehend sorglos mit Archie auf Reisen, während Rosalind in der Obhut von „Tante Punkie", wie sie Agathas Schwester Madge nannte, zurückblieb. Das Ehepaar Christie genoss derweil die Tour um die

Welt in vollen Zügen, und Agatha konnte erstmals ein regelrechtes Luxus-Dasein führen, indem sie ihre Tage mit Ausflügen, Besichtigungen, Einladungen zum Tee, Golf und Bridge verbrachte und die fremden Länder, allen voran Neuseeland, ausgiebig bewunderte. Trotzdem scheint sie gefürchtet zu haben, Rosalind könne sich ihr in der Zwischenzeit entfremden: „Ich weiß, dass du Onkel Jim und Tante Punkie sehr lieb hast", schrieb sie unter einen Brief an Magde als Gruß an Rosalind, „aber wenn dich jemand fragt: Wen liebst du?, dann musst du sagen: Mammi!"

Im Dezember war die Familie schließlich wieder vereint, und letztlich war Agatha froh, wieder zu Hause zu sein. Die Reise war doch strapaziöser gewesen als erwartet, Differenzen mit Belcher waren nicht ausgeblieben, und nicht zuletzt hatte Archie zum Schluss erhebliche gesundheitliche Probleme gehabt. Endlich hatte sie auch wieder die nötige Muße zum Schreiben. So gelang es ihr mit der Zeit, ihre Technik weiter zu verbessern und schließlich auch ein Gespür dafür zu bekommen, was ihre immer größer werdende Lesergemeinde erwartete. Auch gegenüber ihrem Verleger trat sie selbstbewusster auf und fand zudem in Edmund Cork einen Agenten, der ihr über viele Jahre nicht nur den geschäftlichen Teil des Schriftsteller-Daseins abnehmen, sondern sie auch vor aufdringlichen Journalisten abschirmen sollte.

Agatha Christie war jetzt 34 Jahre alt und lebte endlich in finanzieller Sicherheit. Auch Archie hatte nach vorübergehender Arbeitslosigkeit im Anschluss an die Weltreise beruflich wieder Fuß gefasst, so dass sich die Familie nun einen lang gehegten Wunsch erfüllen wollte: ein Häuschen auf dem Lande, das, ähnlich wie Ashfield, ein wirkliches Zuhause werden sollte.

Ein schlechtes Omen

Die Erfüllung dieses Traums ließ freilich noch eine Weile auf sich warten. Zunächst mietete die Familie daher 1924 eine Wohnung in Sunningdale, etwa 45 Kilometer südwestlich von

London. Hierhin zog nun auch Clara, mittlerweile 70 Jahre alt und von angegriffener Gesundheit. So richtig wohl fühlte sich Agatha in Sunningdale freilich nicht. Sie fand die Umgebung eher langweilig – und die Bewohner ebenso. Archie hingegen, der unterdessen ein begeisterter Golfspieler geworden war, lebte hier ausgesprochen gern, seine gesundheitlichen Probleme gehörten der Vergangenheit an und jetzt verbrachte er mehr Zeit auf dem Golfplatz, als Agatha lieb sein konnte. So harmonisch wie in früheren Jahren war die Beziehung des Paares nicht mehr, und bei Agatha machte sich eine diffuse Unzufriedenheit breit. Sie hatte sich stets eng an ihren Mann angeschlossen und andere Kontakte darüber vernachlässigt. Was ihr fehlte, war möglicherweise eine gute Freundin, mit der es sich ein wenig plaudern ließ, auch wenn Agatha nie so weit gegangen wäre, fremden Menschen ihr Herz auszuschütten.

Der Zufall wollte es, dass Agatha tatsächlich eine Art Freundin bekam. Über eine Zeitungsanzeige hatte sie eine Privatsekretärin gesucht und in der jungen Charlotte Fisher schließlich auch gefunden. „Carlo", wie die Familie sie schon bald nannte, wurde binnen kurzer Zeit die „gute Seele" des Hauses und ein „Mädchen für alles", nicht zuletzt auch für Rosalind.

In dieser Zeit erfüllte sich für Agatha Christie noch ein weiterer Wunsch: Sie kaufte sich ein eigenes Auto und genoss das Gefühl von Freiheit und Exklusivität, das ihr das Gefährt bot, denn ein Fahrzeug konnten sich damals noch die wenigsten leisten. Alles in allem waren es also recht ruhige Jahre in Sunningdale, und Agatha fand genau jene weitgehend entspannte Atmosphäre vor, die sie zum Schreiben benötigte.

Inzwischen war ihr Name schon vielen ein Begriff, und selbst ein Mitglied des britischen Königshauses, der junge Lord Louis Mountbatten (1900–1979), ein Urenkel der Queen Victoria, „outete" sich als Bewunderer der Krimi-Autorin. Er verfasste selbst Kurzgeschichten, die er unter einem Pseudonym in verschiedenen Magazinen veröffentlichte. Am 28. März 1924 hatte er Agatha einen längeren Brief geschrieben, in dem er die Hercule-Poirot-Geschichten gelobt und angeregt hatte, in ihrem nächsten Buch möglicherweise seinen Vorschlag aufzugreifen: Der Ich-Erzähler sollte gleichzeitig der Übeltäter sein!

Diese originelle Idee, die Agatha Christie in „The Murder of Roger Ackroyd" (dt.: Alibi) verarbeitete, verhalf ihr endgültig zum Durchbruch. Der Ich-Erzähler war ein Dr. Sheppard, der sich am Ende des Buchs als Mörder entpuppte. Dennoch schilderte er den Mord und die Morduntersuchungen so, dass es dem Leser unmöglich war, ihm auf die Schliche zu kommen. Andererseits war ihm auch im Nachhinein keine einzige unwahre Aussage nachzuweisen. Agatha Christie gelang dies durch geschickte Auslassungen und zweideutige Umschreibungen, mit denen sie den Leser in die Irre führte. Die Reaktion auf das Buch, das 1926 bei Collins erschien, war daher auch durchaus zwiespältig. In den 20er Jahren gehörten Detektivgeschichten zwar zur bevorzugten Lektüre, doch man erwartete, dass sie bestimmten Konventionen entsprachen und nicht mehr als nötig verwirrten. Der „New Chronicle" kritisierte Agatha Christies jüngsten Krimi daher auch als „geschmacklose und traurige Enttäuschung von einer Autorin, die wir zu schätzen gelernt hatten". Die Verkaufszahlen indes sagten das genaue Gegenteil und verhalfen der Kriminalschriftstellerin zu ungeheurer Popularität.

Jetzt endlich erfüllte sich für Agatha und Archie auch der Traum vom Haus auf dem Lande. Nach zweijähriger Suche fanden sie, was sie gesucht hatten, ein idyllisch gelegenes Anwesen in Sunningdale, das sie auf Archies Vorschlag hin nach Agathas Erstlingswerk Styles nannten. Dieser Name sollte ein gutes Omen sein, denn bislang stand das Haus eher im Ruf Unglück zu bringen, nachdem die einen Vorbesitzer verarmt waren und ein früheres Eigentümerpaar sich getrennt hatte. Agatha freilich hielt nichts von solcherlei Aberglauben. Voller Energie machte sie sich daran, Renovierungs- und Einrichtungspläne zu entwerfen, um so schnell wie möglich einziehen zu können.

Doch auch das anheimelnde Ambiente konnte schließlich nicht darüber hinwegtäuschen, dass Styles offenbar tatsächlich ein „Unglückshaus" war. Im Frühjahr 1926 zog sich Clara eine schwere Bronchitis zu, von der sie sich nicht mehr erholte.

Nachdem sie in den letzten 25 Jahren eine enge Beziehung zu ihrer Mutter gehabt hatte, war deren Tod für Agatha ein unerwartet schwerer Schicksalsschlag. Ausgerechnet zu diesem Zeitpunkt befand sich Archie auf Geschäftsreise in Spanien, und so hatte sie niemanden, der sie trösten und die Trauer mit ihr teilen konnte. Doch selbst als er nach Styles zurückkehrte, war er mit Agathas in dieser Form nie da gewesenen Niedergeschlagenheit hoffnungslos überfordert. Anstatt einfach ruhig an ihrer Seite zu sein, machte er ihr den gut gemeinten Vorschlag, mit ihm nach Spanien zu reisen, und als Agatha ablehnte, fuhr er allein. Dadurch kam sie offenbar völlig aus dem Gleichgewicht: Ihre Mutter war tot, der Nachlass musste geordnet, Ashfield, das sie geerbt hatte, ausgeräumt werden! Zwar war das Haus seit 1924 unbewohnt gewesen, doch Mobiliar und Hausrat standen noch immer an ihrem Platz. Wie hätte ihr da der Sinn nach Abwechslung unter südlicher Sonne stehen sollen? Doch so wie Agatha Archie nicht verstand, war es auch umgekehrt der Fall, und beide schieden in Unfrieden voneinander.

Während Agatha Ashfield leer räumte und auf diese Weise offenbar auch Trauerarbeit leistete, sah sie Archie nur hin und wieder, wenn er sie besuchte. Als Entschädigung für die lange Trennung war freilich vereinbart, im August einen längeren Urlaub in Italien zu verbringen. Doch daraus sollte nichts mehr werden. Als Agatha nach Styles zurückkehrte, waren sie und Archie einander nicht nur fremd geworden, Archie gestand ihr auch, dass er sich in der Zwischenzeit in eine andere Frau verliebt hatte. Für Agatha brach damit eine Welt zusammen. Trotzdem glaubte sie, es handele sich lediglich um eine vorübergehende Affäre mit Nancy Neele. Tatsächlich kam Archie nach Styles zurück, aber wohl nur wegen Rosalind, die ihren geliebten Vater ebenso vermisste wie er sie.

Doch das Zusammenleben wollte einfach nicht mehr funktionieren. Archie Christie zog endgültig nach London, und Agatha blieb mit dem Trümmerhaufen ihres Lebens allein zurück. Die Tatsache, dass sie immerhin noch ihre kleine Tochter bei sich hatte, konnte sie nicht trösten. Sie wurde immer verzweifelter, konnte sich nicht mehr konzentrieren, nicht mehr schreiben, nicht mehr essen und nicht mehr schlafen. Ja, sie schien ihr Leben überhaupt nicht mehr in den Griff zu bekommen. Diese Demütigung so kurz nach dem Tod ihrer Mutter – das war mehr, als Agatha verkraften konnte. Mehr und mehr dunkle Wolken schienen sich über Styles zusammenzuziehen.

Wo ist Agatha Christie?

Es war wohl nicht so sehr der Umstand, dass Archie nun aus ihrem Leben verschwunden war oder die Befürchtung, nach der Trennung – eine Scheidung kam vorerst nicht in Frage – in eine finanzielle Notlage zu geraten, als vielmehr die Scham, wegen einer anderen verlassen worden zu sein, diese Erniedrigung ihrer Person, die Agatha so verzweifeln ließ.

Im Dezember 1926 nahm die Krise in Agathas Leben bedrohliche Ausmaße an. Am 3. Dezember hatte Carlo einen freien Tag gehabt und war erst in der Nacht nach Styles zurückgekehrt. Zu ihrer Verwunderung musste sie feststellen, dass Agatha nicht zu Hause war. Eine leicht verunsicherte Bedienstete wusste lediglich zu berichten, Mrs. Christie sei am Vormittag mit dem Auto fortgefahren, habe aber nichts Näheres über Ziel und Zeitpunkt der Rückkehr verlauten lassen. So etwas war bislang noch nie vorgekommen und gab daher berechtigten Anlass zur Sorge, die noch erheblich größer wurde, als Polizisten in den frühen Morgenstunden in Styles auftauchten und die erschreckende Mitteilung machten, man habe in einiger Entfernung bei Newlands Corner den verlassenen Morris von Mrs. Christie aufgefunden, und zwar ein ganzes Stück von der Straße entfernt einen Hang hinab. Offenbar hatte sich ein Unfall ereignet – doch von Agatha gab es weit und breit keine Spur. Umgehend wurde eine breit angelegte Suchaktion gestartet, bei der die einsame Gegend durchforstet und Steinbrüche sowie Flüsse und Fischteiche abgesucht wurden. Schließlich bestand Grund zu den schlimmsten Befürchtungen! Spekulationen wurden laut, Agatha habe sich etwas angetan, auch wenn ihr tiefes religiöses Verständnis eigentlich gegen einen Selbstmord sprach. Doch Agatha war und blieb verschwunden. Wenn sie nicht tot war, wo war sie dann? Zehn Tage verstrichen ...

Unterdessen war auch die Presse auf den „Fall Agatha Christie" aufmerksam geworden und spekulierte eifrig mit. Die „Daily News" setzten eine Belohnung von 100 Pfund für Hinweise aus, die zur Vermissten führen konnten. Bei diesem Live-Krimi, der aus der Feder der Autorin hätte stammen könne, verwundert es nicht, dass auch Schriftstellerkollegen mit ihren Vermutungen nicht hinter dem Berg hielten. So mutmaßte Edgar Wallace: „Das Verschwinden scheint ein typischer Fall von psychischer Vergeltungsmaßnahme gegenüber jemandem zu sein, der sie tief verletzt hat. Wenn man es platt ausdrücken wollte, könnte man sagen, dass ihre primäre Handlungsabsicht in dem Wunsch begründet lag, diese unbekannte Person durch ihr Verschwinden zu ängstigen." Wallace vermutete daher, Agatha habe „vorsätzlich eine Selbstmordstimmung geschaffen" und habe sich „in einem emotional aufgeladenen Moment entschlossen, die Nacht im Freien zu verbringen ... Dann könnte sie in einem Hotel abgestiegen sein, um sich von ihrem nächtlichen Abenteuer auszuschlafen."

Hatte Edgar Wallace mit seiner Vermutung Recht? So ganz genau wissen wir es auch heute, fast 80 Jahre später, immer noch nicht. Was bleibt, sind nach wie vor Spekulationen, denn Agatha Christie hat selbst nicht allzu viel dazu beigetragen, ihren „Fall" aufzuklären.

Was also war bis zu jenem Zeitpunkt geschehen, an dem die Gesuchte am 14. Dezember im Hydropathic Hotel in Harrogate/North Yorkshire wieder auftauchte? Dort nämlich hatte Agatha zehn Tage unter dem Namen „Teresa Neele" verbracht, einem Pseudonym, das eine auffällige Ähnlichkeit mit dem Namen ihrer Rivalin aufwies. Nach Angaben der Hotelgäste schien sie in dieser Zeit ganz unauffällig normal und fröhlich gewesen zu sein. Zwar war einigen von ihnen die „frappierende Ähnlichkeit" mit der Krimi-Autorin durchaus nicht verborgen geblieben – schließlich war deren Bild nun ständig in den Zeitungen zu sehen – doch die Hotelleitung hatte dringlich um Diskretion gebeten.

Es ist unklar, wer letzten Endes die Polizei informiert hat. Auf jeden Fall reiste der umgehend benachrichtigte Archie daraufhin unverzüglich nach Harrogate, um seine Noch-Ehefrau als solche zu identifizieren. Doch als er im Hydropathic-Hotel eintraf und Agatha unverhofft am Aufzug begegnete, schien sie ihn nicht zu erkennen, ein – nicht eindeutiger – Fall von Amnesie. Dies war zumindest die offizielle Version, die Archie der Presse gegenüber vertrat: „Sie leidet unter einem fast vollständigen Gedächtnisverlust und ich glaube nicht, dass sie weiß, wer sie ist." Diese rasche „Diagnose" war wohl die einfachste Art, sich der in Scharen angereisten Pressevertreter zu entledigen, die das Hotel natürlich in Windeseile belagert hatten.

Angeblich also konnte sich Agatha an nichts von dem erinnern, was in den zehn Tagen ihres Verschwindens geschehen war. Mit Hilfe eines Psychiaters scheint es ihr dann aber wohl doch gelungen zu sein, ihrem Gedächtnis wieder auf die Sprünge zu helfen. Warum sie Styles verlassen hatte und wie der Morris den Hang hinuntergekommen war, blieb freilich auch weiterhin unklar. Der Psychiater vermutete, Mrs. Christie müsse wohl einen Unfall gehabt und sich dabei eine Gehirnerschütterung zugezogen haben, in deren Folge sie teilweise ihr Gedächtnis verlor. Auf jeden Fall scheint Agatha dann entweder zu Fuß oder mit dem Bus die nächste Ortschaft erreicht zu haben, um von dort aus per Zug zur Waterloo-Station nach London zu fahren. Dort angekommen, soll sie sich in eine Bahnhofsgaststätte gesetzt und einen Kaffee getrunken haben. Dabei muss ihr Blick wohl auf ein Plakat gefallen sein, das für die Heilquellen von Harrogate warb. Vielleicht glaubte sie in ihrem verwirrten Zustand tatsächlich, sie befände sich auf dem Weg dorthin. Wer vermag das schon zu sagen? Vielleicht aber, und das ist sicherlich näher an der Wahrheit, fasste sie erst in diesem Augenblick den Entschluss, nach Harrogate zu fahren. Am Geld sollte es schließlich nicht liegen, davon hatte sie genügend bei sich. Es scheint also, als sei sie gut auf ihr Verschwinden vorbereitet gewesen. Nachdem sie sich in einem Kaufhaus die notwendigen Utensilien für einen Hotel-Aufenthalt besorgt hatte, reiste sie unverzüglich nach Harrogate, in den 20er Jahren als eleganter Kurort bekannt, und stieg im exklusiven Hydropathic-Hotel ab.

Natürlich wurde heftig darüber spekuliert, was Agatha zu ihrem plötzlichen Verschwinden bewogen haben könnte. War es tatsächlich Gedächtnis-Verlust oder möglicherweise ein PR-Gag? Hatte Edgar Walles vielleicht Recht und Agatha wollte Archie durch ihr Verschwinden „bestrafen"? Es scheint eher so, als sei Agathas Flucht ein Hilfeschrei gewesen, der Hilfeschrei einer Frau, die von ihrem Mann verlassen worden war, nun vor den Trümmern ihres Lebensglücks stand und nicht mehr wusste, wie es weitergehen sollte. Geredet hatte sie mit niemandem über jene dunkle Mauer, die sie zu umgeben schien, über ihre Perspektivlosigkeit und ihre tiefe Verzweiflung. Es muss sich also irgendwann das Gefühl eingeschlichen haben, niemand interessiere sich wirklich für ihr Schicksal. Vielleicht hat sie also die Probe aufs Exempel gemacht: Was passiert eigentlich, wenn ich einfach verschwinde?

Ihre Ehe jedoch konnte Agatha Christie nicht mehr retten, sie musste also allein versuchen, einen neuen Anfang zu machen. Und so stimmte sie schließlich auch schweren Herzens der Scheidung zu, so dass Archie seine Nancy Neele heiraten und mit ihr eine glückliche Ehe führen konnte. Doch auch Agatha sollte es nach einer Weile gelingen, aus ihrem Tief heraus zu kommen und ihre Lebenskrise zu überwinden.

Mit dem Orient-Express in ein neues Leben

Agatha Christie musste nun auch die leidvolle Erfahrung machen, dass aller Anfang schwer ist. Als allein stehende Frau fühlte sie sich irgendwie „unvollständig" und hatte nicht unerhebliche Probleme, in ihre neue Rolle hineinzufinden. Kummer bereitete ihr zudem, dass auch Rosalind die Trennung ihrer Eltern nur schwer verkraftete und sowohl ihre frühere Fröhlichkeit vermissen ließ, als auch an Konzentrationsstörungen litt, die sich entsprechend negativ auf ihre schulischen Leistungen auswirkten. Mit der Zeit freilich gewöhnte sich Rosalind an die veränderten Familienverhältnisse, sah ihren Vater, auch in späteren Jahren bis zu seinem Tod 1962, regelmäßig, und das Verhältnis der beiden blieb so herzlich, wie es immer gewesen war.

Um endlich auf andere Gedanken zu kommen, entschied Agatha, gemeinsam mit Rosalind und Carlo mehrere Wochen im milden Klima der Kanarischen Inseln zu verbringen. Dort hoffte sie, endlich ihre Sorgen ein wenig vergessen und wieder mit der Schriftstellerei beginnen zu können. Das Ergebnis ihrer Bemühungen, „The Mystery of the Blue Train" (dt.: Der blaue Express), 1928, kann sicherlich nicht zu ihren besten Büchern gezählt werden, doch hat das Schreiben Agatha zumindest geholfen, so langsam in ihrem Leben wieder Fuß zu fassen, und spätestens nach der Scheidung im April 1928 begannen sich ihre Lebensgeister neu zu regen. Jetzt wollte Agatha auch wieder etwas erleben! Eigentlich war eine Reise in die Karibik geplant, doch dann lernte sie auf einer Abendgesellschaft ein Ehepaar kennen, das soeben aus Bagdad zurückgekehrt war und in höchsten Tönen von den vielfältigen Reizen des Orients schwärmte. Agatha war sofort „infiziert": Nein, nicht die Karibik, Bagdad sollte es sein!

Heutzutage erscheint es uns schier unmöglich, so einfach in die Hauptstadt des Irak zu reisen. Damals freilich war die Situation eine ganz andere. Nach der Kapitulation des Osmanischen Reiches 1918 waren seine früheren Gebiete im Nahen Osten zwischen Frankreich und Großbritannien aufgeteilt und eine Zeit lang als Völkerbundmandate verwaltet worden. Während Syrien und der Libanon an Frankreich fielen, gingen Palästina, Transjordanien sowie der Irak an Großbritannien. Eine Reise nach Bagdad war also weder aufgrund der politischen Gegebenheiten problematisch, noch was die Reisemöglichkeiten betraf: Der legendäre Simplon-Orient-Express, allgemein nur als „Orient-Express" bekannt, brachte die Reisenden von London über Paris, Lausanne, Mailand, Venedig, Triest, Zagreb, Belgrad und Sofia nach Istanbul und auf der anderen Seite des Bosporus bestieg man dann den „Taurus-Express" nach Bagdad.

Der „Orient-Express" war damals keineswegs einzigartig. Seit dem Ende des 19. Jahrhunderts fuhren derartige Luxuszüge sowohl durch Europa als auch durch Amerika. Eigens gegründete Schlafwagengesellschaften boten so den begüterten Touristen eine besonders exquisite Form des Reisens in gepflegtem Ambiente: Edle Schlafabteile, die Bettwäsche war aus feinem Leinen, im Speisewagen wurden zu jeder Mahlzeit die Tische mit edlem Porzellan und Silberbesteck gedeckt, und das Essen selbst entsprach selbstverständlich ebenfalls den Wünschen des anspruchsvollen Genießers.

Solche Zugreisen waren und blieben Agathas liebste Form des Reisens und Flugzeuge hat sie später nur eher unwillig bestiegen. Sie bevorzugte nicht nur das eher Gemächliche der Fortbewegung, sondern auch die Möglichkeit zum intensiven Beobachten von vorbeiziehender Landschaft und ungewöhnlichen Mitreisenden. Insbesondere im „Orient-Express" pflegte ein bunte Mischung unterwegs zu sein: Touristen und Abenteurer, Geschäftsleute, Politiker sowie adelige Müßiggänger, Künstler, Kurtisanen, Betrüger und Spione. Diese Mixtur war es auch, die Agatha später zu ihrem 1934 erschienenen Roman „Mord im Orient-Express" inspirieren sollte, der auf einem tatsächlichen Erlebnis beruhte: Auf der Rückreise von Ninive war der Zug Agatha Christies im Winter 1931 im griechisch-türkischen Grenzgebiet in einer Schneewehe stecken geblieben und konnte längere Zeit nicht weiterfahren. Dieser unfreiwillige Aufenhalt bot der Schriftstellerin ausreichend Gelegenheit, ihre Mitreisenden zu studieren und die Charaktere in ihren nächsten Roman „einzuarbeiten".

Doch kehren wir zunächst ins Jahr 1928 zurück. Nur wenige Tage, nachdem Agatha beschlossen hatte, nach Bagdad zu reisen, konnte es bereits losgehen. Der Zug brachte sie von Victoria-Station in London nach Dover, von wo aus sie mit der Fähre über den Kanal setzte. Drei Tage dauerte die Fahrt im „Orient-Express", der von Calais bis Istanbul 3342 Kilometer zurücklegte. Agatha hatte also ausgiebig Zeit, sich von der einen, ihr bekannten Welt zu verabschieden, um allmählich in eine andere, zunehmend fremdere einzutauchen. In Istanbul angekommen, übernachtete sie in einem Hotel, um dann am nächsten Tag mit dem „Taurus-Express" weiter nach Bagdad zu fahren. Das ging freilich nicht ganz so bequem wie mit dem

„Orient-Express", denn noch war die durchgehende Verbindung nicht hergestellt, und die Reisenden mussten streckenweise in Busse umsteigen, eine besonders bei den hohen Temperaturen und schlechten Straßen äußerst anstrengende Prozedur.

Trotz aller Strapazen genoss Agatha Christie die durchaus abwechslungsreiche Reise, auf der sie von einer Faszination des Orients ergriffen wurde, die sie auch fortan nicht mehr losließ. Der Zufall nämlich wollte es, dass sie während ihres Aufenthalts in Bagdad einen bekannten Archäologen kennen lernte, der in Ur mit Grabungen beschäftigt war. Der im Auftrag des British Museum arbeitende Leonard Woolley lebte mit seiner Frau Katherine und verschiedenen Mitarbeitern zu jener Zeit in einem archäologischen Camp, das Agatha bei einem Abstecher von Bagdad nach Ur besucht hatte. Von den Ausgrabungen indes war sie eher enttäuscht gewesen: die Ruine des Tempelturmes, die Reste des Palastes aus dem 6. vorchristlichen Jahrhundert und auch der so genannte Königsfriedhof waren nicht gerade dazu angetan, archäologische Laien wie Agatha sonderlich zu beeindrucken. Doch Agatha erhielt die unerwartete Möglichkeit, mehr über Ur und seine Geschichte zu erfahren. Woolleys Frau Katherine war nämlich eine begeisterte Leserin der Bücher von Agatha Christie, und obwohl Gäste in archäologischen Camps normalerweise nur äußerst ungern geduldet waren, lud sie die berühmte Schriftstellerin ein, die nächsten Wochen mit ihnen in Ur zu leben. Neugierig geworden, sagte Agatha zu und verbrachte diese Zeit zwischen Tempelturm und Königsfriedhof, der ihr längst nicht mehr so langweilig erschien, nachdem Woolley ihr erzählt hatte, dass man dort vor kurzem dicht unter der Oberfläche zahlreiche Grabbeigaben gefunden hatte, und zwar nicht nur Waffen und Gefäße, sondern auch reichen Goldschmuck. Agathas Neugier und Phantasie waren geweckt, und als sie sich am Ende ihres Urlaubs von den Woolleys verabschieden musste, versprach sie, so schnell wie möglich wiederzukommen.

Miss Marple

Die Reise in den Orient hatte Agatha endgültig ihre alte Kraft zurückgegeben und voller Energie begann sie das Jahr 1929. Als Erstes verkaufte sie Styles und zog mit Rosalind und Carlo nach Chelsea. In diese endlich wieder kreative Phase fiel auch die Geburt der weltberühmten altjüngferlichen Amateurdetektivin aus St. Mary Mead: Miss Marple. Der Name „Marple" hatte seinen Ursprung in Marple Hall, einem beeindruckenden roten Sandsteingebäude, das Agatha von einer Auktion in guter Erinnerung hatte, auf der sie ein paar hübsche Stücke ersteigern konnte. Auch Miss Marples Charakterzüge hatten ein Vorbild aus Agathas Umgebung, ähnelte sie doch Großmutter Margaret: „Obwohl sie selbst eine fröhliche Person war, erwartete sie von allem und jedem das Schlechteste, und mit einer geradezu erschreckenden Häufigkeit stellte sich ihre Vorahnung als richtig heraus." Miss Marple freilich war „viel nervöser und altjüngferlicher" als die Großmutter, denn Agatha hatte auch die Eigenarten anderer alter Damen einfließen lassen, die sie bei Granny Margaret im Laufe der Jahre kennen gelernt hatte.

Miss Marple tauchte erstmals im Jahr 1930 in „Murder at the Vicarage" (dt.: Mord im Pfarrhaus) auf, um von da an gewissermaßen unsterblich zu werden, nicht zuletzt auch durch Margaret Rutherford (1892–1972), die die schrullig-liebenswerte Hobby-Detektivin in insgesamt vier Agatha-Christie-Verfilmungen verkörpert hat. Ihren umjubelten Einstand feierte sie 1961 mit „16 Uhr 50 ab Paddington", und lehrte danach noch so manchem gerissenen Mörder das Fürchten. Doch auch wenn Margaret Rutherford der älteren Agatha Christie erstaunlich ähnlich sah (was gewiss kein Zufall gewesen sein dürfte), so ist die Autorin selbst nie so recht glücklich mit den Miss-Marple-Filmen gewesen. Auch das Erscheinungsbild der Protagonistin gefiel ihr ganz und gar nicht: Miss Marple sollte schließlich nicht ihr eigenes Ebenbild sein, sondern eine eher große und hagere alte Dame mit viel Freude am Dorfklatsch. Und ein solches Hobby konnte der zurückhaltenden Agatha gewiss niemand unterstellen!

Max Mallowan

Im Sommer 1929 erhielt Agatha eine Nachricht von Leonard und Katherine Woolley, die sich vorübergehend in England aufhielten und nun nach einer geeigneten Unterkunft suchten. Gastfreundlich stellte ihnen Agatha ihr eigenes Haus zur Verfügung – und wurde im Gegenzug von dem Archäologen-Paar eingeladen, im nächsten Frühjahr erneut nach Ur zu kommen, und anschließend gemeinsam mit ihnen eine Reise durch Syrien und Griechenland zu unternehmen. Wie zu erwarten, ließ sich Agatha Christie nicht lange bitten und reiste im Februar 1930 erneut im „Orient-Express" gen Bagdad.

Im archäologischen Camp in Ur lernte sie diesmal einen jungen Mitarbeiter Woolleys kennen, den sie bei ihrem letzten Besuch noch nicht dort gesehen hatte. Es handelte sich um den 25-jährigen Max Mallowan, der gewissermaßen als Woolleys rechte Hand fungierte. Zuverlässig und geschickt wie er war, konnte man ihn mit allen möglichen Aufgaben betrauen, unter anderem auch damit, für Agatha auf der Reise durch Syrien und Griechenland den „Fremdenführer" zu spielen. Anfangs war es Agatha ein wenig peinlich, dem jungen Mann, wie sie es sah, zur Last fallen zu müssen, doch schon bald begann sie, seine Gesellschaft zu genießen, denn Max Mallowan war ein freundlicher und humorvoller Reisegefährte, der nicht nur interessant zu erzählen und erklären verstand, sondern sich auch in Gegenwart der „prominenten Agatha" völlig natürlich und unbefangen gab. Aber die Reise fand ein vorzeitiges Ende: Als beide in Athen Station machten, erwartete Agatha im Hotel bereits ein ganzer Stapel Telegramme mit beängstigendem Inhalt: Rosalind, die wie immer in der Obhut ihrer Tante Magde geblieben war, hatte sich eine Lungenentzündung zugezogen und ihr Zustand gab allen Anlass zur Besorgnis. Agatha musste also auf der Stelle nach England zurück! Als sie sich in der Eile auf dem Weg zum Reisebüro auch noch den Knöchel verstauchte, fühlte sie sich einem Nervenzusammenbruch nahe. In dieser trostlosen Situation tat ihr junger Begleiter genau das Richtige: Er bot der Autorin an, sie bis Paris zu begleiten, als praktischer Helfer einerseits und als Seelentröster andererseits. Als Max in Paris ausstieg, ging es Agatha schon wieder ein wenig besser. Allein fuhr sie weiter nach London, wo sich die kranke Rosalind zum Glück wieder auf dem Wege der Besserung befand.

Schon bald gab es eine Gelegenheit zum Wiedersehen mit ihrem freundlichen Helfer. Max Mallowan arbeitete vorübergehend im Britischen Museum in London, und um sich für seine selbstlose Reisebegleitung zu revanchieren, lud ihn Agatha kurzerhand nach Ashfield ein, das nach dem Tod von Mutter Clara der Familie als Ferienhaus diente. Max Mallowan reiste also für einige Tage nach Torquay – und sein Aufenthalt endete mit einem unerwarteten Antrag: Nachdem man miteinander einige unbeschwerte Tage verbracht, gemeinsam mit Rosalind Ausflüge unternommen und Picknicks veranstaltet hatte, bat er Agatha an seinem letzten Abend völlig unvermittelt, seine Frau zu werden. Die Autorin war wohl vollkommen verblüfft und meinte zunächst einmal, Max solle sich diese Idee aus dem Kopf schlagen. Immerhin sei sie vierzehn Jahre älter als er! Doch Max entgegnete, Agatha sei die Frau seines Lebens. Auch Agatha musste sich eingestehen, dass sie für Max Mallowan mehr als nur freundschaftliche Gefühle empfand, doch bat sie um Bedenkzeit.

Also trennte man sich zunächst ohne feste Zusage. Doch als Max nur kurze Zeit später noch einmal schriftlich nachfragte, ob es ihr etwas ausmache, ihre Zukunft mit jemandem zu verbringen, der „die Toten ausgrabe", antwortete die Krimi-Autorin voller Enthusiasmus: „Ich liebe Leichen!" Damit war die Hochzeit abgemachte Sache.

Agatha und Max heirateten am 11. September 1930. Um den Altersunterschied ein wenig zu verwischen, gaben beide in der Heiratsurkunde falsche Geburtsdaten an: Agatha wurde auf diese Weise 37 statt 40 Jahre, Max 31 statt 26 Jahre alt. Es folgten „Flitterwochen" in Italien und Griechenland, doch dann mussten sich die Wege der beiden schon wieder trennen: Max, der auch weiterhin für Woolley arbeitete, hatte am 15. Oktober wieder in Bagdad zu sein, und Agatha kehrte mit gemischten Gefühlen nach London zurück. Max würde sie erst in einem halben Jahr wieder sehen, denn die Anwesenheit von Ehefrauen, hatte Woolley klar gemacht, würde bei der Ausgrabung nur störend wirken.

„Der Zauber der Vergangenheit" – die Archäologie

Im Frühjahr 1931 reiste Agatha dann aber doch nach Ur, um mit Max die letzten Ausgrabungstage zu verbringen und anschließend mit ihm durch Persien und die Sowjetunion zu reisen. Es war das letzte Mal, dass Max für Leonard Woolley im Irak arbeitete, denn die lange Trennung von seiner Ehefrau hatte ihm ganz und gar nicht gefallen. Also suchte er sich einen neuen Arbeitgeber, der nichts gegen Agathas Anwesenheit im archäologischen Camp hatte und fand ihn in Reginald Campbell Thompson, der damals gerade Grabungen im syrischen Ninive leitete.

Für Agatha Christie begann damit ein völlig neues Leben, ein Leben zwischen zwei Welten. Von nun an verbrachte sie in den kommenden Jahren alljährlich mehrere Monate mit Max im Orient und den Rest des Jahres daheim in London. Rosalind war derweil in Internaten und Pensionaten untergebracht und sah ihre Mutter lediglich in den Ferien.

In Ninive begriff Agatha, was das Leben an der Seite eines Archäologen wirklich bedeutete: „Der Zauber der Vergangenheit nahm mich gefangen", schrieb sie in ihrer Autobiografie, „die Sorgfalt, mit der Töpfe und Krüge ans Tageslicht geholt wurden, erfüllte mich mit dem sehnsüchtigen Verlangen, selbst Archäologin zu sein." Tatsächlich versuchte Agatha Christie ihr Bestes, sich im archäologischen Camp nützlich zu machen: Nachdem sie sich zuerst – allerdings ohne großen Erfolg – im Zeichnen der Keramik versucht hatte, half sie nun beim Reinigen, Zusammensetzen und Etikettieren der Fundobjekte, doch ihre Hauptaufgabe wurde schon bald das Fotografieren der archäologischen Funde – für die wissenschaftliche Dokumentation einer Grabung unabdingbar.

Auch wenn Agatha ihr Leben in der Wüste scherzhaft als „le camping" zu bezeichnen pflegte, so war es doch weit von einem „Zeltlager-Dasein" entfernt. In Ninive wohnten Agatha und Max in einem kleinen gemieteten Haus mit verschiedenen Lagerräumen vergleichsweise komfortabel. Und wie daheim in England, so stand Agatha auch in Syrien genügend Personal zur Verfügung, eine Köchin, mehrere Diener sowie ein Chauffeur, den man auch mit den Einkäufen beauftragen konnte. Und wie daheim in England, legte Agatha auch in der Wüste großen Wert auf gutes und reichliches Essen. War sie in jungen Jahren stets sehr schlank gewesen, so hatte sie nun mit Mitte Vierzig ganz erheblich an Gewicht zugelegt und sich zu jener etwas matronenhaften Gestalt entwickelt, die man allgemein mit Agatha Christie in Verbindung bringt. Um ihrem Schlemmer-Hobby auch fern der Heimat frönen zu können, hatte die Schriftstellerin alle notwendigen Utensilien in ihrem Reisegepäck: Puddingschalen, Steakplatten, Kuchenformen, ja selbst ein Weinsieb durfte nicht fehlen.

Bei dieser durchaus bequemen Form des „le camping" verwundert es nicht, dass Agatha Christie neben ihren „archäologischen" Arbeiten auch genügend Zeit und Muße zum Schreiben fand, denn neue Anregungen für ihre Krimis erhielt sie in der Wüste zur Genüge. So waren ihre Bücher damals von Personen und Ereignissen inspiriert, die sie bei ihren Orient-Aufenthalten erlebt hatte: „Murder in Mesopotamia" (dt.: Mord in Mesopotamien) 1936, „Appointment with Death" (dt.: Rendezvous mit einer Leiche) 1938 sind nur zwei Beispiele für ihre „Wüsten-Krimis". Auch wenn Agatha Christie in ihren Büchern, darunter in „Come Tell Me How You Live" (dt.: Erinnerung an glückliche Tage) 1946, in dem sie von ihren Erlebnissen in Syrien berichtete, weit davon entfernt war, Leben und Kultur des Orients direkt als minderwertig darzustellen, so ist eine gewisse herablassende Haltung der Autorin nicht zu übersehen, vor allem, was Fragen der Ordnung, Pünktlichkeit und Hygiene betrifft. Dennoch war Agatha Christie durchaus in der Lage, über einen einheimischen Diener, der das Geschirr mit schmutzigen Betttüchern abzutrocknen pflegte, ehrlich zu schmunzeln, ohne sich über solcherlei gewöhnungsbedürftige Reinigungspraktiken wirklich aufzuregen. Kritik an den politischen Verhältnissen, an dem Kolonialsystem überhaupt, sucht man bei Agatha Christie freilich vergebens. Als ohnehin eher unpolitischer Mensch nahm sie die französische und englische Mandatsherrschaft im Nahen und Mittleren Osten gelassen hin und unterschied sich damit ganz erheblich von den meisten britischen Orientreisenden jener Zeit, wie beispielsweise Gertrude Bell.

Bei alledem darf man nicht vergessen, dass Agatha Christies Elternhaus von den viktorianischen Werten der oberen Mittelklasse geprägt war, Werten, die sie sich weitgehend ebenfalls zu Eigen gemacht hat. Agatha Christies Grundeinstellung hinsichtlich Politik und Moral war durchaus konservativ: „Meine gute alte Zeit", so nannte sie denn auch ihre 1950 verfasste Autobiografie, in der sie unverhohlen jenen längst vergangenen Tagen nachtrauerte, in denen gutes Dienstpersonal noch preiswert zu haben war. Doch die „gute alte Zeit" neigte sich nun einmal ihrem Ende entgegen, und auch der verheerende Zweite Weltkrieg warf seine Schatten voraus.

Kriegsjahre

Der Ausbruch des Zweiten Weltkriegs setzte nicht nur den alljährlichen Grabungsaufenthalten in Syrien und Irak ein jähes Ende, er trennte auch Agatha und Max Mallowan erneut für eine lange Zeit. Nachdem sich Max bei Kriegsausbruch zunächst zur Bürgerwehr gemeldet hatte, wurde er 1941 als Nahost-Experte in Kairo eingesetzt und der Kontakt zwischen den Eheleuten war über Jahre auf einen ausgiebigen Briefwechsel beschränkt. Agatha leistete derweil wieder einmal Freiwilligenarbeit in einem Londoner Krankenhaus, und nutzte die restliche ihr zur Verfügung stehende Zeit unverdrossen zum Schreiben, scheinbar nur wenig beeindruckt von den zahlreichen Bombenangriffen auf London.

Rosalind war inzwischen erwachsen. Als „höhere Tochter" hatte auch sie eine Weile im Ausland verbracht, dann aber 1941 einen Berufssoldaten geheiratet und Agatha Christie 1943 mit der Geburt des Sohnes Mathew zur Großmutter gemacht. Mathew blieb der einzige Enkel der Schriftstellerin und bis zu ihrem Tod hing sie an dem Jungen mit einer zärtlichen Liebe, die sie für ihre Tochter so wohl nie empfunden hat.

Agatha war über fünfzig Jahre alt, als sie sich endlich entschloss, sich von ihrem Elternhaus zu trennen und Ashfield zu verkaufen. Schon länger hatte sie einen Verkauf erwogen, zumal das Haus kaum noch genutzt wurde, sich aber nie so recht entscheiden können. Der Krieg aber, der so vieles veränderte, schien ihr wohl der rechte Zeitpunkt für eine solche Zäsur in ihrem Leben zu sein.

Im Mai 1945 war die Zeit des bangen Wartens endlich beendet. Max kehrte unversehrt aus dem Nahen Osten zurück und er und Agatha hofften inbrünstig, ihr altes Leben „zwischen zwei Welten" schon bald wieder aufnehmen zu können.

„Die Mausefalle"

Schon kurz nach dem Ende des Zweiten Weltkriegs stiegen die Verkaufszahlen der Agatha-Christie-Krimis wieder steil in die Höhe. Sie waren ganz offensichtlich die geeignete Lektüre für all jene, die sich von den Schrecken des Krieges und den Entbehrungen der Nachkriegszeit ein wenig mit unterhaltsamen Geschichten ablenken wollten, Geschichten, die zudem noch in der „guten alten Zeit" spielten.

Es war allgemein bekannt, dass Agatha Christies Kriminalromane auch im englischen Königshaus gelesen wurden. Aus diesem Grund wollte die BBC im Frühjahr 1947 der außergewöhnlich beliebten Queen Mum Mary (1867–1953), Witwe des 1936 verstorbenen George V., zum 80. Geburtstag ein ganz besonderes Geschenk machen: Wie andere Mitglieder der Königsfamilie auch, war Queen Mum nämlich ein begeisterter Christie-Fan und wünschte sich nun ein Hörspiel von ihrer Lieblingsautorin. Die BBC griff diesen Wunsch auf und bat Agatha Christie jenes Stück zu schreiben, das inzwischen als „Die Mausefalle" weltberühmt geworden ist. Was am 26. Mai 1947 unter dem Titel „Three Blind Mice" als halbstündiges Hörspiel gesendet worden war, wurde fünf Jahre später, nunmehr unter dem neuem Titel „The Mousetrap", am 25. November 1952 auf der Bühne uraufgeführt. Das Stück, in dem so großartige Schauspieler wie Richard Attenborough und seine Frau Sheila Sim mitwirkten, wurde ein Publikumsrenner, auch wenn es Theaterkritikern bis heute ein Rätsel ist, woher dieser Erfolg rührt. Noch heute, fünfzig Jahre später, wird das Stück im Londoner Westend gespielt. Am 16. November 2000 konnte die 20 000. Vorstellung gefeiert werden und es ist damit das Stück mit der weltweit längsten Spieldauer.

Doch zurück ins Jahr 1947. Nach dem Zweiten Weltkrieg wurde Max zum Ersten Vorsitzenden der Abteilung für westasiatische Archäologie an der Universität London ernannt und erhielt in dieser Funktion den Auftrag, in Nimrud im Irak zu graben. Endlich – 1949 – war es wieder so weit, und natürlich war auch Agatha Christie wieder mit von der Partie! Für weitere zehn Jahre pendelte man nun zwischen London und Bagdad hin und her und führte das abwechslungsreiche Leben weiter, das durch die Kriegsjahre unterbrochen worden war. Und wieder war es ein „le camping" der bequemen Art. In Bagdad hatten Agatha und Max ein recht komfortables Haus direkt am Tigris gemietet, und wenn Agatha nicht gerade fotografierte oder die Funde säuberte und registrierte, so widmete sie sich dem Schreiben. Es war eine ausgesprochen produktive Phase der Schriftstellerin: Pro Jahr entstand mindestens ein Detektivroman, dazu kamen etliche Kurzgeschichten und hin und wieder auch ein Theaterstück.

Ruhiger Lebensabend

Nach dem Abschluss der Grabungen in Nimrud 1958 war das Leben in der Wüste endgültig vorbei. Doch da Agatha inzwischen auf die „Siebzig" zuging, war es ohnehin an der Zeit, das Leben ein wenig ruhiger zu gestalten. Mit dem Schreiben aufzuhören, daran verschwendete sie freilich keinen Gedanken! Agatha und Max gingen gerne und oft ins Theater, genossen hin und wieder ein gutes Essen in einem Restaurant für Feinschmecker oder besuchten Rosalind, die, nachdem ihr Mann im Krieg gefallen war, inzwischen wieder geheiratet hatte. Ihre

Urlaubswochen verbrachten sie in Zypern oder Österreich, und Agatha, die als junges Mädchen bekanntlich mit dem Gedanken gespielt hatte, Sängerin zu werden, entdeckte auch ihre alte Liebe zur Musik wieder und reiste mehrere Male zu den Richard-Wagner-Festspielen nach Bayreuth.

Nachdem die Autorin bereits 1956 mit dem Orden des British Empire ausgezeichnet worden war, wurde ihr 1961 die Ehrendoktorwürde der Universität Exeter verliehen. Zehn Jahre später wurde sie zur „Dame of the British Empire" ernannt und durfte sich, wenn sie wollte, mit ihrem offiziellen Titel „Dame Agatha" schmücken. Damit hatte sie mehr erreicht, als sie je zu träumen gewagt hatte, als sie seinerzeit, grippekrank im Bett liegend, ihre ersten Schreibversuche wagte.

1973 setzte ein Schlaganfall Agatha Christies schier unerschöpflicher Krimiproduktion schließlich ein Ende, und die bis dahin so rüstige alte Dame begann nun rapide zu altern. Ihren letzten öffentlichen Auftritt hatte sie bei der Weltpremiere der Verfilmung ihres Romans „Mord im Orientexpress" im Dezember 1974, bei der auch Queen Elizabeth II. anwesend war. Der Film, nicht nur ein Kassen-, sondern gleichermaßen ein Kritikererfolg, erhielt 1975 sechs Oscar-Nominierungen und brachte Ingrid Bergmann schließlich den Oscar für die beste weibliche Hauptrolle.

Agatha Christie hatte sich zu diesem Zeitpunkt schon längst aus der Öffentlichkeit zurückgezogen. Sie starb am 12. Januar 1976 im Alter von 85 Jahren, nachdem sie mehr als achtzig Mal mit List und Leidenschaft „gemordet" hatte. Nur rund zwei Jahre später folgte ihr auch Max in den Tod.

„Anastasia" alias Anna Anderson alias Franziska Schanzkowski

„Es hat gar kein Massaker gegeben ..." –
Eine Hochstaplerin narrt die Welt

Was geschah in Jekaterinburg?

Mehr als sieben Jahrzehnte lang rätselte die Welt, ob es sich bei jener sonderbaren Frau, die sich später Anna Anderson zu nennen pflegte, tatsächlich um die 1901 geborene Anastasia Romanowa handelte, die jüngste Zarentochter, die wie durch ein Wunder das Massaker von Jekaterinburg überlebt hatte. „Anastasia" hat ihr Geheimnis mit ins Grab genommen, und es ist nur einer Kette von Zufällen zu verdanken, dass ihre wahre Identität schließlich doch noch festgestellt werden konnte.

Anastasia Romanowa war ein Kind des russischen Zaren Nikolaus II. (1868–1918) und seiner Gemahlin Alexandra Fjodorowna (1872–1918), einer geborenen Prinzessin Alix von Hessen-Darmstadt, Enkelin von Queen Victoria. In Zarskoje Selo vor den Toren von St. Petersburg, wo die Zarenfamilie abgeschirmt von der Öffentlichkeit ihre private Idylle pflegte, verbrachte die am 18. Juni 1901 geborene Anastasia ihre offenbar recht heiteren Kinderjahre. Freilich lagen über dem Familienglück bereits dunkle Schatten.

Nikolaus II., der 1894 seinem Vater Alexander III. folgte, war nicht die Persönlichkeit, dessen despotischen Regierungsstil durchzusetzen, gleichzeitig hatte er auch nicht die Kraft, längst überfällige Reformen in Angriff zu nehmen, um so der immer größer werdenden Unzufriedenheit im Lande begegnen zu können. Die schwere Niederlage gegen Japan sowie der katastrophale „Blutsonntag von St. Petersburg" im Jahr 1905 un-

157

tergruben das Ansehen der Krone schließlich noch weiter. Der Zarenthron hatte spürbar zu wackeln begonnen.

Hingegen war Nikolaus II. seinen fünf Kindern ein durchaus liebevoller Familienvater. Nach Olga (*1895), Tatjana (*1897), Marija (*1899) und Anastasia (*1901) schien mit der Geburt des lang ersehnten Zarewitsch Alexej 1904 das Familienglück perfekt zu sein. Doch dann stellte sich schon bald heraus, dass der Thronfolger an der erblichen Bluterkrankheit litt, deren Bekämpfung schließlich der schillernden Figur eines Rasputin die Türen der Zarenfamilie öffnen sollte, was sie bekanntlich noch einen Schritt weiter an den Abgrund rückte.

Der Erste Weltkrieg brachte den Untergang des Zarenreiches. Am 8. März 1917 brach die Revolution aus, und nur wenige Tage später musste Nikolaus II. abdanken. Nachdem er und seine Familie zunächst in Zarskoje Selo unter Hausarrest standen, wurden sie nach der Machtübernahme Lenins im Oktober 1917 nach Jekaterinburg im Ural gebracht. Dort lebten sie mehrere Monate in quälender Ungewissheit, was mit ihnen geschehen sollte, zumal sich der mit ihnen verwandte englische König George V. weigerte, der Zarenfamilie auf der Insel ein sicheres Exil zu gewähren. Und so war ihr Schicksal besiegelt, als bekannt wurde, dass sich antibolschewistische „weiße Truppen" der Gegend näherten und sich anschickten, Nikolaus II. und seine Familie zu befreien. Die örtlichen Kommunisten erhielten nämlich den Befehl, genau das zu verhindern.

In der Nacht vom 16. zum 17. Juli 1918 wurden die Romanows von ihren Bewachern aus dem Schlaf gerissen. Man teilte ihnen mit, dass sie aus Sicherheitsgründen aus Jekaterinburg fortgebracht würden. Ahnungslos kleidete sich die Herrscherfamilie daraufhin an und begab sich zusammen mit ihrem Leibarzt Dr. Botkin und drei Bediensteten in einen Raum im Erdgeschoss des Hauses. Dort, so war ihnen gesagt worden, sollten sie auf ihren Abtransport warten. Stattdessen fielen die tödlichen Schüsse …

„*Anastasia*" *(1896–1984),*
die angebliche Zarentochter

Foto, 1927

„Fräulein unbekannt"

Am 18. Februar 1920 verfasste ein Berliner Polizeibeamter einen Bericht mit folgendem Inhalt: „Gestern Abend um 21 Uhr sprang ein etwa 20-jähriges Mädchen in selbstmörderischer Absicht in den Landwehrkanal. Es wurde durch einen Polizeiwachtmeister gerettet und in das Elisabeth-Krankenhaus in der Lützow-Straße eingeliefert. In seinem Besitz wurden weder Ausweispapiere noch Wertgegenstände irgendwelcher Art gefunden. Die Lebensmüde verweigerte sowohl Angaben zur Person als auch Auskünfte über die Gründe, die sie zu dem Selbstmordversuch veranlassten."

Nachdem sie sich also hartnäckig geweigert hatte, ihre Identität preiszugeben, wurde sie als „Fräulein unbekannt" in eine Dalldorfer Klinik eingeliefert, die man damals noch unumwunden als „Irrenhaus" bezeichnete. Achtzehn Monate lang vegetierte sie dort dahin, und auch wenn sie weder über sich und ihre Vergangenheit noch über die Motive sprach, die sie zu ihrem Selbstmordversuch veranlasst hatten, so merkte das Pflegepersonal doch schon bald, dass man es hier mit einem zutiefst verzweifelten Menschen zu tun hatte, der Schlimmes durchgemacht haben musste. Als sie nach Monaten des Schweigens dann endlich anfing zu reden, war ihre Umgebung zudem erstaunt, dass sich hinter dem heruntergekommenen Äußeren der Patientin eine offensichtlich gebildete Frau vornehmer Herkunft verbarg. Zumindest wusste sie außerordentlich gut Bescheid über die russische Geschichte sowie das Leben der letzten Zarenfamilie, deren Schicksal nach wie vor nicht so ganz geklärt war.

Eines Tages dann blätterte ihre Bettnachbarin in der „Berliner Illustrierten" und stieß dabei auf einen bebilderten Artikel über den ermordeten Zaren und seine Familie. Als sie die Fotos näher betrachtete, glaubte sie plötzlich zu wissen, um wen es sich bei ihrer seltsamen Mitpatientin handelte: Es war Großfürstin Tatjana! Auch die herbeigerufenen Krankenschwestern waren sich sicher, dass man nun endlich die wahre Identität von „Fräulein unbekannt" entdeckt hatte, denn die Ähnlichkeit mit der Zarentochter war tatsächlich nicht zu verkennen.

Die freilich schwieg dazu auch weiterhin beharrlich. Die Klinik bemühte sich daher, Kontakt zu noch lebenden Romanow-Verwandten aufzunehmen und erreichte schließlich, dass eine frühere Hofdame der Zarin, Sophie Buxhoeveden, eigens nach Dalldorf kam, um die junge Frau zu identifizieren. Das Ergebnis freilich war enttäuschend, denn Tatjana, so befand Frau Buxhoeveden nach eingehender Betrachtung, sei zweifelsohne größer gewesen.

Mittlerweile aber hatte man sich offenbar derart an den Gedanken gewöhnt, eine Zarentochter in der Klinik zu haben, dass man unbedingt daran festhalten wollte. Wenn „Fräulein unbekannt" nicht Tatjana war, dann war sie vielleicht die kleinere Anastasia! Und tatsächlich:

Zwei Jahre, nachdem man sie aus dem Landwehr-Kanal gezogen hatte, gab „Fräulein unbekannt" zu: Ja, ich bin tatsächlich Anastasia, das einzige Mitglied der Familie, das das Massaker von Jekaterinburg überlebt hat!

„Ich sah sofort, dass sie nicht meine Nichte sein konnte"

Nun schien es keinen Grund mehr zu geben, „Anna", wie sich die Patientin nannte, weiter in der Klinik zu behalten. Sie wurde in die Obhut einer der zahlreichen russischen Emigrantenfamilien gegeben, die sich damals in Berlin aufhielten, und die nahezu alle daran interessiert waren, das Schicksal der vermeintlichen Zarentochter aufzuklären. Die meisten glaubten ihr, dass sie Anastasia war, einfach, weil sie es glauben wollten.

Das mysteriöse Verschwinden der russischen Zarenfamilie im Juli 1918 hatte einen fruchtbaren Boden bereitet, auf dem allerlei Spekulationen, Fehlinformationen sowie Betrügereien üppig wuchern konnten. Und so gab es damals etliche Männer und Frauen, die behaupteten, ein Mitglied der Romanow-Familie zu sein und das Massaker von Jekaterinburg überlebt zu haben. Ja, selbst dem Bluter Alexej war es angeblich gelungen, sich trotz Schusswunden nach Amerika durchzuschlagen! Ursprung und Nährboden dieser Legenden war zum einen die

Tatsache, dass die Leichen der Getöteten spurlos verschwunden waren. Zum anderen aber waren es die absichtlichen Falschinformationen, die Lenins Regierung damals durch den Rundfunk hatte verbreiten lassen. Da hatte es nämlich zunächst geheißen, nur Nikolaus II. sei erschossen worden, wohingegen sich seine Frau und Kinder in Sicherheit befänden. Erst ganz allmählich kam die schreckliche Wahrheit ans Tageslicht, doch da man inzwischen nicht mehr wusste, was man nun glauben sollte oder nicht, wurde es auch weiterhin für durchaus wahrscheinlich gehalten, dass es noch Überlebende gab.

Denen, die es hören wollten, berichtete „Anastasia" nun von ihrer wunderbaren Rettung. Zwar sei auch sie von Bajonettstichen und Revolverkugeln getroffen worden, doch sie habe lediglich das Bewusstsein verloren, und als sie wieder zu sich kam, sei sie bei der Familie eines Soldaten namens Alexander Tschaikowsky gewesen, jenes Mannes, der sie im letzten Moment vor den Mördern gerettet hatte. Anschließend sei man gemeinsam nach Rumänien gereist, wo ihr Wohltäter dann offenbar erschossen wurde und sie sich so allein nach Berlin durchschlagen musste. Die Reise habe sie mit in ihren Kleidern eingenähten Schmuckstücken finanziert. Das war zumindest eine Variante der Geschichte. In einer anderen hatte sie Tschaikowsky sogar 1919 geheiratet und einen Sohn mit ihm, den sie jedoch in einem Waisenhaus in Bukarest zurückgelassen hatte. Auf jeden Fall wollte sie in Berlin ihre Tante aufsuchen, Irene von Preußen, eine Schwester der Zarin, die mit dem Bruder des ehemaligen deutschen Kaisers Wilhelm II. verheiratet war. Dann aber habe sie niemanden angetroffen oder sei aufgrund ihres heruntergekommenen Zustands nicht zu ihr vorgelassen worden und da sie sich nun völlig allein gelassen fühlte und nicht mehr weiter wusste, habe sie sich in ihrer Verzweiflung in den Landwehrkanal gestürzt.

Die Geschichte schien durchaus glaubhaft zu sein, obwohl eine Überprüfung ergab, dass es 1918 in Jekaterinburg weder einen Soldaten mit Namen Tschaikowsky gegeben hatte, noch ein Mann dieses Namens zum fraglichen Zeitpunkt in Bukarest ums Leben gekommen war. Auch in den Waisenhäusern suchte man vergebens nach dem angeblichen Sohn. Doch das alles musste ja nichts heißen. Immerhin sprach für „Anastasia", dass ihr Körper mit Wunden übersät war, die durchaus von Schuss- und Stichverletzungen stammen konnten. Zudem schien sie vermeintliche Familiengeheimnisse zu kennen. Es dauerte daher nicht lange, bis sich auch die europäischen Fürstenhäuser in den Jahren zwischen 1922 und 1925 für „Anastasia" zu interessieren begannen.

Die Meinungen freilich waren durchaus geteilt. Während die einen eine Übereinstimmung der Identität der Unbekannten mit der russischen Großfürstin energisch bestritten, waren andere wiederum fest davon überzeugt, Anastasia Romanowa vor sich zu haben. Nur Anastasias Großmutter, Zarinwitwe Maria, die nun wieder in ihrer Heimat Dänemark lebte, weigerte sich bis zu ihrem Tod 1928 hartnäckig, ihre vermeintliche Enkelin aufzusuchen.

Irene von Preußen, die an jenem fraglichen Februarabend 1920 angeblich nicht zu Hause gewesen sein soll, hatte keinerlei Zweifel: „Ich sah sofort, dass sie keine meiner Nichten sein konnte. Obwohl ich sie neun Jahre nicht mehr gesehen hatte, konnten sich die Gesichtszüge nicht so grundlegend verändert haben, besonders die Stellung der Augen, der Ohren u.s.w." Hingegen glaubte die ehemalige deutsche Kronprinzessin Cecilie durchaus, der wirklichen Anastasia gegenüberzustehen.

Doch auch ehemalige Freunde und Angestellte der Zarenfamilie hatten hinsichtlich der Identität „Anastasias" verschiedene Meinungen. Während Fürst Jussopow die vermeintliche Zarentochter ganz unverblümt als „Abenteuerin, kranke Hysterikerin und schreckliche Schauspielerin" taxierte, glaubte Gleb Botkin, Sohn des Leibarztes, der bei dem Massaker von Jekaterinburg ebenfalls getötet worden war, es ganz eindeutig mit der wahren Anastasia zu tun zu haben. Um der Wahrheit auf die Spur zu kommen, beauftragte Prinz Waldemar, der Bruder von Zarinwitwe Maria, den dänischen Gesandten in Berlin mit der eingehenden Untersuchung des Falles, nicht zuletzt um auszuschließen, dass sich eine Erbschleicherin den „Schatz des Zaren" unter den Nagel riss.

Derweil lebte „Anastasia" bei wechselnden Gönnern und, aufgrund ihres nach wie vor schlechten Gesundheitszustands, in verschiedenen Krankenhäusern und Sanatorien. Die Tatsache, dass sie kein Russisch sprach oder sich weigerte, es zu sprechen, entschuldigte man daher mit ihren traumatischen Erlebnissen. Russisch, erklärte „Anastasia" selbst, sei für sie die Sprache des Terrors und des Todes. Was wollte man dem schon entgegenhalten? Die traumatischen Erlebnisse mussten auch als Entschuldigung für ihr sonderbares Benehmen herhalten, das mittlerweile ganz und gar nicht mehr auf eine vornehme Herkunft hinzuweisen schien, im Gegenteil. Sie legte nämlich ein durchaus merkwürdiges Verhalten an den Tag, war launisch, barsch und neigte zu völlig unerklärlichen Wutausbrüchen gegenüber ihren Gastgebern, die die Mittellose doch so großzügig bei sich aufnahmen. Doch „Anastasia" hielt es bei niemandem lange aus, auch nicht bei dem gastfreundlichen Ehepaar von Kleist, das ihr als erstes ein Zuhause geboten hatte. Und immer war sie es, die den Besuch beendete, indem sie das Haus türenschlagend und wütend schimpfend verließ. Aber es fanden sich neue Gönner, die „Anastasia" bei sich aufnahmen, um sich vielleicht nicht immer ganz uneigennützig im Glanz der Zarenkrone zu sonnen.

„Wer ist Frau von Tschaikowsky?"

Doch dann schien im Frühjahr 1927 das Rätsel um Anastasias wahre Identität plötzlich gelöst zu sein. Die „Berliner Nachtausgabe" wartete nämlich am 31. März 1927 mit einer geradezu sensationellen Schlagzeile auf: „Fall Anastasia geklärt!" Und in der Zeile darunter: „Wer ist Frau von Tschaikowsky, die angebliche Großfürstin Anastasia von Russland? Die Persönlichkeit der angeblichen Zarentochter einwandfrei festgestellt."

In Wahrheit, so berichtete das Blatt, handele es sich bei „Anastasia von Tschaikowsky" um „die am 16. Dezember 1896 in Borowielatz geborene unverehelichte Franziska Schanzkowski".

Die Tochter einer Gutsbesitzerin, Doris Wingender, war

nämlich bei der Zeitungslektüre auf ein Foto der angeblichen Zarentochter gestoßen und hatte darin sofort Franziska Schanzkowski erkannt, jene junge Frau, die bis zu ihrem Verschwinden im Februar 1920 bei ihrer Mutter im Haus als Untermieterin gelebt hatte, eine polnische Fabrikarbeiterin bäuerlicher Herkunft. Zwei Jahre nach ihrem plötzlichen Verschwinden sei sie im Sommer 1922 noch einmal zurückgekommen und habe erzählt, sie habe in der Zwischenzeit bei einigen russischen Familien gelebt, „die sie offenbar für jemand anderen hielten". Nach nur drei Tagen war sie dann wieder fort, hatte jedoch vergessen, ihren Kamelhaarmantel mitzunehmen. Doris Wingender informierte also die Presse, und nach umfangreichen Recherchen stellte sich heraus, dass sie offenbar die Wahrheit gesagt hatte: „Anastasia" war in Wirklichkeit Franziska Schanzkowski! Als wichtiges Indiz hatte sich der vergessene Mantel erwiesen. „Anastasias" erster Gönner nämlich, Baron von Kleist, hatte ihr seinerzeit selbst dieses Kleidungsstück gekauft und es auch einwandfrei als solches identifizieren können. Damit also schien das „Rätsel Anastasia" gelöst und „Fräulein unbekannt" als Hochstaplerin enttarnt zu sein.

Doch so leicht mochte man sich von dem schönen Märchen nun doch nicht verabschieden. Dass es weiterging, daran war freilich Doris Wingender selbst nicht ganz schuldlos. Schon bald nämlich wurde bekannt, dass sie für ihre brisante Information eine erhebliche Geldsumme gefordert und auch erhalten hatte. Und damit war es mit ihrer Glaubwürdigkeit auch schon wieder vorbei, ja, selbst der vergessene Kamelhaarmantel hatte an Beweiskraft erheblich eingebüßt. Hinzu kam, dass eine Gegenüberstellung mit Franziskas Geschwistern keine eindeutige Klarheit gebracht hatte, aus welchen Gründen auch immer. Vielleicht waren sie einfach (bauern)schlau genug, um erst einmal abzuwarten, welche Erbansprüche „Anastasia" geltend machen würde.

Die Legende ging also weiter, eifrig genährt nicht zuletzt durch die Boulevardpresse, für die „Anastasia" zumindest vorübergehend zum berühmten „Goldesel" wurde, der die Kassen kräftig klingeln ließ.

„Anna Anderson"

Doch nicht nur in Deutschland, auch auf der anderen Seite des Atlantiks erregte der „Fall Anastasia" heftiges Aufsehen. Selbst die renommierte „New York Times" hatte der angeblichen Zarentochter einen längeren Artikel gewidmet und die Meinung vertreten, dass es sich offenbar um die echte Anastasia handeln musste. Gerade in den Vereinigten Staaten, einem Land, das nie Könige oder Kaiser gehabt hatte, schien das Interesse an monarchischem Glanz besonders groß zu sein. Hinzu kam, dass damals etliche Exil-Russen in Amerika lebten, unter anderem auch Gleb Botkin, der Sohn des Leibarztes, der nie an Anastasias Identität gezweifelt hatte, sowie die zwei Jahre jüngere Cousine der Großfürstin, Xenia, die inzwischen einen Mr. Leeds geheiratet hatte.

Nachdem sich „Anastasia" daheim in Deutschland mit sämtlichen Gönnern überworfen hatte und der Boden nach dem Bericht in der „Berliner Nachtausgabe" für sie zudem ein wenig heiß geworden war, traf es sich gut, dass sie eine Einladung Xenias erhielt, auf deren Landgut nach Long Island zu kommen, um dort ein wenig Ruhe und Abstand zu finden. Froh, erneut eine reiche Wohltäterin gefunden zu haben, bestieg „Anastasia" das nächste Schiff und traf am 9. Februar 1928 an Bord der „Berengaria" in New York ein.

Aus der angekündigten Ruhe sollte freilich nichts werden. Nicht lange, und „Anastasia" avancierte zum begehrten Star aller Parties, denn jeder wollte die Zarentochter, von deren schrecklichem Schicksal man schon so viel gehört und gelesen hatte, mit eigenen Augen sehen!

Gleb Botkin sorgte nun dafür, dass ein Rechtsanwalt eingeschaltet wurde, der nicht nur „Anastasias" Identität mit der russischen Großfürstin beweisen, sondern auch – und vor allem – für die Sicherung ihrer „Erbansprüche" sorgen sollte.

Wie nicht anders zu erwarten, dauerte auch der Aufenthalt bei der gastfreundlichen Xenia nur wenige Monate. Dann freilich hatte sich „Anastasia" mit ihrer angeblichen Verwandten heillos zerstritten und musste sich eine neue Bleibe suchen. Doch selbst hier in Amerika fand sie immer wieder finanzstarke Geldgeber, die ihr den Aufenthalt finanzierten. Der nächste in der Reihe dieser edlen Spender war ein „Landsmann" von ihr, der weltberühmte russische Komponist Sergej Rachmaninow (1873–1943), der ihr vorübergehend eine Suite im Garden City Hotel auf Long Island bezahlte. Dieses Hotel ist insofern erwähnenswert, als hier der neue Name entstand, unter dem „Anastasia" allgemein bekannt werden sollte: Anna Anderson.

Der Rummel um ihre Person war „Anastasia" allmählich zu viel geworden, auch wenn sie es zunächst durchaus genossen hatte, als „Zarentochter" ein Mitglied der High Society zu sein. Doch ständig von der Presse verfolgt zu werden, ging ihr doch auf ihre ohnehin nicht sehr starken Nerven und so hoffte sie auf – zumindest vorübergehende – Anonymität, indem sie sich als „Mrs. Eugene Anderson" in die Gästeliste eintrug, wobei sie bei der Wahl des Vornamens offenbar an Gleb Botkins Vater gedacht hatte. Da sie sich zuvor selbst immer „Anna" genannt hatte, wurde daraus schließlich „Anna Anderson".

Vier Jahre lang blieb „Anastasia" alias „Anna Anderson" in den Vereinigten Staaten, und ähnlich wie zuvor in Deutschland verließ sie auch hier jedes Haus im Zorn. Und so endete der Aufenthalt in Amerika, der so glanzvoll begonnen hatte, ausgesprochen unerfreulich: Bei ihrer letzten Gastgeberin hatte sie sich dermaßen unmöglich aufgeführt, Gegenstände aus dem Fenster geworfen und das Personal mit Stöcken traktiert, dass sich die entsetzte Miss Jennings nicht anders zu helfen wusste, als ihren tobenden Gast in eine psychiatrische Klinik in New York einweisen zu lassen. Hier endete „Anastasias" Odyssee in Amerika.

Zurück in Deutschland

Im August 1932 kehrte „Anastasia" – nicht ganz freiwillig – nach Deutschland zurück. Miss Jennings nämlich, die auch die Kosten für den Aufenthalt in der Psychiatrie übernommen hatte, zahlte die Schiffspassage und sorgte so dafür, dass die

Kranke wieder auf den europäischen Kontinent gebracht wurde. Doch „Anastasias" psychischer Zustand hatte sich in den letzten Jahren nicht gebessert. Sie hatte daher nicht nur in einer verschlossenen Kabine reisen müssen, sondern wurde auch gleich nach ihrer Ankunft in Deutschland in die Nervenheilanstalt Ilden bei Hannover eingeliefert, wo sie sich einer weiteren, sechsmonatigen Behandlung unterziehen musste.

Inzwischen war die Geschichte um „Anastasia" in der deutschen Öffentlichkeit weitgehend in Vergessenheit geraten. Die Menschen hatten schließlich andere Sorgen, als sich um eine vermeintliche Zarentochter zu kümmern! Und doch gab es nach wie vor etliche, Adelige zumeist, die dafür sorgten, dass die Großfürstin, für die sie sie hielten, nicht verhungern musste. Das Glamour-Leben, das sie anfangs in den Vereinigten Staaten geführt hatte, setzte sich hier freilich in den 30er Jahren nicht fort, wenngleich sie bis zum Ausbruch des Zweiten Weltkriegs meist auf komfortablen Landsitzen adeliger Beschützer ein – vorübergehendes – Zuhause fand – in Hannover, Berlin, Bayern, Pommern, Westfalen, Thüringen und Hessen. Seßhaft wurde sie erst nach Kriegsende, das sie, wie so viele andere auch, als Flüchtling aus dem Osten Deutschlands erlebte.

Nach einem verübergehenden Aufenthalt in einem Flüchtlingslager an der Zonengrenze kümmerte sich „Anastasias" einzig verbliebener Gönner Friedrich Ernst von Sachsen-Altenburg ein letztes Mal darum, dass sein Schützling wieder eine Bleibe hatte. Er kaufte für sie 1949 eine ehemalige Militärbaracke im Dorf Unterlengenhardt am Rande des Schwarzwalds. Mehr freilich konnte er, selbst Flüchtling geworden, für „Anastasia" nicht mehr tun. Durch den Krieg hatte er nahezu seinen gesamten Besitz verloren und musste nun selbst sehen, wie es weiterging.

Und so lebte „Anastasia" in den nächsten zehn Jahren in höchst unaristokratischem Ambiente in einer primitiven Baracke, umgeben von Brombeersträuchern und wild wucherndem Unkraut, bewacht von vier riesigen Hunden, denn sie scheute jeglichen Kontakt zu den anderen Dorfbewohnern. Nur hin und wieder scheint sie ein paar Damen mittleren

Alters Zutritt gewährt zu haben, die der geheimnisvollen „Zarentochter" etwas zu essen brachten.

Mittlerweile waren mehr als dreißig Jahre vergangen, seitdem man „Fräulein unbekannt" aus dem Landwehrkanal gezogen hatte. Natürlich hatten sich zwischenzeitlich auch die Gerichte mit ihr und ihren Erbansprüchen befasst, ohne dass es zu einem wirklichen Ergebnis gekommen wäre. Nach wie vor waren die Meinungen widersprüchlich, „erkannten" die einen die russische Großfürstin eindeutig, während andere vom Gegenteil überzeugt waren. So zum Beispiel Sidney Gibbs, der ehemalige Englischlehrer der Zarenkinder, der damals selbst nach Unterlengenhardt kam und danach unmissverständlich klar machte: „Wenn sie Großfürstin Anastasia ist, will ich ein Chinese sein!"

Es ist daher anzunehmen, dass die Geschichte der angeblich geretteten Zarentochter schon bald in Vergessenheit geraten wäre, wäre nicht 1956 der Film „Anastasia" mit Ingrid Bergmann in der Hauptrolle in die Kinos gekommen. Freilich hatte der Inhalt des Streifens nicht allzu viel mit dem Leben jener „Anastasia" gemein, die nun in einer Baracke im Schwarzwald hauste. Stattdessen spielt die Story im Paris der 20er Jahre. Die Heldin Anna leidet an Gedächtnisverlust und will ihrem Leben, verzweifelt und orientierungslos wie sie ist, ein Ende setzen. In letzter Minute jedoch wird sie von zwei Männern daran gehindert, die auch sogleich ihre Ähnlichkeit mit der Zarentochter Anastasia erkennen. Und während einer von ihnen auf die Idee verfällt, sich dieser Ähnlichkeit zu bedienen, um so an das Vermögen des Zaren heranzukommen, verliebt sie sich in den Schurken. Zum Glück aber durchschaut sie früh genug seine Pläne und kann sich erfolgreich gegen das Intrigenspiel wehren.

Der Film brachte nicht nur Ingrid Bergmann einen „Oscar" und der „Schwarzwald-Anastasia" neue Popularität, er verhalf Letzterer auch zu einem völlig unverhofften Geldsegen. Die Autoren nämlich zahlten ihr aus freien Stücken 30 000 Dollar von den insgesamt 400 000 Dollar, die sie von Twentieth Century Fox erhalten hatten. „Anastasia" nutzte die Summe, um endlich die alte Baracke abreißen und sich auf ihrem Grundstück ein modernes kleines Haus bauen zu lassen, in das sie 1960 einziehen konnte.

Wie wenig Ähnlichkeit „Anastasia" damals mit der schönen Ingrid Bergmann hatte, konnte eine französische Journalistin feststellen, die die inzwischen 63-Jährige im August 1960 besuchte: „Plötzlich ging die Tür auf und vor mir stand die seltsamste Frau, die ich je in meinem Leben gesehen habe – eine winzige Madame Butterfly, die sich als Tirolerin verkleidet hatte. Sie trug einen japanischen Kimono, darüber einen österreichischen Lodenumhang und darüber einen schwarzen Gummimantel. Über die spitze Kapuze ihres Umhangs hatte sie einen grünen Tiroler Filzhut gestülpt. Ihr Haar war dunkelblond mit grauen Strähnen und unter den Ohren abgeschnitten. Sie trug schwarze Lederschuhe und hatte einen schwankenden Gang, der ihrer Erscheinung etwas Unwirkliches verlieh ..."

„Anastasia" war also wieder ins Blickfeld der Öffentlichkeit gerückt. Und die fragte sich erstaunt: Kann diese seltsame Frau tatsächlich die Zarentochter sein? Oder will sie sich nur den legendären Goldschatz sichern?

Das Gold der Zaren

Dass es sich bei „Anastasia" um nichts weiter als eine dreiste Betrügerin handelte, war natürlich bereits vermutet worden. Die Gerichte hatten daher auch nichts unversucht gelassen, ihre Identität eindeutig zu klären. Jedes Detail ihres Aussehens wurde genauestens unter die Lupe genommen. Als sicherster Identitätsbeweis galt damals der „Ohrentest", da die Form der Ohren von Kindheit an unverändert bleibt. Die Analyse eines deutschen Rechtsmediziners ergab eine Übereinstimmung der Ohren mit denen der Großfürstin (die freilich nur auf Fotos zu sehen waren) in insgesamt 17 Punkten und damit eine hohe Wahrscheinlichkeit, dass„ Anastasia" wirklich die Großfürstin war. Auch Graphologen wurden selbstverständlich hinzugezogen. Die renommierte Minna Becker, die schon das Tagebuch der Anne Frank auf seine Echtheit überprüft hatte, war sich nach mehr als 100 Schriftproben sicher: „Ich habe noch nie zwei Handschriften gesehen, die all diese übereinstimmenden Merkmale aufweisen und doch von zwei verschiedenen Menschen stammen sollen ...“ Und dennoch kamen andere Gutachter zum gegenteiligen Ergebnis.

Die Frage war natürlich auch: Was gab es für „Anastasia“ überhaupt zu erben? Den legendären Goldschatz der Zaren? Vor Gericht erhob sie auf jeden Fall Anspruch auf die Anerkennung ihrer Person als Großfürstin Anastasia und auf ihr rechtmäßiges Erbe, wie immer das auch aussehen mochte. Bereits 1928 hatte sie bei ihrem New Yorker Anwalt folgende Erklärung abgegeben: „Ich, Großfürstin Anastasia ... erkläre hiermit, dass mein Vater meine drei Schwestern und mich in der Verbannung in Jekaterinburg, Sibirien, sehr kurz vor dem Tode der anderen Familienmitglieder davon unterrichtete, dass er vor dem Ausbruch des Weltkrieges 1914 fünf Millionen Rubel für jede meiner drei Schwestern und mich bei der Bank von England deponiert habe ...“

Tatsächlich hatte Nikolaus II. einmal ein Konto bei der Bank von England besessen, das zum Schluss einen Betrag von – umgerechnet – nahezu einer Milliarde Mark aufwies. Doch das war schon lange her. Das Konto war längst geschlossen und das Geld bereits im April 1900 nach Russland zurückgeführt worden. Ein großer Teil dieses Guthabens war während des Ersten Weltkriegs – u. a. für Kredite – aufgebraucht worden. Das eigentliche Zarenvermögen aber, jener legendäre Schatz – Geld, Gold und Juwelen im Wert von fast 100 Milliarden Mark – ging nach der Machtübernahme durch die Kommunisten in Staatseigentum über. Viele der kostbaren Schmuckstücke ließen die Machthaber der Sowjetunion im Westen für harte Devisen versteigern. Auch die russischen Kronjuwelen sollen auf diese Art und Weise „unter den Hammer“ gekommen sein. Allein die Zarenkrone wurde auf 52 Millionen Dollar taxiert! Einige der Pretiosen wurden vom britischen Königshaus aufgekauft und werden auch heute noch hin und wieder von der Queen getragen. Ein unermessliches Vermögen war so im Laufe der Jahrzehnte in alle Himmelsrichtungen verstreut worden, doch noch heute lebt die Legende von dem märchenhaften

Goldschatz der Zaren, der irgendwo auf der Welt versteckt sein soll. Das „Gold der Zaren" gab es für „Anastasia" also nicht zu erben.

Zwar war durchaus noch Geld vorhanden – man schätzte die Vermögenswerte auf ursprünglich 7 bis 14 Millionen Rubel, doch die Summe war durch die Geldentwertung der Nachkriegszeit aufgezehrt worden und hatte erheblich an Wert verloren. In den 30er Jahren waren es schätzungsweise noch 100 000 Dollar. Diese Summe wurde 1938 an die tatsächlichen Romanow-Erben ausgezahlt, wobei man davon ausging, dass „Anastasia" nicht dazuzurechnen war. Natürlich legte ihr Anwalt daraufhin Berufung ein, doch das Verfahren zog sich über Jahrzehnte hin und verlief 1970 schließlich im Sande. Zu diesem Zeitpunkt war „Anastasia" freilich des Kämpfens müde geworden. Ohnehin ist anzunehmen, dass sie selbst gar nicht so sehr an dem Vermögen interessiert war, sondern eher als Spielball einer Clique eigennütziger „Berater" fungierte, die auf diese Weise selbst an möglichst viel Geld kommen wollten.

Anna Manahan – Ein „Schwiegersohn" für Nikolaus II.

Nahezu zwanzig Jahre lang lebte „Anastasia" in Unterlengenhardt, und noch immer war nicht geklärt, wer sie wirklich war. Sie selbst schien das Rätselraten um ihre Person nicht mehr zu interessieren. Sie wisse schließlich, wer sie sei und brauche es nicht vor einem Gericht zu beweisen. „Anastasia" – eine etwas verschrobene alte Frau, die sich nahezu vollständig von ihrer Umwelt zurückgezogen hatte und mit sechzig Katzen auf ihrem Grundstück lebte. Als es wieder einmal Ärger mit der Nachbarschaft gab, weil von ihrem Grundstück ein schier unerträglicher Gestank ausging, beschloss sie, Unterlengenhardt den Rücken zu kehren und eine Einladung ihres alten Freundes Gleb Botkin in die USA anzunehmen. Ohne jemanden über ihre Abreise zu informieren, reiste sie am 13. Juni 1968 nach Charlottesville in Virginia. Dort angekommen, lernte sie einen Freund Botkins kennen, den wohlhabenden Genealogen Dr. John Manahan, der „Anastasia", wie schon so viele vor ihm, das großzügige Angebot machte, sie könne so lange bei ihm wohnen wie sie wolle. Auch diesmal sagte sie freudig zu, doch im Gegensatz zu früheren Zeiten verließ sie ihren Gastgeber nicht bereits nach wenigen Monaten im Zorn, sondern sie heiratete den 49-jährigen Manahan noch im Dezember desselben Jahres. „Was würde wohl Zar Nikolaus denken, wenn er seinen Schwiegersohn sähe?", fragte Manahan scherzhaft seinen Trauzeugen Gleb Botkin, der noch immer von „Anastasias" Identität überzeugt war.

Nun also war aus „Anastasia" alias „Anna Anderson" Anna Manahan geworden. Doch sie blieb exzentrisch wie eh und je. Das elegante Haus, das das Paar bewohnte, glich offenbar schon bald dem in Unterlengenhardt: Es wimmelte von Katzen, und überall auf dem Boden lagen Zeitungen, mit denen „Anastasia" den Katzendreck bedeckte. Der ehemals gepflegte Garten des Manahan-Anwesens wurde schon bald zum Urwald, in dem das Unkraut meterhoch wuchs und Kletterpflanzen alles überwucherten.

Über ihre Vergangenheit redete „Anastasia" kaum noch. Nur als sie 1974 zwei Journalisten empfing, rief sie plötzlich aus: „Es hat gar kein Massaker gegeben … aber ich kann nichts weiter darüber sagen."

Es scheint, als sei auch Mr. Manahan nicht minder seltsam als seine 23 Jahre ältere Ehefrau gewesen. Vielleicht ist ihm aber auch schlicht und einfach der Stolz, mit einer „echten" Zarentochter verheiratet zu sein, ein wenig zu Kopf gestiegen. Auf jeden Fall verblüffte er seine Umgebung eines Tages mit der Kunde, „Anastasia" stamme direkt von Dschingis Khan ab. Ein anderes Mal faselte er von einer „marxistischen Weltverschwörung", die von US-Präsident Roosevelt unterstützt worden sei. So lebte das skurrile Paar in seiner eigenen Welt, bis sich „Anastasia" schließlich so weit von der Wirklichkeit entfernt hatte, dass sie Ende 1983 erneut in eine psychiatrische Klinik eingeliefert werden musste. Hier starb die angebliche Großfürstin von Russland am 12. Februar 1984 an den Folgen einer Lungenentzündung im Alter von 87 Jahren, und die Welt rätselte nach wie vor, ob sie möglicherweise doch die echte Zarentochter gewesen war.

Ein blauweißes Kästchen

Nach „Anastasias" Tod schien es zunächst, als müsse der Nachweis ihrer wahren Identität ein ewiges Rätsel der Geschichte bleiben. Doch dann drehte sich die Welt unverhofft schneller, als allgemein vermutet worden war. Nach dem Zusammenbruch der Sowjetunion wurden im Juli 1991 die sterblichen Überreste der Zarenfamilie exhumiert, die man bereits zwölf Jahre zuvor in einem Massengrab bei Jekaterinburg entdeckt hatte. Doch statt der erwarteten elf Skelette – die der Zarenfamilie und die der Bediensteten – fanden sich nur neun. Der Zarewitsch und eine der Töchter fehlten – Anastasia? Nachdem eine DNA-Analyse, bei der man das Erbgut der Toten mit dem lebender Verwandter (u. a. Philip Herzog von Edinburgh) verglich, zweifelsfrei ergeben hatte, dass es sich tatsächlich um die Zarenfamilie handelte, gelang es schließlich auch, mit Hilfe einer hochmodernen Computeranalyse („Superimposition") anhand der Schädel festzustellen, um wen es sich bei den Toten handelte und welche der Töchter im Grab fehlte. Es war – Marija. Die wirkliche Anastasia war also wie ihre Eltern und Geschwister seit 73 Jahren tot! Nun wusste man zwar, dass eine falsche Anastasia die Welt genarrt hatte, aber deren wahre Identität stand dennoch nicht fest. Und es ist nur einem Zufall zu verdanken, dass auch dieses letzte Rätsel doch noch aufgeklärt werden konnte.

Der Leichnam von Mrs. Manaham war ihrem Wunsch entsprechend noch an ihrem Todestag eingeäschert worden und konnte der Nachwelt also nichts mehr verraten. Doch dann tauchte unverhofft noch ein Beweisstück auf, das erzählen sollte, wer sie nun wirklich gewesen war.

Im August 1979 hatte sich die falsche Anastasia im Martha-Jefferson-Krankenhaus in Charlottesville einer Operation unterziehen müssen, bei der etwa 30 cm Dünndarm entfernt wurden. Der Standardprozedur der Klinik entsprechend, schickte man Gewebeproben anschließend in ein pathologisches Labor, wo es untersucht und danach in einem kleinen blauweißen Kästchen aufbewahrt wurde. Mittels einer gerichtlichen Verfügung gelang es, diese Gewebeproben für eine DNS-Untersuchung zu erhalten. Diese ergab, dass Mrs. Manahan ganz eindeutig weder mit Nikolaus II. noch mit Zarin Alexandra verwandt sein konnte. Sie war also weder Anastasia noch Marija noch sonst ein Mitglied der Zarenfamilie. Wer aber war sie dann? Vielleicht doch Franziska Schanzkowski?

Es war ein weiterer Zufall, dass es dem Münchner Filmemacher Maurice Remy im Oktober 1994 schließlich gelang, einen Großneffen Franziska Schanzkowskis ausfindig zu machen, den deutschen Landwirt Karl Maucher, der sich auch bereitwillig für eine Genanalyse zur Verfügung stellte. Dabei kam das heraus, was eigentlich schon 1927 aufgedeckt worden war: „Anastasia" war tatsächlich Franziska Schanzkowski gewesen, eine polnische Fabrikarbeiterin, die das Kunststück vollbracht hatte, ein Leben lang von vielen für die Tochter des letzten Zaren gehalten zu werden.

Franziska Schanzkowski

Geboren wurde Franziska Schanzkowski, wie schon bekannt, am 16. Dezember 1896 in der preußischen Provinz Posen, die unmittelbar an Polen grenzte, das damals Teil des Russischen Reiches war. Zweihundert Jahre zuvor hatte ihre Familie noch dem niederen polnischen Adel angehört, doch nun, Ende des 19. Jahrhunderts, war sie zu Landarbeitern herabgesunken. Franziskas Vaters, offenbar Alkoholiker, starb, als seine vier Kinder noch klein waren. Im Dorf Borowielatz, in dem Franziska aufwuchs, galt sie als Außenseiterin. Die anderen Kinder machten einen weiten Bogen um das seltsame Mädchen, das sich nicht an ihren üblichen Spielen beteiligen wollte und seine Nase stattdessen mit Vorliebe in Bücher steckte. Doch auch ihren drei Schwestern kam Franziska merkwürdig fremd vor, eine in sich gekehrte „Leseratte", die sich besonders für Geschichte interessierte.

Als sie älter wurde, zeigte sich der „Drang nach Höherem" bei Franziska noch wesentlich ausgeprägter. Keinesfalls gedachte sie auf dem Land zu bleiben. Stattdessen wollte sie in die Stadt ziehen, um Schauspielerin zu werden. Kurz vor dem

Ausbruch des Ersten Weltkriegs verließ sie ihr Heimatdorf und zog nach Berlin. Um ihren Lebensunterhalt zu verdienen, arbeitete sie zunächst als Kellnerin, später dann in einer Munitionsfabrik.

Doch das Schicksal meinte es nicht gut mit der ehrgeizigen Bauerntochter. Der junge Mann, mit dem sie sich in Berlin verlobt hatte, wurde zum Militär eingezogen und starb 1916 im Schützengraben. Etwa zur gleichen Zeit passierte ihr bei der Arbeit ein folgenschweres Missgeschick: Eine Granate, die sie versehentlich hatte aufs Fließband fallen lassen, explodierte in ihrer unmittelbaren Nähe, und die Granatsplitter verwundeten sie an Kopf und Körper. Doch weitaus schlimmer noch: Sie zerfetzte einen Vorarbeiter, der vor ihren Augen verblutete.

Franziska wurde in ein Krankenhaus eingeliefert, wo mit der Zeit zwar die körperlichen Wunden verheilten, nicht jedoch die seelischen. Der Schock saß zu tief. Schließlich wurde sie als „nicht geheilt, aber ungefährlich" aus dem Krankenhaus entlassen. An Arbeit war jedoch nicht zu denken. Sie musste von der Fürsorge leben und war froh, dass sie bei der Gutsbesitzerin Frau Wingender ein Zimmer fand. Hier verbrachte sie viele Tage im Bett, las, wenn es ihre Kopfschmerzen zuließen, zahllose Bücher über Geschichte, die sie sich aus der Stadtbücherei auslieh. So hatte sie Zeit, viel zu viel Zeit zum Grübeln. Was war aus ihr und aus ihren Träumen geworden? Der Mann, den sie hatte heiraten wollen, war tot, sie hatte ein Menschenleben auf dem Gewissen und war zudem körperlich wie seelisch gezeichnet. Den Wunsch, Schauspielerin zu werden, hatte sie sich ohnehin aus dem Kopf schlagen müssen. Lohnte sich ein derart zerstörtes Leben überhaupt noch? Wir wissen, wie sie diese Frage für sich beantwortete. Am 17. Februar 1920 war Franziska Schanzkowski plötzlich spurlos verschwunden …

Nun, da das Rätsel um ihre Identität und Vorgeschichte geklärt ist, erscheint es noch unfassbarer, dass die Welt, dass selbst Menschen, die Großfürstin Anastasia persönlich gekannt hatten, auf diese Hochstaplerin hereingefallen sind. Wie konnte es der ganz offensichtlich psychisch Kranken gelingen, die Rolle der „Anastasia" derart glaubhaft zu verkörpern?

Zunächst einmal darf man wohl annehmen, dass die Menschen ihr glaubten, weil sie ihr glauben wollten. Sie waren viel zu sehr fasziniert von dem Gedanken, die überlebende Anastasia vor sich zu haben, um ihre phantastische Geschichte kritisch zu hinterfragen. Andere wiederum, insbesondere die Kreise, die sich mit den Erbschafts-Angelegenheiten befassten, hatten natürlich ein großes und gewiss nicht uneigennütziges Interesse daran, die Identität zu bekräftigen. Hinzu kam, dass Franziska Schanzkowski tatsächlich große Ähnlichkeit mit den Zarentöchtern auswies und über ein unglaublich umfassendes – angelesenes – Wissen über die Romanows verfügte. Alles, was nicht ins Bild passte, wie die fehlenden Russisch-Kenntnisse, wurde von der Umgebung großzügig ausgeblendet und mit den schrecklichen Traumata erklärt, die „Anastasia" durch das Massaker erlitten hatte.

Bei allem ist davon auszugehen, dass Franziska keineswegs von Anfang an vorhatte, als „Anastasia" zu gelten, sondern dass ihr die Rolle in der Dalldorfer Klinik damals geradezu aufgedrängt wurde. Alle sprachen davon, dass es sich bei der Patientin um eine Zarentochter handelte, und selbst wenn Franziska dem widersprochen hätte, wäre ihr geglaubt worden? Es scheint, als habe sie sich irgendwann damit abgefunden, „Anastasia" zu sein und diese neue Identität anzunehmen, nachdem ihr das eigene „richtige" Leben keinen Sinn mehr geboten hatte. Schließlich war sie deswegen in den Landwehrkanal gesprungen. Und nun schien sie plötzlich ein neues Leben zu erwarten, warum sollte sie da nicht zugreifen? Schauspielerin hatte sie ursprünglich ohnehin werden wollen, da konnte sie auch gleich in die Rolle der „Anastasia" schlüpfen.

Franziska Schanzkowski muss eine ausgezeichnete Schauspielerin gewesen sein, doch wohl keine andere Rolle hätte ihr, wäre sie tatsächlich zum Theater oder zum Film gegangen, so viel Aufmerksamkeit und Popularität eingebracht wie die der Zarentochter Anastasia, Großfürstin von Russland!

Edith Piaf

„Ich bereue nichts" – Ein Leben für das Chanson

Das Straßenkind

„Non, je ne regrette rien" – Diese Zeile aus Edith Piafs wohl berühmtestem Chanson ist wie keine andere zur Maxime ihres Lebens erhoben worden. Auch sie selbst äußerte sich in einem Interview in der „Paris Presse" am 24. Dezember 1960: „Ich bereue nichts von dem, was ich getan habe, von dem, was ich kennen gelernt habe, und wenn ich noch einmal von vorne anfangen könnte, dann würde ich genau dasselbe tun." Nur eine schöne Phrase oder meinte es Edith Piaf tatsächlich ernst? Hätte sie ihr turbulentes Leben wirklich wiederholen mögen, allen Fehlern, zerstörten Hoffnungen, Alkohol- und Drogenexzessen zum Trotz? Aber vielleicht lässt sich diese Frage tatsächlich nur mit „Ja" beantworten, wenn man wie Edith Piaf in der Gosse aufgewachsen ist.

Ein Wunschkind war es keineswegs, das kleine Mädchen, das am 19. Dezember 1915 in Paris das Licht der Welt erblickte. Edith Giovanna Gassion war ihrer Mutter Anita von Anfang an einfach nur lästig. Als drittklassige Sängerin pflegte die sich ihr Geld in Kneipen und an Straßenecken zu verdienen. Was sollte sie da mit einem Neugeborenen? Auch der Vater war keine große Hilfe: Zum einen hatte er unterdessen als Soldat in den Ersten Weltkrieg ziehen müssen, zum anderen war die Verbindung Anitas mit dem Straßenakrobaten Louis Gassion ohnehin nur vorübergehender Natur gewesen. Und so wurde die kleine Edith kurzerhand bei der Großmutter untergebracht, der die Enkelin freilich nicht minder lästig war. Um Ruhe vor dem schreienden Säugling zu haben, pflegte sie

Edith Piaf (1915–1963),
in dem Film „Stern ohne Namen"

Foto, 1945

daher reichlich Alkohol in die Milchflasche zu geben. Und so schlief Edith in der Regel tief und fest, wenn sich die Großmutter anschließend selbst mehr als nur ein Gläschen Wein gönnte.

Als Edith zwei Jahre alt war, kam der Vater aus dem Krieg zurück und musste entsetzt feststellen, dass seine Schwiegermutter dabei war, die kleine Tochter zu Grunde zu richten. Da er sich nicht selbst um das Mädchen kümmern konnte, beschloss er, Edith in die Obhut seiner eigenen Mutter zu geben, die in der fernen Normandie als Köchin tätig war. Dass es sich bei dieser Arbeitsstelle um ein gut besuchtes Bordell handelte, war für Louis Gassion kein Hinderungsgrund, zumal Edith von nun an nicht nur von der Oma fürsorglich betreut, sondern auch von den anderen Damen des Etablissements liebevoll umsorgt wurde.

In dieser durchaus unkonventionellen Umgebung wuchs Edith heran, bis sie das Schulalter erreichte. Dann freilich dauerte es nicht mehr lange und die Eltern ihrer Klassenkameradinnen fanden heraus, wo Edith zu Hause war: im stadtbekannten „Sündenpfuhl"! Um Sitte und Anstand fürchtend setzten sie daher rasch durch, dass das Mädchen die Schule schleunigst wieder verlassen musste.

Nun war guter Rat teuer. Da Edith nun nicht mehr bei der Großmutter bleiben konnte – dafür sorgte auch der sittenstrenge Pfarrer des Örtchens –, beschloss Louis Gassion, der inzwischen erneut als Straßenakrobat arbeitete, die kleine Tochter wohl oder übel zu seiner Partnerin zu machen.

So kam Edith zurück nach Paris. Leider erwies sie sich als keineswegs so gelenkig, wie der Vater angenommen hatte, doch dafür besaß sie andere Qualitäten: Das dürre Geschöpf mit den großen Augen erregte Mitleid bei den allermeisten Zuschauern, die in der Regel bereitwillig ihren Geldbeutel zückten und ein paar Francs für Vater und Tochter in jenen Hut warfen, mit dem Edith nach Schluss der Vorstellung durch die Reihen ging.

Doch je älter Edith wurde, desto schwieriger wurde die „Zusammenarbeit". Allmählich hatte sie genug von ihrer demütigenden Rolle als Bettlerin, genug auch von den ständigen Saufgelagen und wechselnden Liebesaffären ihres Vaters. Nicht betteln wollte sie, sondern singen! Zwar musste Vater Gassion zugeben, dass seine Tochter durchaus über eine ausdrucksstarke Stimme verfügte, doch was sollte er als Straßenakrobat mit einer Sängerin anfangen? Ein heftiger Streit beendete schließlich die langjährige „Zusammenarbeit" von Vater und Tochter. Edith war 15 Jahre alt, als sie beschloss, ihren eigenen Weg zu gehen.

Allzu kurzes Familienglück

Während sich Edith mit verschiedenen Gelegenheits- und Fabrikarbeiten durchschlug und die Nächte nicht selten in Kellern oder im Freien verbrachte, begann sie, dem Beispiel ihrer längst vergessenen Mutter folgend, an Straßenecken nahe der belebten Place de la Pigalle zu singen. Viel kam dabei nicht herum, doch die Leute blieben immerhin stehen, um der beeindruckenden Stimme des jungen Dings in der abgerissenen Kleidung zu lauschen. Auf der Straße lernte Edith ein etwa gleichaltriges Mädchen kennen, Simone Berteaut (1916–1970), „Momone" genannt, ein Gossenkind wie sie selbst, das nun ihre musikalische Partnerin wurde.

Diese Verbindung Ediths zu Simone Berteaut sollte bis zu ihrem Tode Bestand haben, auch wenn die Kameradin eine etwas dubiose Rolle gespielt und sich später als ihre Halbschwester ausgegeben hat, als Kind einer angeblichen Affäre Louis Gassions mit Madame Berteaut. Ein guter Freund Ediths, Raymond Asso, hat Momone daher später einmal als ihren „privaten Teufel" bezeichnet, denn ihr Einfluss auf Edith war, wie man noch sehen wird, meist unheilvoll gewesen.

Von nun an zogen die beiden also gemeinsam los, sangen hier und da ein paar gängige Gassenhauer und Schlagermelodien und teilten sich als Unterkunft ein billiges Hotelzimmer. Tatsächlich verdienten sie mit dieser Art offiziell verbotener „Bettelei" bald gar nicht schlecht, das Geld reichte nicht nur für das Zimmer und Essen, sondern auch für die nötige Kleidung, und das war nicht gerade wenig. Denn Wäschewaschen kam für Edith und Momone nicht in Frage. War ein Stück allzu verschmutzt, dann landete es kurzerhand im Abfall und wurde durch ein neues ersetzt.

In diese Zeit des Vagabundenlebens fielen auch Ediths erste Liebesabenteuer. Es dauerte nicht lange, und die 17-Jährige war schwanger. Nachdem sie am 11. Februar 1933 einem kleinen Mädchen namens Marcelle, Cécelle genannt, das Leben geschenkt hatte, zog sie gemeinsam mit dem jungen Vater, dem Arbeiter Louis Dupont, in eine bescheidene Wohnung, in der auch schon Mutter Dupont lebte. Edith liebte ihr Kind, und doch war es ihr nicht minder lästig als sie es selbst damals ihrer eigenen Mutter gewesen war. Das beengte Zusammenleben machte sie unruhig und unzufrieden. Einerseits hatte sie sich auf das Familienleben, das sie nie zuvor kennen gelernt hatte, ehrlich gefreut, andererseits zog es sie mit Macht zurück auf die Straße. Und auch der junge Dupont, der nun versuchte, Frau und Kind mit Gelegenheitsarbeiten zu ernähren, war mit der Situation hoffnungslos überfordert. Es dauerte nicht lange, und die kleine Familie brach auseinander. Nach ein paar heftigen Szenen nahm Edith ihre Tochter und verließ den Vater ihres Kindes ohne auch nur im Entferntesten zu ahnen, wie das Leben weitergehen sollte.

Und so machte sie einfach dort weiter, wo sie vor Cécelles Geburt aufgehört hatte: auf der Straße. Unterdessen war auch Momone wieder mit von der Partie, und erneut verdiente man sich gemeinsam den Lebensunterhalt mit Auftritten auf Plätzen und in Spelunken. Auf ihr Baby konnte Edith dabei offensichtlich keine allzu große Rücksicht nehmen: Tagsüber wurde Cécelle mitgenommen, abends, wenn die Tour durch die Lokale ging, einfach im Hotel zurückgelassen.

Und noch einmal sollte sich Ediths eigene Geschichte wiederholen, denn auch diesmal war ganz offensichtlich der junge Vater der Verantwortungsbewusstere des hoffnungslos überforderten Elternpaares. Nachdem Louis Dupont erfahren hatte, dass Edith ihre gemeinsame Tochter zu vernachlässigen schien, holte er das Kind zu sich, wie es aussieht, ohne auf allzu großen Widerstand der jungen Mutter zu stoßen. Edith ahnte nicht, dass sie nur kurze Zeit später endgültig von

Cécelle Abschied nehmen musste. Das Kind starb am 7. Juli 1935 an den Folgen einer Hirnhautentzündung. Auch wenn sich Edith ihren Kummer wohl nicht anmerken ließ und unmittelbar nach der Beerdigung des Mädchens ihr altes Leben auf der Straße wieder aufnahm, so trauerte sie doch still um den einzigen Menschen, dem sie bis dahin ihre Liebe geschenkt hatte.

Der Spatz von Paris

Inzwischen hatte es Edith mit ihrem Gesang schon zu einer gewissen Bekanntheit gebracht, und immer mehr Menschen kamen zum Pigalle, um die Stimme des blassen mageren Mädchens zu hören. Eines Tages gehörte zu ihrem Publikum ein älterer Herr, der schon allein durch sein elegantes Erscheinungsbild auffiel. Nachdem ihm das Gehörte ganz offensichtlich gefallen hatte, stellte er sich Edith als Monsieur Louis Leplée vor, Direktor des „Gerny's", einem Cabaret nahe den Champs Elysées. Wenn Edith Lust habe, so sein Vorschlag, solle sie doch einmal bei ihm vorbeikommen und ein wenig vorsingen. Ein großartiges Angebot! Wem bot sich schon solch eine Chance?

Leplée gab Edith eine Frist von sieben Tagen. So lange sollte sie mit seinem Pianisten proben, dann wollte er entscheiden, ob sie bei ihm auftreten konnte. Wenngleich sie die ungewohnt elegante Umgebung ein wenig verunsicherte, so bestand Edith doch die Bewährungsprobe und hatte die erste Stufe genommen, aus der Gosse hinauszusteigen und nunmehr auch vor der so genannten „besseren Gesellschaft" zu singen.

Allein der Name seines Schützlings missfiel Leplée, er suchte nach etwas Eingängigerem, Klangvolleren. Und welcher Name schien schon besser zu der heruntergekommenen Gestalt zu passen als „Piaf", ein umgangssprachlicher Ausdruck für den Spatz, ein „Straßenkind" wie Edith selbst.

Ediths Debut fand im Oktober 1935 vor einem illustren Publikum statt, zu dem auch Maurice Chevalier, Altmeister des Chansons, gehörte. Das freilich war kein Zufall, denn Leplée hatte ihn als Fachmann zuvor gebeten, den Auftritt der jungen Edith ehrlich zu beurteilen. Doch allein der Applaus, den die kleine Sängerin an diesem Abend erhielt, bewies: Der „Spatz von Paris" hatte es geschafft!

Damit stand Edith Piaf am Anfang ihrer großartigen Karriere, einer Karriere, die freilich um ein Haar schon nach kurzer Zeit wieder zu Ende gegangen wäre, bevor sie überhaupt richtig begonnen hatte. Nur wenige Monate später, im April 1936, wurde Louis Leplée in seiner Wohnung tot aufgefunden, und die Polizei fand rasch heraus, dass es sich um einen Raubmord handelte. Die Tatsache, dass Edith ihren Mentor auf solch schreckliche Weise verloren hatte, war an sich schon tragisch genug, ebenso schlimm freilich war, dass sie selbst zum Kreis der Verdächtigen zählte. Den Mörder vermutete man nämlich – zu Recht – in jenen Pariser Halbwelt-Kreisen, in denen sie lange Zeit verkehrt hatte und zu denen sie sich nach wie vor hingezogen fühlt. Es ist auch nicht auszuschließen, dass es Momone gewesen war, die der Polizei den „entscheidenden Tipp" gegeben hatte. Dass die „Freundin" so erfolgreich geworden war, während sie selbst weiterhin auf der Straße leben musste, war vielleicht Grund genug gewesen, Edith bei der Polizei anzuschwärzen. Sie wurde jedenfalls verhaftet und verhört, doch da man ihr nichts nachweisen konnte, schon bald wieder freigelassen. Aber der Makel, in einen Mord verwickelt zu sein, blieb an ihr hängen. Jetzt nämlich sah man in ihr nicht mehr allein das arme Straßenkind, das es dank seiner wunderschönen Stimme geschafft hatte, die Gosse hinter sich zu lassen. Stattdessen schien Blut an ihren Händen zu kleben, und man engagierte sie höchstens noch, um die Neugier des Publikums auf dieses zwielichtige Kind aus dem Milieu zu befriedigen, eine Attraktion, die freilich nur kurze Zeit anhielt. Und so schien es, als würde Edith Piaf wieder dort landen, wo sie hergekommen war: in der Gosse.

Männer, Männer, Männer

Ganz so aussichtslos war die Lage glücklicherweise dann doch nicht. Louis Leplée hatte Edith Piaf nämlich kurz vor seinem Tod mit dem Texter Raymond Asso bekannt gemacht, einem ehemaligen Legionär, der sich aufs Schreiben von Chansons verstand. Denn eines war unabdingbar, wollte Edith Karriere machen: Sie konnte ihrem Publikum nicht immer nur Vorgefertigtes bieten, sondern brauchte ein eigenes Repertoire.

Asso nahm Edith aber nicht nur in musikalischer Hinsicht unter seine Fittiche, sondern bereitete sie so systematisch wie nur eben möglich auf ihre Karriere vor, indem er ihr all jene Dinge nahe brachte, die ihr zuvor höchst gleichgültig gewesen waren: Hygiene und Körperpflege, ordentliche Kleidung, Frisur, vernünftige Aussprache und nicht zuletzt eine gewisse Bildung, denn Edith hatte, seitdem sie die Schule vor Jahren verlassen musste, nie wieder in ein Buch geschaut. „Er lehrte mich, wie man Mensch wird", schrieb Edith Piaf in ihrer Autobiografie „Mein Leben", „ihm verdanke ich es, dass ich wirklich ein Star wurde statt bloß ein Phänomen zu bleiben."

Doch noch jemand hat ganz maßgeblich zu ihrem Aufstieg beigetragen: die 1903 geborene Komponistin Marguérite Monnot, eine begabte Konzertpianistin, die ihre diesbezüglichen Träume freilich nach einem Unfall begraben musste und stattdessen begonnen hatte, Chansons zu schreiben. Aus der überaus konstruktiven Zusammenarbeit mit Edith entwickelte sich schon nach kurzer Zeit eine Freundschaft zwischen den beiden ungleichen Frauen, die bis zum Tod der Komponistin 1961 andauern sollte. Marguérite Monnot war eine stille und ernsthafte Frau und damit so etwas wie der ruhende Pol in Edith Piafs immer turbulenter werdendem Leben.

Aus der Freundschaft mit dem zehn Jahre älteren Raymond Asso war unterdessen eine Liebesbeziehung geworden, so wie sich Edith auch später stets in ihre Partner und Mentoren zu verlieben pflegte. (Leplée war eine Ausnahme gewesen. Doch der war homosexuell.) Asso gelang es dank seiner vielfältigen Kontakte, Edith trotz aller Gerüchte um den Mord an Leplée wieder neue Engagements in angesehenen Nachtclubs, Varietés und Cabarets zu verschaffen. Nicht zuletzt mit dem von ihm getexteten „Mon légionnaire" (Musik: Marguérite Monnot), einem melodramatischen Chanson über die Liebe zu einem Legionär, schaffte es Edith Piaf schließlich, die Herzen ihrer Zuhörer im Sturm zurückzuerobern.

Doch auch wenn ihr durchaus bewusst war, was Asso alles für sie getan hatte, so dankte sie es ihm schlecht. Tief in ihrem Innersten war sie schließlich immer noch das störrische Straßenkind, das sich nicht reinreden lassen wollte und tat, was ihm Spaß machte. Und Spaß machten Edith Piaf – außer ihren Chansons – im Wesentlichen die Männer, wobei sie nicht gerade sonderlich wählerisch vorging. Doch sie konnte diesen „Dämon", wie sie es selbst empfand, nicht bezwingen und suchte ständig nach neuen Eroberungen.

Die Beziehung zu Asso zerbrach noch vor dem Ausbruch des Zweiten Weltkriegs, doch da war bereits ein anderer fester Liebhaber an seine Stelle getreten. Paul Meurisse, ein junger Mann aus guten Hause, setzte gewissermaßen dort an, wo Asso aufgehört hatte. Durch ihn lernte Edith den so genannten „Lebensstil" kennen, Verhaltensregeln, die eine Künstlerin beherrschen musste, wollte sie auf Dauer auch vor der „besseren Gesellschaft" bestehen. Das waren nicht nur die unerlässlichen Tischmanieren in feinen Restaurants und eleganten Nachtclubs, sondern auch verschiedene Kosmetiktricks: So verschwanden damals Ediths wild wuchernde Augenbrauen und wurden durch jene eleganten feinen Linien ersetzt, die neben dem schlichten schwarzen Kleid zu Edith Piafs Markenzeichen werden sollten.

Gemeinsam mit Meurisse mietete sie sich sogar erstmals eine eigene Wohnung, nachdem sie bis dahin stets in Hotelzimmern unterschiedlichster Qualität gelebt hatte. Doch auch das bürgerliche Ambiente konnte Edith letztlich nicht ändern, es beengte sie nur. Immer wieder brach sie daher aus, immer wieder zog es sie zurück in das vertraute Halbwelt-Milieu, zu Männern, die nichts darum gaben, ob eine Frau Tischmanieren hatte oder nicht und denen es nicht im Traum eingefallen wäre, einer Dame in den Mantel zu helfen oder ihr den Stuhl zurechtzurücken. Hier aber fühlte sich Edith Piaf nach wie vor zu Hause, und es war ihr völlig gleichgültig, dass es keineswegs „ladylike" war, wenn sie ein Glas Rotwein nach dem anderen hinunterstürzte und mit unsicheren Schritten schließlich im Morgengrauen nach Hause torkelte.

Auf Paul Meurisse folgten zahllose andere Männer, wobei die Liste nun zunehmend mehr prominente Namen aufweisen sollte: Henri Contet, der auch zum wichtigsten Texter avancierte, Yves Montant, Charles Aznavour, George Moustaki, Eddie Constantine und andere mehr. Der „Mann fürs Leben", den Edith eigentlich suchte, war nicht darunter. „Ich hatte keine Mutter. Niemand lehrte mich, dass die Liebe nicht nur süß, sondern auch zärtlich und treu sein konnte", erklärte sie später den ständigen Wechsel ihrer Liebhaber. Und doch sollte die große Liebe in Ediths Leben Station machen, freilich nur vorübergehend.

„Ich verehrte ihn wie einen Gott" – Marcel Cerdan

Mit Edith Piafs Karriere war es rasch aufwärts gegangen, seitdem Raymond Asso sie 1937 in der berühmten Pariser Music-Hall A.B.C. im Vorprogramm von Charles Trenet hatte unterbringen können. Dem Auftritt folgten weitere Engagements, nicht nur in Paris, sondern schon bald in ganz Frankreich. Im April 1940 ließ sie sich von Jean Cocteau sogar dazu überreden, in seinem Theaterstück „Le bel indifférent" mitzuspielen, und weil ihr das großen Spaß gemacht hatte, folgten auch ein paar Filme, in denen sie natürlich eine Sängerin mimte.

Seit ihrem Auftritt im „Moulin Rouge" im Sommer 1944 war sie endgültig die Hauptattraktion geworden und stand bei ihren Auftritten nun nicht mehr im Schatten eines Größeren. Jetzt endlich war die nur 1,47 m kleine Sängerin die Große, eine Frau mit klaren Vorstellungen von ihren künstlerischen Ansprüchen: „Ein Chanson, das ist eine Geschichte, aber das Publikum muss daran glauben können. Für das Publikum bin ich die Liebe. Die muss aufwühlen, die muss schreien … Ich brauche Poesie, die sich träumen lässt."

Im Laufe des Jahres 1946 sang sie mehrfach im exklusiven

„Club des Cinq". Dort begegnete Edith Piaf auch jenem Mann, der ihre wirklich große Liebe werden sollte, dem Boxer Marcel Cerdan. Zunächst kannten sich die beiden nur oberflächlich, doch das sollte sich ändern, als Edith ihre erste Tournee durch die Vereinigten Staaten angetreten hatte, wo sie Cerdan völlig unverhofft wieder treffen sollte. Sie war damals in ziemlich trüber Stimmung gewesen, nachdem die Amerikaner auf ihre Chansons, die in der Heimat so gut ankamen, eher kühl und reserviert reagiert hatten. Da brachte sie ein Telefonanruf Cerdans auf andere Gedanken. Edith hatte dem Boxer erst unlängst ein Glückwunschtelegramm gesandt, nachdem er bei einem Fight im New Yorker Medison Square Garden gesiegt hatte, und nun wollte sich Cerdan mit einer Einladung zum Abendessen revanchieren. Edith sagte hocherfreut zu und verbrachte einen rundherum fröhlichen Abend mit ihrem Gastgeber. Hatte sie ihn schon in Paris auf Anhieb gemocht, so erkannte sie nun auch, dass sich hinter dem kraftvollen Äußeren ein sanfter, sensibler und uneigennütziger Mensch verbarg, wie sie ihn nie zuvor kennen gelernt hatte. Edith Piaf hatte sich wieder einmal verliebt, doch diesmal wirklich in den Menschen, nicht, wie so oft, allein in den Gedanken an die Liebe zu einem Mann. Unglücklicherweise besaß Cerdan daheim in Casablanca Frau und Sohn, doch Edith hatte sich als Straßenkind eine gehörige Portion Egoismus aneignen müssen, sodass sie darauf keine Rücksicht nehmen wollte.

Zurück in Paris, begann für Edith Piaf zweifellos die schönste Zeit ihres Lebens, auch wenn die Presse die Beziehung der beiden argwöhnisch beäugte. „La vie en rose" – das Chanson, das sie damals aufnahm, schien Wirklichkeit geworden zu sein. Durch Cerdan war ihr Leben wirklich „rosarot" geworden. „Ich verehrte ihn wie einen Gott", schrieb sie Jahre später in ihrer Autobiografie. Tatsächlich war diese „Verehrung" allerdings eher irdischer Natur. Dankbar strickte sie ihrem Marcel viel zu große Pullover in den unmöglichsten Farben, schenkte ihm Kleidung, Uhren – und vor allem ihre Liebe – ausschließlich ihm. Andere Männer gab es für sie in dieser Zeit nicht mehr. Die häufigen beruflich bedingten Trennungen ertrug sie nur schwer. Als Edith 1949 wieder eine Tournee durch die Vereinigten Staaten machte, während Cerdan in Frankreich boxte, war eigentlich vereinbart, dass er ihr per Schiff nach New York nachreisen sollte. Doch Edith Piaf wollte nicht so lange warten und bat ihn daher, das nächste Flugzeug zu nehmen. Es sollte am frühen Morgen des 28. Oktober 1949 in New York landen. Doch Edith sah ihren Marcel nicht mehr wieder. Das Flugzeug war auf den Azoren zerschellt.

Hölle Rauschgift

Der plötzliche Tod von Marcel Cerdan warf Edith Piaf völlig aus der Bahn. Alkohol hatte in ihrem Leben von jeher eine maßgebliche Rolle gespielt. Wie oft hatten sich die Nachbarn wegen nächtlicher Ruhestörung beschwert, wenn Edith mit ihren Freunden stundenlange Zechorgien veranstaltete! Wie oft war sie nachts, wenn alle Flaschen geleert waren, in ihre Pantoffeln geschlüpft, hatte sich nur rasch einen Mantel über das Nachthemd geworfen und war aus ihrer Wohnung geschlichen, um sich in der nächsten Bar noch etliche Gläser zu genehmigen!

Nun aber musste ihr der Alkohol helfen, ihren Schmerz zu vergessen, einen Schmerz, der einfach nicht nachlassen wollte und den sie nicht aushielt. In dieser Zeit betrank sich Edith Piaf Abend für Abend fast bis zur Besinnungslosigkeit. Doch nicht nur der „Dämon" Alkohol hatte von ihr Besitz ergriffen, es sollte noch schlimmer kommen.

Am 24. Juli 1950 hatte Edith Piaf einen Autounfall, bei dem sie sich einen Arm sowie etliche Rippen brach und unter fürchterlichen Schmerzen litt. Eine wohlmeinende Krankenschwester gab ihr eine Morphium-Spritze, die Edith binnen Sekunden verwandelte: „Mit einem Schlag verschwand der Schmerz. Ich fühlte mich außerordentlich wohl", erinnerte sie sich. Doch die Schmerzen kamen wieder, und so blieb es auch nicht bei einer Spritze.

Als Edith Piaf aus dem Krankenhaus entlassen wurde und in ihre Pariser Wohnung zurückkehrte, war sie bereits süchtig.

Hatte zuvor noch das Pflegepersonal über ihren Morphiumkonsum gewacht, so legte sie sich jetzt keinerlei Beschränkungen mehr auf. So genannte Freunde, die ihr die Droge beschaffen konnten, würden sich finden lassen. Auch diesmal war es Momone, die sich als ihr „privater Teufel" erweisen sollte. Momone, die auch später, als Edith ihre Alkohol-Sucht zu bekämpfen suchte, stets eine Flasche Pastis zu Hand hatte, fand jetzt Mittel und Wege, die verderbliche Droge zu beschaffen.

Um ihre Sucht vor allen anderen möglichst geheim zu halten, entwickelte Edith erhebliches Geschick: Die Spritzen verschwanden nicht nur unter dem Bett und hinter der Badewanne, sondern auch im Plattenspieler oder an anderen Stellen, wo sie niemand vermutete. Die Dosen wurden immer höher, die Sucht immer größer, sodass sie sich nach einer Weile noch nicht einmal mehr die Mühe machte, die Spritzen vorher auszukochen und die Morphiumkanüle einfach durch die Kleidung hindurchjagte.

Das ging natürlich nicht lange gut. Edith brach schließlich auf der Bühne zusammen und musste eine Entziehungskur antreten, doch auch die hielt sie nicht durch. Ohne Morphium glaubte sie, sterben zu müssen: „Alle meine Kräfte hatten mich verlassen. Ständig spürte ich eine Hand an der Kehle, die mich erdrosseln wollte. Mitunter stieg die Angst ins Unerträgliche …" Also nahm sie die Droge erneut, ohne Morphium war an einen Bühnenauftritt überhaupt nicht zu denken. Mit Morphium auf Dauer freilich auch nicht, denn das Gift hinterließ seine hässlichen Spuren. Edith konnte sich nicht mehr konzentrieren, vergaß ihren Text, brachte die Worte durcheinander oder erfand sie neu, und das Publikum lachte sie aus. Darin sah sie endlich das Sturmzeichen, es erneut mit einem Entzug zu versuchen. Das war im Mai 1954. „Nach vierzehn Tagen glaubte ich, der Kopf würde zerspringen. Nachdem ich vergeblich um eine Spritze gebettelt hatte, floh ich nachts im Morgenrock aus der Klinik, rannte an dem verdutzten Wärter vorbei, sprang in ein Taxi und fuhr heim, um mir eine Spritze zu geben …" Doch sie konnte die Augen nicht mehr davor verschließen, dass sie sich ruinierte, gesundheitlich, natürlich, aber auch künstlerisch, und das war in ihren Augen viel gravierender. Sie brauchte das Chanson so nötig wie die Luft zum Atmen, noch nötiger als das verdammte Morphium! Und so entschloss sie sich 1956, einen letzten Versuch zu unternehmen, um sich von dem Teufelszeug befreien zu können. Diesmal freilich gingen es die Ärzte langsamer an. Anfangs bekam sie täglich noch zehn Injektionen, später nur noch vier, die dann allmählich durch harmlosere Mittel ersetzt wurden. Dennoch ging Edith Piaf durch die Hölle: „Mitunter bekam ich furchtbare Wutanfälle. Ich fegte alle Gegenstände vom Nachttisch, fuhr wie eine Furie aus dem Bett und zertrümmerte alles im Zimmer, bis die Schwestern hereinstürzten und mich bändigten … Ich benahm mich wie eine rasende Bestie." Doch es kam noch schlimmer, nämlich der Tag, „an dem ich überhaupt keine Spritze mehr bekommen sollte. Es war der längste und furchtbarste Tag meines Lebens. Von 11 Uhr vormittags bis 5 Uhr nachmittags brüllte ich wie eine Irre. Ich verbiss mich in das Bettzeug und wand mich tränenüberströmt, röchelnd und mit schäumenden Lippen auf dem Bett. Ich war wirklich wahnsinnig." Doch diesmal schaffte sie es. Zumindest einer ihrer „Dämonen", die Morphiumsucht, war überwunden.

Bei alledem waren diese Jahre zwischen 1950 und 1956 keineswegs nur eine Zeit der Drogen und des Alkohols, sie waren auch die Zeit der größten Triumphe Edith Piafs, in Frankreich wie in den Vereinigten Staaten.

Als Braut im blauen Seidenkleid

Nach dem Tod Marcel Cerdans hatte Edith Piaf nicht nur Trost in Morphium und Alkohol gesucht, sondern auch in einer absurden Kontaktaufnahme zum Jenseits. Und wieder war es Momone, die sie zum Tischerücken und ähnlichem Firlefanz überredet hatte. Edith glaubte fest daran, bei den Séancen mit Marcel gesprochen zu haben, und vielleicht half ihr die vermeintliche Gewissheit, dass es ihm gut gehe, sogar, ihren Schmerz ein wenig besser zu ertragen und irgendwie weiterzuleben.

Und es gab selbstverständlich auch wieder Platz für Männer in ihrem Leben. Der nächste sollte Edith Piaf sogar vor den Traualtar führen: der Sänger Jacques Pills. Pills hatte für seine Tournee mit Gilbert Bécaud im Frühjahr 1952 ein Chanson geschrieben „Je t'ai dans la peau", es dann aber wieder aus seinem Repertoire genommen, weil es nicht so recht zu ihm zu passen schien. Schließlich bot er es Edith Piaf an, und die griff sofort begeistert zu. Zwei Wochen lang probte man gemeinsam, und zum Schluss hatte sich Edith, wie nicht anders zu erwarten, in Jacques Pills verliebt, für sie wieder einmal „die Liebe meines Lebens"! Schon nach kurzer Zeit beschloss sie, Jacques zu heiraten. Immerhin war sie schon 36 Jahre alt, da war es wohl langsam an der Zeit. Entscheidend für diesen Entschluss wird freilich eher die Tatsache gewesen sein, dass Edith ihr chaotisches Leben endlich auf eine „solide Grundlage" stellen wollte und ein Trauschein bot ihr dafür offenbar die beste Garantie. Noch im gleichen Jahr, am 29. Juli 1952, ging das Paar zum Standesamt in Paris. Und da Edith „richtig" und mit Gottes Segen heiraten wollte, gab es am 20. September eine kirchliche Trauung in New York – arrangiert von Marlene Dietrich, die Edith kurz nach dem Ende des Zweiten Weltkriegs in Paris kennen gelernt und die sich auch nach Cerdans Tod intensiv um die Verzweifelte gekümmert hatte. Nun suchte sie der nicht mehr ganz jungen Braut angemessene Kleidung aus, ein zartblaues Seidengewand mit Hut und Schleier, dazu einen Strauß weißer Rosen.

Unmittelbar nach den Hochzeitsfeierlichkeiten standen sowohl Edith Piaf als auch Jacques Pills wieder auf der Bühne: Edith in Las Vegas und Hollywood, später dann wieder in Paris. Doch so harmonisch, wie die Verbindung begonnen hatte, blieb sie nicht lange. Ewig konnte Edith schließlich nicht vor ihrem Mann verbergen, wie es tatsächlich um sie stand, und ihre Sucht war es letztlich auch, die diese Ehe zerstören sollte. Zermürbt vom ständigen Drogenrausch und wiederholten Alkoholdelirien seiner Frau reichte Jacques Pills 1956 die Scheidung ein.

Ediths „Hofstaat"

Auf der Karriereleiter stand Edith unterdessen ganz oben. Wo immer sie sang, ob im Pariser „Olympia" oder sonstwo, waren die Säle überfüllt, man musste zusätzliche Stühle aufstellen, und nicht selten nahm das Publikum auch auf den Treppenstufen Platz, um sich von der kleinen Frau mit der großen Stimme in ihren Bann ziehen zu lassen. Das erstaunlichste Geheimnis des großen Erfolgs der Piaf war wohl ihre unvergleichliche Ausstrahlungskraft, die sie befähigte, den Kontakt zu ihrem Publikum unverzüglich herzustellen. Jean Cocteau sagte einmal: „Jedesmal, wenn die Piaf singt, dann meint man, sie risse sich endgültig die Seele aus dem Leib." Die Lieder über jene Liebe, der Edith Piaf ein Leben lang geradezu atemlos hinterherlaufen sollte, kamen tief aus ihrem Innersten. Die Sängerin und ihr Chanson schienen zu verschmelzen. Doch letztlich war es ein Zauber, der sich allen Erklärungsversuchen entzog.

Dabei war Edith Piaf keine Diva, die keine anderen „Götter" neben sich duldete, im Gegenteil. Sie hat sich erfolgreich bemüht, viel von ihren Erfahrungen und ihrem Talent an andere weiterzugeben. Sie selbst sprach in diesem Zusammenhang gerne von ihrer „Fabrik", einer Schmiede für junge Talente.

Ives Montant war ihr erstes „Produkt". Nachdem er zuvor mit belanglosen Cowboyliedern aufgetreten war, verhalf sie ihm zu einem neuartigen Repertoire und dem Image eines ernst zu nehmenden Chansonniers. Auch Charles Aznavour wurde von Edith Piaf aufgebaut, wobei er es freilich in Kauf nehmen musste, gleichzeitig als Chauffeur und Laufbursche für seine „Herrin" zu fungieren. Tisch und Bett haben übrigens alle „jungen Talente" vorübergehend mit der Piaf geteilt. Diesen „Dämon" hatte sie noch nicht besiegt. Nach wie vor war Edith Piaf süchtig nach dem, was sie unter Liebe verstand.

Trotzdem, so scheint es, ist der sexuelle Aspekt in all diesen Beziehungen eher zweitrangig gewesen. Die Gier nach Leben, ihre hektische Suche nach Abwechslung ließ es offenbar gar nicht zu, dass sich Edith „fallen ließ". Zu einer wirklichen

Partnerschaft war sie, wie es scheint, ohnehin nicht fähig. Ihre zahllosen Freunde erlebten die kleine Sängerin nämlich weniger als anschmiegsame Geliebte, sondern vielmehr als erbarmungslose Tyrannin, deren Befehlen alle unverzüglich zu folgen hatten. Einsamkeit konnte Edith nicht ertragen, immer mussten Menschen um sie herum sein, ihr „Hofstaat", wie allgemein gespottet wurde. Von den nächtlichen Saufgelagen war bereits die Rede gewesen, denn in der Nacht begann für Edith Piaf erst der eigentliche Tag. Dann wurde gefeiert und getrunken bis der Morgen dämmerte. Sie allein aber bestimmte, welche Musik man dabei hörte, welche Getränke auf den Tisch kamen, ja selbst, was gegessen wurde. Wenn sie mitten in der Nacht Appetit auf Heringe bekam, dann musste ein Mitglied des „Hofstaats" irgendwo im nächtlichen Paris eben Heringe besorgen, und alle hatten sich an der Mahlzeit zu beteiligen, auch diejenigen, die keinen Fisch mochten. Niemand konnte das lange aushalten: „Zwei Tage und zwei Nächte mit der Piaf sind anstrengender als eine Etappe der Tour de France", stöhnte einer ihrer zahllosen Liebhaber, der Radrennfahrer Louis Géradin. Seine Vorgänger und Nachfolger werden ihm zugestimmt haben.

Milord

Zu dem Kreis junger Talente und damit vorübergehend zu Ediths Hofstaat zählte der Gitarrist, Komponist und Sänger George Moustaki, der für sie neben etlichen anderen auch jenes Lied schreiben sollte, das 1958 ihr großer Triumph wurde: „Milord". Auch mit dem jungen Moustaki entwickelte sich rasch eine intime Beziehung, und nach nur wenigen Tagen zog der 23-Jährige bei seiner 19 Jahre älteren „Chefin" in deren Wohnung am Boulevard Lannes ein. Also wieder ein Partner im Bett wie auf der Bühne, wo Moustaki Edith Piaf auf der Gitarre begleitete. Eine Frankreich-Tournee der beiden geriet zum wahren Triumphzug, und kurz danach sollte es wieder einmal in die Vereinigten Staaten gehen. Ein Autounfall machte diese Pläne vorerst zunichte. Edith war wieder einmal erheblich verletzt worden. Neben vielen kleinen Gesichtsverletzungen hatte sie sich eine zehn Zentimeter lange Stirnwunde zugezogen, einen Riss an der Oberlippe und an der rechten Hand zwei durchtrennte Sehnen. An einen Auftritt im Scheinwerferlicht war damit nicht zu denken.

Als sie ihre Tournee im folgenden Jahr schließlich doch noch antraten, waren die Narben zwar verheilt, aber dafür die Beziehung zu Moustaki spürbar abgekühlt. Edith, die die Neigung hatte, jeden ihrer Männer möglichst nach ihren Vorstellungen zu formen, musste feststellen, dass sich dieser Schützling allen entsprechenden Bemühungen entzog. Das wiederum brachte Edith in Rage. Es gab Streit deswegen, zunächst nur hin und wieder, schließlich fast ständig, und Edith griff wie üblich zur Flasche, um nur nicht daran denken zu müssen, dass wieder einmal eine Hoffnung verflogen war. Der Alkohol, das wusste Edith selbst, war ihr größter Feind: „Gegen ihn führe ich den erbittertsten und längsten Kampf meines Lebens", sagte sie kurz vor ihrem Tod, „erbitterter noch als den Kampf gegen die Drogen, gegen die Armut, gegen die Verkommenheit, gegen all meine anderen Dämonen." Doch „König Alkohol" war und blieb der Stärkere.

Bei ihrem umjubelten Auftritt im New Yorker Waldorf-Astoria-Hotel brach Edith plötzlich zusammen. Sie wurde sofort ins nächste Krankenhaus eingeliefert, wo man einen Magendurchbruch diagnostizierte und sofort operierte. Die Drogen- und Alkoholexzesse forderten ihren Tribut. Als Edith aus der Narkose erwachte, war ihr Zimmer voller Blumen, und am Krankenbett saß ihr junger Freund George Moustaki. Doch es waren keine Genesungswünsche, die sie von ihm hörte, im Gegenteil. Er war lediglich gekommen, um die Beziehung zu Edith Piaf nach einem Jahr zu beenden.

Je ne regrette rien

Die Krankheit sollte Edith Piaf in den nächsten Jahren nicht mehr aus ihren Fängen lassen. Bei einer weiteren Operation im amerikanischen Hospital von Neuilly stellten die Ärzte den wahren Grund für Ediths Zusammenbruch fest: Leberkrebs im fortgeschrittenen Stadium. Mit ihrem eisernen Willen schaffte sie es freilich auch diesmal, das Krankenbett zu verlassen und wieder auf die Bühne zu steigen, mit Hilfe von Medikamenten und Spritzen zwar, doch getrieben von dem unbändigen Wunsch, wieder zu singen. Mit 45 Jahren war sie von der tödlichen Krankheit jedoch spürbar gezeichnet, stark abgemagert und mit dem Gesicht einer viel älteren Frau, aufgedunsen von Cortison. Ihr Haar war schütter geworden und konnte kaum noch ihre nackte Kopfhaut bedecken. Immer wieder musste sie Auftritte absagen, weil es ihr einfach zu schlecht ging, oft konnte sie ihr Repertoire nur mit größter Mühe zu Ende bringen. Die Karriere der großen Piaf schien sich ihrem Ende entgegenzuneigen, doch dann katapultierte sie der Erfolg noch einmal nach ganz oben.

Der Mann, der ihre letzten Lebensjahre musikalisch prägte, war Charles Dumont. Er schrieb für sie vor allem jenes Lied, das zu ihrem Lebensmotto werden sollte: „Non, je ne regrette rien", ein Chanson über die ewig Verliebte, die nicht an die Vergangenheit denken wollte, und das exakt auf Edith Piafs Leben passte.

Einem gnädigen Schicksal hatte sie es zu verdanken, dass sie am Ende ihres ruhelosen Lebens noch einmal einem Mann begegnete, der für sie wieder „die große Liebe" werden sollte: der 20 Jahre jüngere Théophanis Lamboukas. Edith lernte den jungen Mann mit den dunklen Locken und dem sanften Gesicht zu Beginn des Jahres 1962 kennen. Da er seinen Friseurberuf an den Nagel hängen und stattdessen Sänger werden wollte, hatte er sich an Edith Piaf gewandt, und die begann auch sogleich, ihr neues „Produkt" aufzubauen. Als Erstes änderte sie seinen Namen in Théo Sarapo (Sarapo = gr. „Ich liebe dich"), dann fing sie an, an und mit ihm zu arbeiten. Théo erwies sich als ausgesprochen williger Schüler seiner strengen Lehrmeisterin und eroberte damit Ediths Herz offenbar im Sturm. Fortan sah man die beiden nur noch gemeinsam. Natürlich wurde viel über das ungleiche Paar gespottet, die Presse höhnte vom „letzten Missgriff einer alternden Kokotte", und auch das Publikum musste sich erst einmal an den jungen Mann an Ediths Seite gewöhnen. Und doch scheint es, als habe es sich auf beiden Seiten um echte Zuneigung gehandelt. Während Théo in Edith so etwas wie eine mütterliche Freundin sah, der gegenüber er tiefe Dankbarkeit empfand, war er für die Piaf wohl so etwas wie ihr Kind, das sie nur so kurze Zeit gehabt hatte: „Wenn ich diese Liebe analysiere", gestand sie, „entdecke ich nicht nur Empfindungen einer Liebenden, sondern auch ein Gefühl, das mir bis dahin verwehrt war: die mütterliche Liebe." Mehr als die Erwiderung dieses Gefühls hat die schwer kranke Sängerin nicht von Théo erwartet. Doch es reichte ihr allemal, um noch einmal vor den Traualtar zu treten.

Am 9. Oktober 1962 heirateten Théo und Edith in der griechisch-othodoxen Kirche von Paris, nachdem sie nur wenige Tage zuvor einen großen Auftritt auf dem Eiffelturm gehabt hatte, den die Zuschauer freilich bereits als Abschieds-Vorstellung verstanden. Zwar ging sie noch hin und wieder auf die Bühne, doch der Tod hatte seine Hand bereits nach ihr ausgestreckt. Auf Schwächeanfälle folgten Ohnmachten, Tourneen mussten daher abgesagt werden. Und dazwischen immer wieder Krankenhausaufenthalte in immer kürzeren Abständen. Théo wusste, dass seine Edith nicht mehr lange zu leben hatte und sie selbst wusste es auch, auch wenn sie es nicht wahrhaben wollte. Sie willigte daher ein, als Théo eine kleine Villa im südfranzösischen Plascassier nahe Grasse mietete, wo sie unbehelligt von Presse und Öffentlichkeit sterben konnte.

Edith Piafs letzte Reise

Edith Piaf starb am 10. Oktober 1963 in dem kleinen Ort Plascassier. Doch das sollte eigentlich geheim bleiben. Offiziell hieß es daher, ihr Sterbeort sei Paris gewesen, genau gesagt, ihre Wohnung am Boulevard Lannes. Aber das hatte Théo lediglich arrangiert, weil es ihm einfach angemessener schien, dass Edith Piaf auch dort ihr Leben beendete, wo sie ihre größten Triumphe gefeiert hatte: in Paris und nicht irgendwo in der Provinz.

Tatsächlich war dazu eine Aktion am Rande der Illegalität nötig gewesen. Wäre Ediths Leichnam von einem offiziellen Beerdigungsinstitut nach Paris gebracht worden, so wie es das Gesetz vorsah, hätte wahrscheinlich alle Welt erfahren, dass sie tatsächlich in Plascassier gestorben ist, und das wollte Théo ja um jeden Preis verhindern.

Und so schickte er Edith Margantin, Ediths Krankenschwester, los, um möglichst rasch eine Ambulanz aufzutreiben, die gegen gute Bezahlung zu einem illegalen Transport der Toten bereit war. Sie hatte Glück und fand ein entsprechendes Unternehmen, das bereit war, den Auftrag zu erfüllen. Es sollte also so aussehen, als ob Edith noch lebte. Als die Ambulanz in Plascassier vorfuhr, gab es keine Zeugen, auch nicht, als der Leichnam auf einer Bahre in das Ambulanzfahrzeug getragen wurde und Théo und die Krankenschwester einstiegen. Doch kaum war der Wagen losgefahren, ereignete sich ein Zwischenfall, der die heimliche Aktion beinahe vereitelt hätte. Ein Kohlentransporter hatte sich verfahren, war in den Park der Villa hineingeraten und dort, nachdem es in den vergangenen Tagen heftig geregnet hatte, in der aufgeweichten Erde stecken geblieben. Alle Insassen der Ambulanz mussten daher wohl oder übel aussteigen und dem Kohlefahrer helfen, sein Fahrzeug aus dem Schlamm zu befreien.

Nun freilich war Eile angesagt. Mittlerweile war es später Abend geworden, und noch vor der Morgendämmerung musste man unbedingt in Paris sein, wollte man nicht Gefahr laufen, dass es Zeugen gab, wenn die Bahre in das Haus am Boulevard Lannes getragen wurde. Und so raste man mit Sirengeheul durch die Nacht, Théo voller Angst, dass die Presse möglicherweise Verdacht geschöpft haben könnte und sie bei ihrer Ankunft erwarten würde. Doch alles ging gut. Noch vor Sonnenaufgang war man endlich am Ziel. Ediths Leichnam wurde hineingetragen, und die Männer von der Ambulanz verschwanden unbemerkt im Pariser Verkehrsgetümmel. Nun war Edith Piaf auch offiziell tot, gestorben in Paris. Vielleicht hätte niemand die Wahrheit erfahren, wäre da nicht die vorlaute Momone gewesen ...

Am 14. Oktober 1963 zogen rund zwei Millionen Men-

schen an Edith Piafs Sarg vorbei, bevor sie in einem unschein-
baren Grab auf dem Pariser Friedhof Père Lachaise ihre letzte
Ruhestätte fand. Dort gehört sie noch heute neben Fréderic
Chopin und Jim Morrison zu den meistbesuchten prominenten
Toten.

Romy Schneider

„Ich kann nichts im Leben, aber alles auf der Leinwand" – Vom Traum und Albtraum, ein Filmstar zu sein

Heile Bergwelt und schöner Schein

Es ist fraglich, ob die echte Sisi (!) alias Kaiserin Elisabeth von Österreich ohne eine Romy Schneider, die sie in der 50er Jahren auf der Leinwand verkörperte, jemals so viel Popularität erlangt hätte. Das gilt natürlich auch für den umgekehrten Fall. Selbst wenn Romy Schneider ein Leben lang bemüht war, das zuckersüße „Sissi"-Image hinter sich zu lassen, so ist es doch ganz ohne Zweifel der legendäre Dreiteiler gewesen, der – zumindest im deutschsprachigen Raum – ihre Beliebtheit und Filmkarriere begründet hat. Aber Romy Schneider war keine „Sissi". Das hat sie als großartige Schauspielerin im Film wie im Leben hinreichend bewiesen. Warum auch sollte man sie auf eine einzige Rolle reduzieren?

In ihren Adern floss genügend Theaterblut: Schon ihre Eltern, Magda Schneider und Wolf Albach-Retty, waren populäre Schauspieler, wenn auch im eher anspruchslosen Unterhaltungsfilm-Genre. Dafür wusste Romys Großmutter, die beeindruckende Rosa Albach-Retty, noch im hohen Alter von 80 Jahren ihr Publikum am Wiener Burgtheater zu begeistern.

Durch die Geburt der kleinen Rosemarie Albach am 23. September 1938 wurde die Filmkarriere der Mutter nur vorübergehend unterbrochen. Das Kind wurde bereits wenige Wochen später in die Obhut der Großeltern Schneider und eines Kindermädchens gegeben. Romys Kindheit spielte sich vor einer idyllischen Bergwelt-Kulisse ab: Magda Schneider hatte nahe Berchtesgaden für ihre Familie das Anwesen „Mariengrund"

Romy Schneider (1938–1982)

Foto, um 1970

erworben, in dem sie sich selbst freilich als viel beschäftigte Mimin nur hin und wieder zur Entspannung aufhielt. Daran änderte sich auch nichts, als einige Jahre später ein zweites Kind, Sohn Wolfgang, geboren wurde. Der Vater gab daheim ohnehin nur ein Stelldichein. Wolf Albach-Retty war alles andere als ein Familienmensch, eher ein Bonvivant, dem die heimische Idylle ganz offensichtlich die Luft zum Atmen nahm. Die kleine Romy sah ihre Eltern also nur selten, himmelte sie dafür aus der Ferne aber umso mehr an, insbesondere den geliebten Vater. Trotz allem dürfen ihre ersten Jahre wohl als rundherum glücklich bezeichnet werden. Die Kinder wurden von den Großeltern geliebt, von einer verständnisvollen Kinderfrau betreut und wuchsen zudem in einer traumhaften Umgebung auf, in der sie sich, ihrem Alter gemäß, bestens entfalten konnten. Die Kriegs- und Nachkriegsjahre gingen vorbei, ohne im Berchtesgadener Land allzu große Spuren zu hinterlassen. (Sieht man einmal davon ab, dass der Obersalzberg nur wenige Kilometer entfernt war.) Getrübt wurde diese Zeit für Romy lediglich durch die Scheidung der Eltern 1945, die Mutter Magda zur allein Erziehenden machte, die ihre Kinder nun ganz ohne Vater durchbringen musste – ein Schicksal, das sie damals freilich mit zahllosen Kriegswitwen teilte. Um das nötige Geld zu verdienen, war sie gezwungen, alle noch so kleinen Engagements anzunehmen, denn Filmrollen wurden ihr in den ersten Jahren nach dem Krieg keine mehr angeboten.

Zu Hause war Magda Schneider also auch weiterhin kaum. Und da sich mittlerweile die alten Großeltern mit der Betreuung von zwei lebhaften Kindern ein wenig überfordert fühlten, kam Romy 1949 in das von Augustinerinnen geführte Internat Goldenstein. Es war der erste wirkliche Einschnitt in ihrem Leben, der ihr nicht nur das geliebte Zuhause, sondern auch die bis dahin genossene Freiheit nahm. In Goldenstein nämlich herrschte eiserne Disziplin, doch das Schlimmste für Romy war die Einsamkeit, die Trennung von „Mariengrund". Die Mutter kam in den nächsten vier Jahren nur wenige Male vorbei, der Vater nie. Romy kompensierte dieses Gefühl der Verlassenheit einerseits, indem sie all ihre Wünsche, Träume und Sehnsüchte einem Tagebuch anvertraute, andererseits aber auch durch die Flucht in ein Phantasiereich, nämlich die glitzernde und glamouröse Welt des Films. So bekamen ihre Internatskameradinnen mitunter Geschichten von diversen Filmstars zu hören, die Romy angeblich alle persönlich kannte – ein Wunschtraum, denn auch das junge Mädchen wollte nichts lieber, als Schauspielerin werden. Dass sie durchaus Talent besaß, hatte sie in Goldenstein des Öfteren beim Theaterspiel unter Beweis gestellt. In ihr Tagebuch schrieb sie: „Ich muss auf jeden Fall eine Schauspielerin werden. Ja! Ich muss!" Rosemarie Albach konnte zu diesem Zeitpunkt nicht ahnen, dass sich ihr sehnlichster Wunsch schneller erfüllen sollte, als sie je zu träumen gewagt hatte.

„Die Schauspielerei ist ein Gift ..."

Mit 14 Jahren verließ Romy das Internat Goldenstein mit der Mittleren Reife und kehrte zurück nach „Mariengrund". Da ihre Mutter aber unterdessen den geschäftstüchtigen Kölner Gastronomen Hans Herbert Blatzheim geheiratet und ihren Lebensmittelpunkt vom Berchtesgadener Land an den Rhein verlegt hatte, war eigentlich geplant, dass auch die Tochter fortan in Köln leben und die dortige Kunstgewerbeschule besuchen sollte. Romy konnte gut zeichnen und töpfern und war durchaus mit der für sie vorgesehenen Ausbildung zufrieden. Doch dann kam alles anders.

Magda Schneider hatte inzwischen wieder ins Filmgeschäft einsteigen können und drehte damals, im Sommer 1953, in München. Im nächsten Streifen sollte sie die weibliche Hauptrolle übernehmen und man suchte nur noch nach einer geeigneten Filmtochter. Und so machte irgendjemand im Studio den Vorschlag, es doch gleich mit Magda Schneiders eigener Tochter zu versuchen, vorausgesetzt natürlich, sie sei hübsch und talentiert genug. Die Mutter, die das Filmgeschäft schließlich zur Genüge kennen gelernt hatte, war von der Idee anfangs nicht sonderlich begeistert, ließ sich dann aber doch überreden, Romy nach ihrer Meinung zu fragen und griff zum Telefonhörer, um in „Mariengrund" anzurufen.

Wie nicht anders zu erwarten, sagte das Mädchen sofort begeistert zu und saß bereits am nächsten Tag im Zug nach München. Die Probeaufnahmen zu „Wenn der weiße Flieder wieder blüht" wurden ein voller Erfolg, Romy erhielt die Rolle an der Seite ihrer Mutter und – aufgrund der besseren Werbewirksamkeit – auch deren (Geburts-)Namen. Aus Rosemarie Albach war damit Romy Schneider geworden.

Die junge Romy Schneider, das musste selbst ein gestandener Schauspieler wie Willy Fritsch neidlos anerkennen, erwies sich als wahres Naturtalent und „spielte alle an die Wand". Schon ihr erster Film zog die Zuschauer in Scharen an, und sowohl in der Branche als auch beim Publikum war man sich einig: Dieser „neue Stern" am Zelluloid-Himmel hat eine große Zukunft vor sich.

„Ich bin jetzt 15 Jahre alt", schrieb Romy in ihr Tagebuch, „ich war bei Omi in Berchtesgaden, ich war in der Schule, ich war im Internat. Und jetzt bin ich plötzlich beim Film. Und zum ersten Mal musste ich etwas spielen, von dem ich eigentlich überhaupt keine Ahnung hatte." Und doch gelang es Romy mit Leichtigkeit, sich in jede Rolle hineinzufinden, sich mit der fraglichen Person vollkommen zu identifizieren. Das war so und das blieb so. Die erste Hauptrolle ließ daher nicht lange auf sich warten: In „Mädchenjahre einer Königin" verkörperte sie 1954 die jugendliche Queen Victoria.

Romy Schneider hatte noch nicht einmal ihren 16. Geburtstag gefeiert, da war sie schon eine Berühmtheit, über die die Gazetten schrieben und deren Fotos in den einschlägigen Magazinen abgedruckt wurden. Doch so berauschend diese Erfahrung auch sein mochte, die Popularität, die der Schauspielerberuf mit sich brachte, hatte eine Schattenseite, die sich bei aller Begeisterung nicht leugnen ließ. Es waren nicht nur die durchaus anstrengenden Drehtage und das unstete Leben in wechselnden Hotelzimmern. Viel schlimmer für Romy war die Erfahrung, sich nicht mehr unbeobachtet in der Öffentlichkeit bewegen zu können und jegliche Spontaneität unterdrücken zu müssen, so zu funktionieren, wie man es von ihr erwartete. Und dennoch schrieb sie: „Ich weiß, dass ich in dieser Schauspielerei aufgehen kann. Sie ist ein Gift, das man schluckt und an das man sich gewöhnt – und das man doch verwünscht …"

„Sissi"

Mit nunmehr 16 Jahren war Romy das, was man damals als „Backfisch" zu bezeichnen pflegte. In den 50er Jahren wurden alle Mädchen in diesem Alter an der sprichwörtlichen „kurzen Leine" gehalten, und auch für die berühmte junge Schauspielerin gab es keine Ausnahme, im Gegenteil. So etwas wie Freizeit kannte Romy kaum noch. Wenn sie nicht gerade drehte, dann gab es genügend gesellschaftliche Ereignisse, auf denen ihr Erscheinen erwartet wurde, meist an der Seite von Magda Schneider. An unbeschwertes Ausgehen mit Gleichaltrigen war hingegen überhaupt nicht zu denken. So zog das wirkliche Leben schon damals an ihr vorbei. Sie spielte es lediglich auf der Leinwand.

Dass Romy derart perfekt „funktionierte", dafür sorgte nicht zuletzt ihr Stiefvater. „Daddy" Blatzheim, wie er im Hause Schneider genannt wurde, hatte sich in Köln das zweitgrößte Gastronomie-Unternehmen der jungen Bundesrepublik aufgebaut und war nicht nur wegen seiner merkantilen Schläue berühmt-berüchtigt, sondern auch wegen seines auffallenden Hangs zur Publicity. Letzteres bekam auch Romy zu spüren, ließ sich doch die berühmte hübsche Stieftochter ganz hervorragend vermarkten. Wann immer der Blatzheim-Betrieb ein neues Restaurant eröffnete, hatte „Goldesel" Romy werbewirksam zur Stelle zu sein. Freilich darf man nicht vergessen, dass Romy durchaus nicht nur das „arme Opfer" ihres geldgierigen Stiefvaters war, sondern vielmehr auch die Annehmlichkeiten genoss, die der wohlhabende Blatzheim seiner Familie bieten konnte, schicke Kleider, Autos, Villen, Yachten und anderes mehr.

1955 drehte Romy Schneider an der Seite von Karl Heinz Böhm jenen Film, der die gerade erst 17-Jährige endgültig zur Kultfigur katapultieren sollte: „Sissi – Mädchenjahre einer Kaiserin", ein Film, in dem Elisabeth von Österreich historisch

zwar völlig falsch, aber doch so charmant-warmherzig dargestellt wurde, dass er noch heute zuverlässiger Garant für hohe
Einschaltquoten ist. Damals versuchte der gefühlsselige Streifen über die Darstellung vergangener, vermeintlich besserer
Zeiten von den aktuellen Schwierigkeiten der Nachkriegszeit
abzulenken, wie so viele der anderen beliebten Heimatfilme
auch, in denen die heile Welt vorgegaukelt wurde. „Sissi" erwies sich als wahrer Publikumsmagnet und machte die Titel-
heldin nicht nur in Deutschland und Österreich, sondern in
ganz Europa zum Star. Romy Schneider wurde so stark mit
ihrer Rolle identifiziert, dass eine Fortsetzung zwangsläufig
war. Ernst Marischka drehte daher in der gleichen Besetzung
1956 „Sissi, die junge Kaiserin" und im Jahr darauf „Sissi –
Schicksalsjahre einer Kaiserin".

Trotz des überwältigenden Erfolges hatte Romy ursprünglich bereits die zweite Folge nicht mehr drehen wollen, denn
schon damals begann sie unter dem Image des „süßen Mädels"
zu leiden. Von der tatsächlichen Rosemarie Albach ließ dieses
Klischee nämlich nichts mehr übrig.

Dabei hat sie auch damals keineswegs nur „süße Mädels"
gespielt. An der Seite von Lilly Palmer und Therese Giehse
überzeugte sie 1958 in „Mädchen in Uniform". Doch das Sissi-
Image blieb nach ihren eigenen Worten „wie Grießbrei" an ihr
kleben. 1965 sagte sie in einem Interview mit der Illustrierten
QUICK: „Ich ganz allein schien zu wissen: Ich war keine Sissi.
Ich habe die Sissi gespielt, aber ich ähnelte dieser Traumfigur
im Leben überhaupt nicht. Schon als 10-jähriges Kind war ich
nicht die Sissi, als 18-Jährige noch viel weniger … Ich fühlte
mich abgestempelt. Keiner wollte es glauben, dass ich auch
anders konnte …" Romy Schneider sollte ein Leben lang versuchen, sich von diesem Image zu befreien, wenn es sein
musste, auch mit Filmszenen, die zumindest ihr deutsches
Publikum schockieren mussten.

Mit Alain Delon in Paris

1958 erhielt Romy Schneider das Angebot, bei einer Neuverfilmung von Arthur Schnitzlers „Liebelei" mitzuwirken, nachdem bereits ihre Mutter 1932 unter dem berühmten Max Ophüls (1902–1957) in der romantisch-heiteren Geschichte die weibliche Hauptrolle der Christine gespielt hatte.

Das Remake, das in Deutschland unter dem Titel „Christine" in die Kinos kam, bot Romy Schneider die unverhoffte Möglichkeit, die Gitterstäbe ihres Goldenen Käfigs zu durchbrechen. Während der Dreharbeiten in Wien verliebte sie sich in ihren Filmpartner, den 1935 geborenen Alain Delon – und folgte ihm nach Drehschluss ganz spontan nach Paris. Es war eine wirkliche Befreiung, nicht nur von der allzu „kurzen Leine" daheim, sondern vom gutbürgerlichen Ambiente überhaupt, denn der junge Franzose, mit dem sie während der nächsten fünf Jahre zusammenlebte, war in einer völlig anderen Welt zu Hause als die knapp 20-jährige Romy Schneider.

„In Paris lernte ich den wahren Alain kennen", sagte sie später einmal in einem Interview, „einen blutjungen Burschen in Blue Jeans und Sporthemd, einen ungekämmten schnell sprechenden Knaben, der immer zu spät ins Atelier kam, mit einem Rennauto durch Paris raste, rote Ampeln überfuhr – einen Alain, von dem man sich die ungeheuerlichsten Geschichten erzählte."

Daheim in Deutschland machte man sich daher die größten Sorgen um das „Kind", das schließlich noch nicht einmal volljährig war. Nicht nur Magda Schneider und „Daddy" Blatzheim baten Romy inständig, doch nach Hause zurückzukehren, auch das Publikum verfolgte entsetzt, dass sich seine „Sissi" nunmehr in den Händen eines „zwielichtigen Franzosen" befand.

Mit Romy Schneider und Alain Delon prallten tatsächlich zwei Welten aufeinander. Hier die behütete Tochter aus wohlhabendem Haus, dort der ungezähmte Macho mit unglücklicher Kindheit, ein Dschungelkämpfer, der 1955 aus dem Indochina-Krieg zurückgekehrt war und seitdem mit seinen Kumpanen die Pariser Bohème-Lokale durchstreifte. Dort war er auch für den Film entdeckt worden. Entgegen aller Befürchtungen entwickelte sich Romys Beziehung mit Delon jedoch zu einer wirklich tiefen Freundschaft, die auch nach der Trennung der beiden Bestand hatte. Wann immer Romy Schneider in Zukunft einen wirklichen Freund brauchen sollte, war Alain Delon zur Stelle, ungeachtet seines späteren Images als „Eiskalter Engel", das ihm seit jenem 1967 gedrehten gleichnamigen Film verpasst worden war. Denn so wie Romy Schneider mit „Sissi" identifiziert wurde, so bezog auch Delon seine stärkste Wirkung aus der Tatsache, dass man nicht umhin konnte, seine Filmrollen auf die Privatperson zu übertragen. Doch im Gegensatz zu Romy litt der Franzose keineswegs darunter, sondern spielte wie selbstverständlich mit. Seine angeblichen Verbindungen zur Pariser Unterwelt oder zur korsischen Mafia, eine Affäre um die Ermordung seines jugoslawischen Leibwächters – Alain Delon dachte überhaupt nicht daran, derlei Gerüchte zu dementieren und gab den „eiskalten Engel" daher nicht nur im Film.

Romy Schneider genoss ihre neu erworbene Freiheit freilich nur vorübergehend. Sie war Hals über Kopf nach Frankreich „geflohen", ohne sich Gedanken darüber zu machen, wie es in Paris mit ihr weitergehen sollte. Zwar war das Zusammenleben mit dem unkonventionellen Delon für sie geradezu eine Offenbarung, doch so unbeschwert, wie sie gedacht hatte, war ihr Leben keineswegs. Während Alain Delon nämlich eifrig an seiner Karriere bastelte und einen Film nach dem anderen drehte, unter anderem 1959/60 „Nur die Sonne war Zeuge", seinen ersten wirklich großen Erfolg, saß Romy Schneider allein in der gemeinsamen Pariser Wohnung und fühlte sich nutzlos und unglücklich. Nur „die Frau an seiner Seite" zu sein, war ihr zu wenig. Zum Hausmütterchen war sie nicht geschaffen, und ihr untätiges Leben deprimierte sie mehr und mehr. In Deutschland nahm man es ihr derweil übel, dass sie dem Land den Rücken gekehrt hatte, die Pressestimmen wurden abfällig, Filmangebote blieben aus. Zwar erhielt sie von ihrem Stiefvater, der Romys Geldangelegenheiten in die Hand genommen hatte, ein großzügig bemessenes monatliches „Taschengeld", doch finanzielle Sorgen waren es nicht, die sie plagten. „Ich war eine Schauspielerin und wollte arbeiten", sagte sie, „zum ersten Mal in meinem Leben wurde ich eifersüchtig auf den Erfolg."

Visconti – ein unerbittlicher Lehrmeister

Durch Alain Delon lernte Romy Schneider schließlich den Mann kennen, der ihr doch noch zu einer zweiten Karriere verhelfen sollte: Luchino Visconti (1906–1976), den großen Regisseur und Drehbuchautor. Visconti, Graf aus dem berühmten italienischen Adelsgeschlecht, verkehrte inzwischen als überzeugter Marxist in Pariser Künstlerkreisen. Nachdem er seine Karriere 1942 mit dem Film „Ossesione – Von Liebe besessen" begonnen hatte, einem stilbildenden Werk des Neorealismus, war er seit den frühen 50er Jahren zum Vorbild aller politisch und sozial engagierten Regisseure Europas geworden.

Alain Delon hatte bereits mit Visconti gedreht, und man munkelte, dass es keineswegs nur die schauspielerischen Qualitäten des jungen Franzosen waren, die den Regisseur beeindruckt haben sollen. Romy Schneider, wenngleich sie inzwischen natürlich wusste, dass das Liebesleben in den Pariser Bohème-Kreisen nicht mit bürgerlichen Maßstäben zu messen war, zögerte daher auch ein wenig, als Delon ihr vorschlug, sie mit Visconti bekannt zu machen. Dennoch sagte sie schließlich zu und war von dem imposanten Italiener ebenso beeindruckt wie eingeschüchtert. Romy konnte es daher kaum glauben, als Visconti ihr den Vorschlag machte, neben Alain Delon eine Hauptrolle in dem Stück „Schade, dass du eine Hure bist" zu übernehmen, einem Renaissance-Drama, in dem es um eine verderbliche Inzest-Beziehung zwischen Bruder und Schwester ging. Der einzige Haken an der Sache: Es handelte sich nicht um einen Film, sondern um ein Theaterstück. Romy aber hatte, außer damals in Goldenstein, noch nie auf einer Bühne gestanden, und auch wenn sie sich mit Alain inzwischen problemlos verständigen konnte, so war ihr Französisch doch keineswegs perfekt. Freilich hatte sie in Goldenstein nicht nur Theater gespielt, sondern bei den frommen Augustinerinnen auch eiserne Disziplin gelernt. Vielleicht würde die ihr, in Verbindung mit intensivem Sprachunterricht, helfen können, die schwierige Rolle trotz allem zu meistern.

Romy Schneider sagte daher zu, mit gemischten Gefühlen zwar, aber durchaus hoffnungsvoll. Sie ahnte freilich nicht, dass sich die Proben zu einem wahren Albtraum auswachsen sollten. Visconti war ein unerbittlicher Lehrmeister, der die junge Schauspielerin zwang, wieder und wieder die Textpassagen zu sprechen und ihre Szenen zu wiederholen, bis sie endlich Gnade vor den Augen des Meisters fanden. Der Regisseur brachte Romy damit an den Rand ihrer Leistungskraft, doch letztlich schaffte er es so, auch noch das Letzte aus ihr heraus zu holen, mehr, als Romy Schneider selbst für möglich gehalten hätte.

Die Premiere im Théâtre de Paris am 29. März 1961 wurde zu ihrem persönlichen Triumph. Das Publikum, in dem nicht nur die eher skeptische Mutter Magda Schneider, sondern auch große Kolleginnen und Kollegen wie Ingrid Bergmann, Anna Magnani, Jean Marais und Curd Jürgens saßen, spendete frenetischen Beifall. 150 Mal wurde das Stück vor ausverkauftem Haus gespielt, und da konnte es natürlich nicht ausbleiben, dass auch andere Regisseure auf die junge Romy Schneider aufmerksam wurden. Als der legendäre Orson Welles im kommenden Jahr Kafkas „Der Prozess" mit ihr verfilmte und sie als „beste Schauspielerin ihrer Generation" hervorhob, war der Durchbruch ins Charakterfach geschafft.

Damit änderte sich Romys Leben erneut. Wie Alain Delon hastete nun auch sie von Drehort zu Drehort und mitunter gab man sich nur noch die Klinke in die Hand. Das konnte nicht ohne Auswirkungen auf die Beziehung bleiben, die inzwischen ohnehin darunter zu leiden begonnen hatte, dass beide Partner so unterschiedlich waren: „Sie stammte aus der Gesellschaftsschicht, die ich auf der ganzen Welt am meisten hasse", bekannte Alain Delon, „sie kann nichts dafür, aber unglücklicherweise ist sie von ihr geprägt. Ich konnte nicht in fünf Jahren auslöschen, was ihr in zwanzig Jahren eingetrichtert worden war. Die eine Romy liebte ich mehr als alles auf der Welt, die andere Romy hasste ich ebenso stark."

Im März 1959 hatte sich Alain Delon noch auf ein von Magda Schneider und „Daddy" Blatzheim inszeniertes Spektakel am Luganer See eingelassen: Die Verlobung des „Bürgerschrecks" mit der behüteten Romy. Inzwischen aber war seine Aversion gegen alle Blatzheims so stark geworden, dass die Beziehung zu Romy Schneider davon nicht unberührt blieb, zumal sich die junge Schauspielerin tief im Innersten ihres Herzens ausgerechnet nach jenem gutbürgerlichen Ambiente zurücksehnte, das sie damals geradezu fluchtartig verlassen hatte.

Im Herbst 1963 ging ein Foto durch die Presse: Alain Delon bei Filmaufnahmen in Madrid – und auf seinen Knien ein unbekanntes hübsches Mädchen, Nathalie Bathélemy, wie sich schon bald herausstellte. Romy stellte ihn telefonisch zur Rede, doch Delon stritt energisch ab, dass es sich um eine Affäre handelte. Ob Romy ihm tatsächlich geglaubt hat, sei dahingestellt. Auf jeden Fall flog sie kurz danach zu Dreharbeiten in die USA, um mit Jack Lemmon in dem Film zu spielen, der pikanterweise den Titel „Leih mir deinen Mann" trug. Als sie wenige Wochen später nach Paris zurückkehrte, wartete in der gemeinsamen Wohnung anstelle ihres Lebensgefährten nur ein Rosenstrauß mit der Nachricht: „Bin mit Nathalie nach Mexiko! Alles Gute, Alain."

Nach fünf Jahren war dies das „Aus" für die Beziehung. Obgleich es schon seit längerem gekriselt hatte, konnte Romy Schneider das endgültige Ende nicht verkraften. In einem offenbar halbherzigen Versuch, sich das Leben zu nehmen, schnitt sie sich die Pulsadern auf, wurde aber noch rechtzeitig gefunden und in ein Krankenhaus gebracht.

Der Schock der Trennung hatte Romy Schneider nachdenklich werden lassen. Zwar hatte sie beruflich erreicht, was sie wollte, doch das konnte nicht alles sein, was das Leben ihr bot. Und so aufregend es auch gewesen sein mag, mit Alain Delon durch das nächtliche Paris zu ziehen, tief in ihr war die Sehnsucht nach etwas anderem, ganz offenbar nach dem, was Delon so verabscheut hatte: einer bürgerlichen Existenz mit Ehemann und „Häuschen im Grünen". Und noch etwas kam hinzu: Romy Schneider hatte Heimweh …

Zurück in Deutschland

Nach außen hin mochte sie ein großer und erfolgreicher Filmstar sein, tief in ihrem Inneren aber war Romy Schneider eine zutiefst verunsicherte und ratlose junge Frau auf der Suche nach dem berühmten Strohhalm, an den sie sich klammern konnte, nun, da Alain Delon aus ihrem Leben verschwunden war. Da kam ein Anruf ihrer Mutter im April 1965 wohl gerade recht. „Daddy" Blatzheim war soeben dabei, im neu gebauten Berliner Europacenter zehn Restaurants zu eröffnen, und dazu war wieder einmal die Anwesenheit der werbewirksamen Romy erwünscht. Als nach wie vor gehorsame Tochter setzte sie sich auch brav ins Flugzeug und flog nach Berlin.

Zu den Eröffnungsfeierlichkeiten erschien allerlei Prominenz, unter anderem der erfolgreiche Boulevard-Schauspieler und Regisseur Harry Meyen, der in seinem Theater am Kurfürstendamm mit unterhaltsamen Stücken zu begeistern wusste. Schon seit längerem hatte Romy davon geträumt, wieder einmal auf der Bühne zu stehen. Vielleicht würde ihr Meyen bei der Verwirklichung dieses Traums behilflich sein können. Doch davon einmal abgesehen fand sie den 14 Jahre Älteren ausgesprochen sympathisch und bedauerte daher zutiefst, dass er bereits mit seiner Schauspieler-Kollegin Anneliese Römer verheiratet war. Aber wenn sich Romy etwas in den Kopf gesetzt hatte, dann war sie nicht so leicht davon abzubringen. So wurde zwar nichts aus einem Theaterengagement, dafür begann sie mit Harry Meyen eine Affäre. Doch sie wollte mehr: „Ich gehe immer aufs Ganze", hatte sie einmal in einem Interview geäußert, und das tat sie auch jetzt. Schon nach kurzer Zeit drängte sie auf Scheidung. Harry Meyen zögerte, zumal ihm Anneliese Römer nicht nur im Leben, sondern auch auf der Bühne eine zuverlässige Partnerin war, doch letztlich ließ er sich von Romy Schneider zu diesem Schritt überreden. Seine Ehe wurde im Mai 1966 geschieden. Ihren Willen durchzusetzen, hatte sich Romy durchaus etwas kosten lassen. Durch die Zahlung einer größeren Summe an Anneliese Römer hatte sie Harry Meyen regelrecht „freigekauft". Geld hatte sie in den letzten Jahren mit ihren Filmen schließlich zur

Genüge verdient. Und wenn sie Geld besaß, war sie auch jederzeit bereit, es mit vollen Händen auszugeben – für sich und für andere. Die Höhe der Summe war dabei stets nebensächlich.

Am 15. Juli 1966 heirateten Romy Schneider alias Rosemarie Albach und Harry Meyen alias Harald Haubenstock. Das Paar bezog eine komfortable Vier-Zimmer-Wohnung im Berliner Grunewald und Romy bot sich damit nach all den „wilden" Jahren endlich jene bürgerliche Existenz, nach der sie sich in Paris heimlich gesehnt hatte. Das Glück schien perfekt, als Sohn David am 3. Dezember das Licht der Welt erblickte. Vergessen waren Rampenlicht und Filmkarriere, stattdessen wollte Romy jetzt endlich einmal die Rolle der Hausfrau und Mutter übernehmen, wobei ihr diese Aufgabe freilich durch das Vorhandensein von Hauspersonal und Kindermädchen erheblich erleichtert wurde.

Wie in den 1960er Jahren noch üblich, war Harry Meyen der „Mann im Haus", der die Richtlinien bestimmte und das Sagen hatte – nicht ohne seine vermeintliche geistige Überlegenheit mitunter mehr als nötig zu betonen. Doch Romy gefiel das, zumindest vorübergehend. Endlich hatte sie einen „Mann zum Anlehnen" gefunden, der ihr die Welt erklärte, der stark war, klug und kompetent. Doch hinter der Fassade des schönen Scheins sah es anders aus. Tatsächlich litt Harry Meyen an schweren Depressionen, die er vergeblich mit Alkohol und Tabletten zu bekämpfen suchte. Hinzu kam, dass ihn seit seiner Scheidung das berufliche Glück verlassen hatte. Seine Bühneninszenierungen gerieten zu Flops, und die Misserfolge verstärkten seine Depressionen nur noch mehr.

Geld freilich war kein Thema, auch wenn Romy Schneider nach dem Tod ihres „Daddys" Blatzheim im Mai 1968 eine unangenehme Überraschung erleben musste: Von ihrem Vermögen, das der Stiefvater all die Jahre verwaltet hatte, fehlten 1,2 Millionen Schweizer Franken, mit denen Blatzheim versucht hatte, sein Bankrott gehendes Imperium zu retten – vergeblich. Er hatte sich bei seinen Investitionen hoffnungslos übernommen, war zum Schluss pleite, und Romy konnte froh sein, dass sie aus der Konkursmasse immerhin noch 750 000 Schweizer Franken für sich retten konnte.

Es war also immer noch genügend Geld da, um sich einen gehobenen Lebensstil leisten zu können und hin und wieder Urlaub im Ausland zu machen, für den Fall, dass dem Ehepaar zu Hause die Decke auf den Kopf fiel. London, Paris, St. Tropez – Abwechslung gab es reichlich. Ihre Arbeit als Schauspielerin schien Romy Schneider nicht zu vermissen, und wenn, dann wollte sie es sich nicht eingestehen. Doch die Risse im scheinbar idyllischen Familienleben wurden größer und größer. Je länger der berufliche Erfolg ausblieb, umso unzufriedener und gereizter wurde Harry Meyen, umso größer sein Alkohol- und Tablettenkonsum. Um seine Frustration zu kompensieren, begann er, an seiner Frau herumzunörgeln, an ihren früheren Filmrollen, an ihrer angeblich völlig unzureichenden Bildung: „Er wollte immer Professor Higgins sein und ich sollte seine Fair Lady sein – damit konnte ich nicht länger leben", bekannte Romy Schneider später. Doch auch sie selbst fühlte sich leer und unausgefüllt. In ihren Träumen hatte sie sich das bürgerliche Leben anders, befriedigender vorgestellt, doch die erhoffte Erfüllung als Hausfrau und Mutter wollte sich einfach nicht einstellen, auch wenn sie mit zärtlicher Liebe an dem kleinen David hing. Und so wirkte nicht nur der melancholische Zustand ihres Ehemannes ansteckend, auch Romy Schneider begann, zu den beliebten „Fluchthelfern" zu greifen, die den Alltag erträglicher machen sollten, während sie in Wirklichkeit die Realität nur verschleierten. Dennoch litt Romy inzwischen ganz erheblich darunter, immer die Unterlegene in ihrer Ehe zu sein. Der Mann zum Anlehnen, den sie gesucht hatte, nahm ihr jetzt nur noch die Luft zum Atmen.

Endlich frei

Erneut war es ein Telefonanruf, der Romy Schneider die „Luft zum Atmen" wiedergeben sollte. Diesmal war ihre alte, nie vergessene, freilich gleichwohl erkaltete Liebe Alain Delon am

Apparat. Er fragte, ob sie nicht Lust hätte, wieder einmal einen Film mit ihm zu drehen. Im August 1968 sollten die Dreharbeiten zum Streifen „Swimmingpool" im südfranzösischen Ramatuelle beginnen.

Romy zögerte nicht, sondern sagte sofort begeistert zu. Jetzt konnte sie sich endlich eingestehen, was ihr zwei Jahre lang gefehlt hatte: ihre Arbeit! Das untätige Dasein daheim war Gift für sie gewesen. Warum sollte ihr nicht das gelingen, was auch andere Frauen schafften, nämlich Beruf und Familie miteinander zu vereinbaren? Harry Meyen schien nichts dagegen zu haben, dass Romy wieder vor der Kamera stand.

Vergeblich umlagerte die Pressemeute im Spätsommer den „Swimmingpool" in Ramatuelle. Natürlich hatte man geglaubt, das alte Liebespaar würde sich nach all den Jahren wieder glücklich in den Armen liegen. Doch es gab nichts zu berichten. Romy Schneider und Alain Delon kehrten nach Drehschluss getrennt zurück nach Hause, Alain nach Paris, Romy nach Berlin, wo Mann und Kind sie erwarteten. Doch die Arbeit hatte ihr gut getan, und das „Gift" der Schauspielerei, das Romy Schneider seit ihrem 15. Lebensjahr bekannt war, hatte seine Wirkung auch diesmal nicht verfehlt. Sie musste ganz einfach weiterdrehen!

Es folgten etliche Filme, insbesondere unter der Regie von Claude Sautet, mit dem Romy unter anderem 1969 „Die Dinge des Lebens" und 1972 „César und Rosalie" drehte, durch die sie zum unumstrittenen Star des französischen Kinos avancierte. Auch in Deutschland hätte sie gerne gefilmt, doch die meisten Regisseure der beginnenden 70er Jahre boten ihr mit ihren „Hausfrauen- und Schulmädchen-Reporten" nicht gerade jenes Niveau, das sich Romy Schneider inzwischen als Messlatte gesetzt hatte. Die Arbeit war anstrengend, doch gleichzeitig gab sie ihr Kraft: „Ich fühle mich so wohl und so glücklich wie nie zuvor", schrieb sie im Juli 1969 in ihr Tagebuch.

Durch die Filmarbeit gewann Romy Schneider ein neues Selbstbewusstsein und bekam zudem die notwendige Bestätigung, die sie in ihrer Ehe so vermisste. 1972 schlüpfte sie sogar nochmals in die verhasste Rolle der „Sissi", nachdem ihr

Visconti die Möglichkeit gegeben hatte, die Kaiserin von Österreich in dem Film „Ludwig II." diesmal völlig anders zu verkörpern: „Visconti hat als einziger die Sissi historisch porträtiert", meine Romy Schneider.

Einen „Mann zum Anlehnen" brauchte sie inzwischen nicht mehr und erst recht keinen „Professor Higgins". Eines freilich war ihr inzwischen deutlich geworden: Ihr geistiger Horizont war lange Jahre tatsächlich viel zu beschränkt gewesen. Mit vierzehn hatte sie die Schule verlassen und danach einen Film nach dem anderen gedreht. Was in der Welt um sie herum passierte, hatte sie lange Zeit nicht interessiert. Das war inzwischen anders geworden. Aufmerksam verfolgte sie die politische Entwicklung in der Bundesrepublik und bewunderte geradezu schwärmerisch Bundeskanzler Willy Brandt, der unter der neuen sozial-liberalen Regierung „mehr Demokratie wagen" wollte. Sie selbst hatte sich in einer STERN-Kampagne 1972 öffentlich dazu bekannt, schon einmal abgetrieben und damit gegen den umstrittenen § 218 verstoßen zu haben. Auch die Zeit des Nationalsozialismus, die in ihrer eigenen Familie niemals thematisiert worden war, beschäftigte sie jetzt. Harry Meyen nämlich war als Sohn eines jüdischen Vaters in jenen Jahren erheblichen Repressalien ausgesetzt gewesen, in denen möglicherweise auch die Ursache für seine Depressionen lag. Romy Schneider schämte sich, dass sie so wenig über diese unglückselige Epoche Deutschlands wusste, ja, lange Zeit hatte sie noch nicht einmal geahnt, dass Adolf Hitler gleichsam ihr Nachbar gewesen war, als sie damals in „Mariengrund" gelebt hatte. Nun wollte sie zumindest in ihren Filmen ein Stück „Wiedergutmachung" leisten. In „Le Train" (1973) spielte sie eine deutsche Jüdin auf der Flucht, wohl wissend, dass sie mit dieser Rolle Anstoß erregen würde: „Ich hatte berufliche und private Gründe, diese Rolle in ‚Le train' zu spielen", begründete sie ihren Entschluss, „das mag man mir in Deutschland übel nehmen oder nicht, ich stehe dazu." Drei Jahre später verkörperte sie in „Das alte Gewehr" (1975) die von der SS vergewaltigte und ermordete Französin Clara.

Hatte Romy Schneider geglaubt, Familie und Beruf miteinander vereinbaren zu können, so war das ein Irrtum gewesen. Die Entfremdung des Ehepaars war sowohl durch die häufigen Trennungen als auch durch Romys gewachsenes Selbstwertgefühl ständig größer geworden. Anfang Juni 1973 schrieb sie schließlich: „Ich will nicht ewig unter der Knute von Harry Meyen leben. Ja, wir lassen uns scheiden." In ihren Gedanken war Romy Schneider zu diesem Zeitpunkt schon längst wieder in Frankreich.

„Sie gefallen mir sehr"

Romy Schneider verließ Harry Meyen und Berlin und zog mit David erneut in ihre Wahlheimat Paris. Sie war jetzt 35 Jahre alt und fest entschlossen, endlich ihr eigenes Leben zu gestalten und sich von niemandem mehr „dreinreden" zu lassen. Ihre neu gewonnene Freiheit schloss auch etliche Liebesaffären mit ein, so dass der STERN im Frühjahr 1974 spottete: „Die Presse hat aufgehört, Romys Liebhaber zu zählen." Wäre das wirklich der Fall gewesen, sie hätte es nur begrüßt, doch tatsächlich beobachtete man die abtrünnige „Sissi" in Deutschland ganz genau und registrierte voller Häme ihre Wandlung zur „Skandal-Schauspielerin". Anstatt „süße Mädels" zu spielen verkörperte sie inzwischen Prostituierte und verruchte Mörderinnen!

Aus Angst vor der deutschen Presse zögerte sie daher auch zunächst, als sie im Oktober 1974 das Angebot erhielt, in Dietmar Schönherrs Talkshow „Je später der Abend" aufzutreten. Was würden die Journalisten diesmal über sie schreiben? Trotzdem sagte sie zu. Um der Zunft freilich möglichst wenig Gelegenheit zu bieten, über die abtrünnige „Sissi" herzuziehen, entschloss sich Romy Schneider offenbar zu einer Strategie, die so gar nicht zu der neuen Fernsehform Talkshow passen wollte: weitgehendes Schweigen. So konnten die Fernsehzuschauer an jenem Abend zwar eine wunderschöne Romy Schneider bewundern, schwarz gekleidet und geheimnisvoll, aber leider stumm – bis sie schließlich doch etwas sagte und mit einem einzigen Satz geradezu einen Eklat provozierte. Anlass war der Auftritt eines weiteren Gesprächspartners:

Burkhardt Driest, Gelegenheitsschauspieler, ehemaliger Jurastudent und Bankräuber, der in zeitüblicher systemkritischer Manier ein Buch über seinen Gefängnisaufenthalt geschrieben hatte. Als er in diesem Zusammenhang Partei für den von Romy Schneider so verehrten, erst unlängst zurückgetretenen Bundeskanzler Willy Brandt ergriff, bemerkte Romy voller Bewunderung: „Sie gefallen mir. Sie gefallen mir sogar sehr." Damit war eigentlich klar, dass sie lediglich Driests Meinung über Willy Brandt teilte, und nicht etwa Gefallen an dem ehemaligen Knastbruder mit Macho-Image fand, doch für die Boulevardpresse war dieser Satz wieder einmal Anlass genug, ihr eine weitere Affäre anzudichten, und wochenlang beherrschte Romys kleiner Satz daher die Schlagzeilen.

Ängste und Träume

„Ich kann ohne Rollen nicht leben", hatte Romy Schneider am 26. Juni 1974 in ihr Tagebuch geschrieben. Dabei war es nicht nur so, dass sie dieses „süchtig machende Gift" zu ihrer Selbstverwirklichung und -bestätigung brauchte, ihr Beruf und ihr Leben waren geradezu identisch. Wenn sie nicht gerade filmte, was selten genug der Fall war, empfand sie nur gähnende Leere und musste daher immer weiterdrehen, um diese Leere zumindest oberflächlich zu bedecken. Dabei hatte sie ihren alten Traum von der Familie und dem Häuschen auf dem Lande immer noch nicht ausgeträumt, obwohl sie mittlerweile wusste, dass sie zum „Hausmütterchen" auf keinen Fall geeignet war. Und sie wusste auch, dass sie das wirkliche Leben regelrecht „verlernt" hatte, dass sie es mit ihren Filmrollen und ihren Liebesaffären füllen musste, um nicht zur Besinnung zu kommen und zu erkennen, dass da eigentlich gar nichts war. „Ich kann nichts im Leben – aber alles auf der Leinwand", so sah es Romy Schneider durchaus selbstkritisch. Doch wie sollte sie diesen Teufelskreis durchbrechen?

Und so stürzte sie sich auch weiterhin in die Arbeit, freilich ständig mit der Angst im Hinterkopf: „Hoffentlich bekommt das Publikum nicht genug von mir" (24. November 1974).

Diese Diskrepanz zwischen Wunsch und Wirklichkeit in ihrem Leben, die Angst, irgendwann einmal nicht mehr gefragt zu sein, ließen Romy Schneider verstärkt zu Tabletten und schwerem Rotwein greifen, ihren alten „Fluchthelfern". Auf ihre Arbeit wirkte sich freilich weder das eine noch das andere aus. Mit der gleichen Disziplin, die man ihr seinerzeit in Goldenstein beigebracht hatte, arbeitete sie stets äußerst professionell, war immer pünktlich und bestens vorbereitet.

Ein Privatleben, das diesen Namen verdient hätte, gab es in dieser Zeit keines, abgesehen von ein paar belanglosen Affären, doch Romy Schneider hoffte inständig, in den nächsten Monaten ihrem Leben die „endgültige Form" geben zu können, wie immer sie auch aussehen mochte.

„Alle Schatten sind verschwunden"

Im Juli 1975 wurde ihre Ehe mit Harry Meyen geschieden, und zu diesem Zeitpunkt gab es endlich wieder einen neuen Mann in ihrem Leben. Es war der neun Jahre jüngere Daniel Biasini, seit 1974 ihr Privatsekretär, der sich aber bald als „Mädchen für alles" unentbehrlich gemacht hatte. Insbesondere Romys Sohn David, inzwischen acht Jahre alt, hatte rasch Vertrauen zu dem jungen Mann gefasst, und die Freundschaft zu Biasini half ihm nicht unerheblich, die Trennung von seinem Vater ein wenig zu überwinden. Denn während Romy Schneider nahezu ununterbrochen bei Dreharbeiten war, nahm sich Daniel Biasini Zeit für den kleinen David und unternahm mit dem Kind all das, was die Mutter aufgrund ihres vollen Terminkalenders nicht schaffen konnte. Allein dafür war ihm Romy ungemein dankbar: „Ich bin sicher, dass ich nie jemanden mehr geliebt habe", notierte sie am 22. September 1975. Sie wünschte sich daher unbedingt ein zweites Kind. Tatsächlich war Romy Schneider schwanger, als sie und Daniel Biasini am 18. Dezember 1975 heirateten, doch nur wenige Tage später erlitt sie eine Fehlgeburt. Erst am 21. Juli 1977 kam das Wunschkind Sarah auf die Welt. Und nun schien auch der Traum vom Glück im Grünen wahr zu werden: Die Familie verlegte ihren

Lebensmittelpunkt nach Südfrankreich und zog nach Ramatuelle, wo Romy Schneider einen alten Bauernhof gekauft hatte, der ihren Anforderungen entsprechend renoviert worden war. David ging in St. Tropez zur Schule und Romy Schneider glaubte, nun endlich das Zuhause gefunden zu haben, das sie sich immer gewünscht hatte. „Alle Schatten sind verschwunden", schrieb sie im Februar 1979, „ich bin nie so glücklich gewesen wie jetzt." Auch wenn Romy Schneider die Neigung hatte, sich ihr Leben schön zu reden, so scheinen diese Jahre tatsächlich weitgehend unbeschwert gewesen zu sein. Sie war jetzt vierzig. Beruflich war sie erfolgreich wie nie. Für „Eine einfache Geschichte" erhielt sie im gleichen Jahr den „César", jenen französischen Filmpreis, der als Gegenstück des amerikanischen „Oscars" gilt und seit 1976 verliehen wird.

Bei alledem fühlte sich geliebt und geborgen. Die langjährigen „Fluchthelfer" verschwanden in der Schublade und auch den Alkoholkonsum hatte sie offenbar erheblich eingeschränkt. Doch nicht lange, und ihr Leben sollte erneut aus den Fugen geraten.

Neue Schatten

Am 15. April 1979 – Romy Schneider machte mit ihrer Familie soeben Osterurlaub auf Acapulco – erreichte sie eine schreckliche Nachricht: Harry Meyen, der in den letzten Jahren immer tiefer in den Strudel der Alkohol- und Tablettenabhängigkeit gerissen worden war und auch in beruflicher Hinsicht keinen Boden mehr unter die Füße bekommen konnte, hatte sich das Leben genommen. Auch wenn sie sich schon vor Jahren getrennt hatten, so war er doch der Vater ihres ersten Kindes gewesen, und Romy fühlte sich an seinem Tod zumindest mitschuldig. Hätte sie ihm helfen können, wenn sie bei ihm geblieben wäre oder sich zumindest mehr um ihn gekümmert hätte, anstatt nur ihren eigenen Plänen nachzujagen? Bestürzt brach sie ihren Urlaub ab und setzte sich in das nächste Flugzeug, das sie nach Hamburg brachte, wo Meyen zuletzt gelebt hatte. Hier nahm sie ganz allein Abschied von ihrem geschiedenen Ehemann, wollte niemanden sehen und sprechen, sondern ließ selbst die Beerdigung heimlich ausrichten und folgte dem Sarg mutterseelenallein.

Harry Meyens Tod war nur das erste Glied einer Kette von Ereignissen, die dazu führen sollten, dass Romy Schneiders Leben in den nächsten Jahren völlig auseinanderbrach. Die Idylle des südfranzösischen Ramatuelle hatte sich als trügerisch erwiesen, denn wo die Abwechslung der Großstadt fehlte, war die Leere im Inneren schließlich umso mehr zu spüren. Also zog man wieder nach Paris. Doch auch mit Romys Ehe stand es mittlerweile keineswegs mehr zum Besten. Die Zeitungen schrieben von Biasinis Affären mit anderen Frauen, und Romy fing daher erneut an, ihre Ängste und Enttäuschungen mit Alkohol und Tabletten zu bekämpfen.

Über diese Ehe mit Daniel Biasini ist viel geschrieben worden. Oft heißt es, er habe die Heirat kühl kalkuliert, um Romy Schneider ausbeuten zu können. Die Schauspielerin selbst sei in dieser Ehe nur das „arme Opfer" eines skrupellosen Lügners gewesen. Das war so sicherlich nicht der Fall, auch wenn Biasini das Geld tatsächlich mit vollen Händen ausgab – für schicke Kleidung, schnelle Autos und andere schöne Dinge. Aber das tat Romy schließlich auch. Geld war für sie nach wie vor allein zum Ausgeben da, wobei sie sich nicht nur selbst, sondern auch andere großzügig verwöhnte. Die Summe spielte dabei keine Rolle. Dass ihr Ehemann eine Kontovollmacht besaß und es ihr gleichtat, empfand sie als durchaus selbstverständlich. Anderenfalls hätte sie dem Einhalt gebieten und die Vollmacht stornieren können. Das aber hat sie nicht getan, im Gegenteil. Geld scheint zugleich auch ein Mittel gewesen zu sein, den jungen Mann an sich zu binden, und vielleicht genoss sie es sogar, dass Biasini finanziell von ihr abhängig war. Und offenbar das hat sie ihn auch hin und wieder spüren lassen: Ohne mich bist du nichts. Dass Biasini dann mitunter wie ein bockiges Kind reagierte, dass die „Szenen einer Ehe" immer häufiger und heftiger wurden, war die zwangsläufige Folge.

Anfang 1981 zog Biasini aus der gemeinsamen Pariser Wohnung aus und hinterließ eine zutiefst verstörte Romy Schneider. Nicht allein, dass wieder eine Ehe zerbrochen war, auch ihr über alles geliebter Sohn David begann sich ihr zu entziehen. In den letzten Jahren hatte er nicht nur seinen Stiefvater Daniel überaus lieb gewonnen, auch dessen Eltern waren ihm gewissermaßen zur „Ersatz-Familie" geworden, wenn Mutter Romy, wie so oft, zu Dreharbeiten unterwegs war. In St. Germain-en-Laye aber hatte er ein behagliches Zuhause gefunden, und er war nicht bereit, es für eine ungewisse Zukunft aufzugeben, möglicherweise mit einem neuen Mann an der Seite seiner Mutter. David machte daher unmissverständlich klar, dass er vorhabe, bei Daniel Biasini und dessen Eltern zu bleiben, komme, was da wolle. Es gab einen heftigen Streit zwischen Mutter und Sohn, doch letztlich gab Romy Schneider nach und musste es wohl auch, wollte sie ihr Kind nicht ganz verlieren. Es war, so redete sie sich ein, für alle letztes Endes vielleicht die beste Entscheidung, denn so würde David nicht nur glücklich, sondern auch gut versorgt sein, wenn sie arbeiten musste. Tatsächlich aber quälte sie der Gedanke, dass ihr Kind andere, fremde Menschen ihr vorzuziehen schien. Die bis dahin so innige Mutter-Sohn-Beziehung war plötzlich ernsthaft getrübt, und Romy Schneider sollte keine Gelegenheit mehr haben, mit David wirklich ins Reine zu kommen.

„Ich schaffe es nicht"

Und wieder stürzte sie sich in die Arbeit, um keine Zeit zum Nachdenken über ihr chaotisches Privatleben zu haben. Zwar gab es seit einiger Zeit wieder einen Mann an ihrer Seite, den jungen Produktionsleiter Laurent Pétain, doch es scheint nicht, dass Romy mehr in ihm sah als einen angenehmen Gefährten. Trotz der neuen Beziehung fühlte sie sich ausgelaugt und verzweifelt: „Ich bin eine kaputte Frau", sagte sie in einem Telefongespräch zu ihrer Mutter, „und das mit 43 Jahren." Nicht nur seelisch, auch gesundheitlich ging es ihr schlecht. Eine Untersuchung ergab, dass sie ernsthaft erkrankt war und ein Tumor ihre rechte Niere befallen hatte, die durch eine Operation entfernt werden musste. Die Krankheit hatte sie geschwächt, womöglich aber auch zu der Einsicht gebracht,

222

dass sie in Zukunft mit ihren Kräften besser haushalten, gesünder leben und sich mehr Ruhepausen gönnen musste. Vielleicht hätte sie diese Chance tatsächlich nutzen können, doch nur wenige Wochen später verunglückte David am 5. Juli 1981 beim Überklettern des Eisengitters, das das großelterliche Grundstück umgab und wurde mit lebensgefährlichen Verletzungen ins Krankenhaus eingeliefert. Romy Schneider, die sich zu diesem Zeitpunkt mit Pétain in der Provence aufhielt, machte sich sofort auf den Weg zu ihrem Kind, doch sie kam zu spät. David war bereits tot. Er war 14 Jahre alt geworden.

Den fürchterlichen Schmerz konnte Romy Schneider nicht verwinden, auch wenn es vorübergehend so aussah, als könne ihr die Arbeit helfen, weiterzuleben. Im Herbst 1981 drehte sie ihren letzten Film „Die Spaziergängerin von Sans-Souci" mit Michel Piccoli. Ihre Disziplin und Professionalität halfen ihr, ihre Aufgabe auch diesmal wieder gut zu machen. Tatsächlich aber stand sie die Arbeit nur mit Hilfe von starken Aufputsch- und Beruhigungsmitteln durch, die ihrer angegriffenen Gesundheit freilich umso mehr schadeten.

Doch mochte der Schmerz, mochte die Trauer um David auch noch so groß sein, aufgeben wollte Romy Schneider dennoch nicht. Wie schon so oft, glaubte sie, auch diesmal wieder einen Neuanfang schaffen zu können, allein schon um der kleinen Tochter Sarah willen. Und wieder war es der alte Traum von der Familienidylle im Grünen, der sie beflügelte: „Mammi! Wir haben ein Haus, endlich!", schrieb sie voller Enthusiasmus im März 1982 an ihre Mutter Magda Schneider, „Ein wunderschönes Haus auf dem Land! Hier will ich endgültig leben. Hier will ich mich um meine Tochter kümmern, hier will ich Konfitüre einkochen, unter den Bäumen spazieren gehen, endlich richtig leben. Hier will ich alt werden."

Das Objekt ihrer Träume lag rund 50 Kilometer von Paris entfernt in Boissy-sans-Avoir, doch es sollte seinen Zweck nicht mehr erfüllen. Romy scheint selbst gespürt zu haben, dass sie sich etwas vormachte und gestand bei einem Telefongespräch mit ihrem Bruder im Mai 1982: „Ich schaffe es nicht, ich schaffe es nicht."

Sie schaffte es wirklich nicht. Nur wenige Tage später wollte sie abends nach der Rückkehr von einem Restaurantbesuch noch ein wenig aufbleiben, um zu schreiben und „mit David zu sprechen". Sie setzte sich ein letztes Mal mit dem obligatorischen Glas Rotwein an ihren Schreibtisch, derweil der Lebensgefährte Pétain müde zu Bett ging. Am nächsten Morgen saß sie immer noch dort. Sie war mit 43 Jahren an Herz- versagen gestorben.

Petra Kelly

„Warte nicht auf bessere Zeiten" – Die leidenschaftliche Kämpferin für Frieden und Umweltschutz

Kindheit in Günzburg

Petra Kelly, frühe Symbolfigur der GRÜNEN, wollte die Welt verändern, grundlegend, sofort und kompromisslos. Sie war daher bereit, rund um die Uhr und an allen Fronten zu kämpfen: gegen Umweltzerstörung, Atomenergie, Unterdrückung, Hunger und Elend, den kalten Krieg und den Rüstungswettlauf, scheinbar gegen alle Ungerechtigkeiten auf dieser Erde überhaupt. Dass sie sich in diesem – zunehmend einsameren Kampf – körperlich wie seelisch aufgerieben hat, nahm sie ebenso in Kauf wie die Tatsache, dass es ein Leben jenseits ihres leidenschaftlichen Engagements für sie nicht mehr gab: All ihre Freunde und Lebenspartner waren zugleich Kombattanten, die die gleichen ehrgeizigen Ziele verfolgten wie sie selbst. Das Private war bei ihr politisch, ganz wie es die „68er" gefordert hatten, und das Politische privat.

Als „Jeanne d'Arc des Atomzeitalters" ist sie in die Geschichte eingegangen, wohl niemand hat die Partei der GRÜNEN so geprägt wie sie, und doch endete Petra Kelly als einsame Außenseiterin, politisch schon längst zum Tode verurteilt, bevor die Revolverkugeln ihrem Leben tatsächlich ein Ende setzten.

Begonnen hat dieses rastlose Leben am 29. November 1947 im eher beschaulichen Günzburg an der Donau in der Nähe von Ulm. Der kleine schwäbische Ort hatte den Zweiten Weltkrieg weitgehend unbeschadet überstanden, sodass Petra in einer vergleichsweise „heilen Welt" aufwachsen konnte, auch wenn die Ehe der Eltern schon früh zerbrach. Beide hatten jung geheiratet – heiraten „müssen" – Mutter Marianne war erst knapp 18, Vater Siegfried Lehmann 22 Jahre alt gewesen, und der Verantwortung zeigten sich offenbar beide nicht so recht gewachsen. Anfang der 50er Jahre verschwand der Vater jedenfalls ohne Vorankündigung, um vielleicht das nachzuholen, was er durch Krieg und Kriegsgefangenschaft versäumt hatte. 1954 wurde die Ehe geschieden.

Für die junge Marianne Lehmann bedeutete das zunächst einmal, dass sie selbst den Lebensunterhalt für sich und ihre kleine Tochter bestreiten musste. Dank ihrer guten Schulausbildung fand sie bei den Amerikanern Arbeit als Dolmetscherin, und Petra wurde derweil von der Großmutter betreut, in deren Haus man ohnehin gemeinsam wohnte. Die 1905 geborene Kriegerwitwe Kunigunde Birle tat in den nächsten Jahren alles, um der Enkelin nicht nur die meist abwesende Mutter zu ersetzen, sondern wurde ihr zugleich Freundin und Mentorin und ist es bis zu Petra Kellys Tod auch geblieben.

„Omi Birle" war also Petras wichtigste Bezugsperson. Liebevoll betreute sie die kleine Enkelin, die meist ruhig mit ihren Puppen spielte oder in Bilderbüchern blätterte, fast immer jedoch allein. Auf die Straße zum Spielen ging das kleine Mädchen nur selten. Wegen eines Nierenleidens, das sie ein Leben lang plagen sollte, musste sie bereits mit neun Jahren operiert werden und blieb auch danach kränklich, klein und zart. Die Schule machte ihr hingegen keinerlei Probleme. Petra lernte leicht und gern und fiel schon früh durch ihren Ehrgeiz auf – ein Umstand, der vielleicht nicht gerade dazu beitrug, Freundinnen zu gewinnen. Es gab daher lediglich ein paar Briefpartnerinnen, mit denen sie eifrig korrespondierte. Hinzu kam, dass sie auf Gleichaltrige einen etwas altklugen Eindruck machte. Das lag natürlich auch daran, dass Petra so oft mit der Großmutter zusammen war, einer ebenso resoluten wie belesenen Frau, die die Jahre des „Wirtschaftswunders" durchaus kritisch zu betrachten und mit der Enkelin zu diskutieren pflegte. So wurde das Kind schon früh mit Themen wie „Wiederbewaffnung" und „Atomwaffen" konfrontiert, Themen die

Petra Kelly (1947–1992)

Foto, 1990

es möglicherweise überforderten, aber doch ganz entscheidend prägen sollten.

Einzig den Vater konnte „Omi Birle" ihr nicht ersetzen. Petra vermisste ihn und sollte niemals aufhören, den treulosen Siegfried Lehmann zu idealisieren.

Umzug ins „Land der unbegrenzten Möglichkeiten"

Eine Änderung in Petras Leben begann sich abzuzeichnen, als Marianne Lehmann 1957 den US-Soldaten John E. Kelly kennen lernte und ihn Mutter und Tochter als „festen Freund" vorstellte. Beide empfanden das Eindringen eines fremden Mannes in das bewährte „Frauentrio" zwar zunächst als störend, doch im Grunde mochten sie den ruhigen und gutmütigen Amerikaner recht gut leiden. Auch er hatte die kleine Petra schon längst ins Herz geschlossen, als er im Dezember 1958 ihr Stiefvater wurde. Aus Petra Karin Lehmann wurde damit Petra Kelly.

Nur wenige Monate später bekam Petra Kelly eine lang ersehnte Schwester. Das kleine Mädchen wurde – wohl nach der ehemaligen Filmschauspielerin und nunmehrigen Fürstin von Monaco – Grace genannt, und Petra war glücklich, endlich eine richtige Familie zu haben. Insofern fiel ihr auch die Entscheidung nicht allzu schwer, als sie kurz darauf vor die Alternative gestellt wurde, wo sie in Zukunft leben wollte: bei Mutter, Stiefvater und Schwester oder weiterhin bei „Omi Birle". John Kelly war nämlich unterdessen in die USA versetzt worden, und die Familie bereitete den Umzug nach Georgia vor.

Auch wenn sie sich nur schweren Herzens von der geliebten Großmutter trennte, so schien doch die Aussicht, künftig im „Land der unbegrenzten Möglichkeiten" zu leben, der 11-Jährigen überaus faszinierend. Wie kein anderes Land auf der Welt hatte Amerika damals Vorbildcharakter für die junge Bundesrepublik. In seiner Antrittsrede vom 20. Januar 1953 hatte US-Präsident Eisenhower zudem den Führungsanspruch seines Landes, die „world leadership" bekräftigt und die USA damit zum einzigen Garanten von Frieden und Freiheit auf der Erde erhoben. Das wurde damals auch von Petra Kelly (noch) nicht angezweifelt, denn die Zeit, in der das europäische Amerika-Bild durch den Vietnam-Krieg erheblich revidiert werden sollte, lag noch fast ein Jahrzehnt entfernt.

Es gab für Petra Kelly also genügend Gründe, ihr Leben auf der anderen Seite des Atlantiks fortzusetzen, und auch eine gewisse Angst, anderenfalls auf Dauer aus ihrer Familie ausgeschlossen zu werden, wird gewiss eine nicht nur marginale Rolle gespielt haben. Wie auch immer – im Dezember 1959 siedelten die Kellys in die Vereinigten Staaten über und fanden in der Kleinstadt Columbus (West-Georgia) ein neues Zuhause, während „Omi Birle" nach Nürnberg zog, wo sie auch vor dem Krieg gelebt hatte.

„Streben nach Höherem"

Es fiel Petra Kelly nicht allzu schwer, sich an die neue Umgebung zu gewöhnen. Ziemlich schnell sprach sie fließend Englisch und insofern bereitete ihr auch die Schule keinerlei Probleme, im Gegenteil. Das amerikanische Schulsystem, das den Wettbewerb in den Mittelpunkt stellte, kam ihrem Ehrgeiz nur entgegen. Konnte sie auch bei den sportlichen Aktivitäten nicht mithalten, so war sie doch fest entschlossen, dieses Manko durch andere Leistungen zu kompensieren und die Nase dabei möglichst weit vorne zu haben. Noch mehr als daheim in Günzburg entwickelte sich Petra Kelly zu einer „Streberin", der gute Noten mehr wert waren als Freundschaften mit Gleichaltrigen. Wenn sie nicht gerade lernte, so pflegte sie in ihrer knapp bemessenen Freizeit mit der kleinen Schwester zu spielen, oder den im August 1960 geborenen Bruder John Lee im Kinderwagen spazieren zu fahren. Mochten andere Mädchen in ihrem Alter in Grüppchen zusammensitzen und albern herumkichern – davon war Petra Kelly weit entfernt. So weit, dass sie damals sogar ernsthaft davon sprach, Nonne zu werden, „eine engagierte Nonne in der Dritten Welt", wie sie später bekannte. Es muss daher angezweifelt werden, ob Petra Kelly bei ihren Klassenkameradinnen wirklich beliebt war.

Gewiss bewunderte man das ernsthafte und pflichtbewusste junge Mädchen in gewisser Weise, jenes deutsche „Fräuleinwunder" auf der Überholspur, doch ob man sie wirklich mochte, ist eher fraglich. Immer nur ernst und ehrgeizig, niemals leichtlebig und ausgelassen, scheint die Einzelkämpferin ihren Mitschülerinnen eher ein wenig unheimlich gewesen zu sein.

War ihr Interesse an der Politik daheim von „Omi Birle" geweckt worden, so sollte es in den USA zum Mittelpunkt ihres Lebens werden. Amerika war für Petra Kelly nämlich nach wie vor das Land ihrer Träume, auch wenn sie inzwischen gemerkt hatte, dass sich die viel zitierten „unbegrenzten Möglichkeiten" keineswegs jedem boten. Besorgt hörte sie von Apartheit und Rassenunruhen, doch gleichzeitig bewunderte sie den Führer der Schwarzen, den charismatischen Martin Luther King ebenso wie den Präsidenten John F. Kennedy, und wie alle Welt war auch sie zutiefst schockiert, als dieser im November 1963 einem Attentat zum Opfer fiel. Doch der Weg des gewaltfreien Widerstandes, den Martin Luther King beschritten hatte, erschien ihr als faszinierende Möglichkeit, die bestehenden Verhältnisse zum Besseren zu wenden. Diesen Weg, das wusste Petra Kelly, würde auch sie einmal gehen.

Es war daher gar keine Frage, was sie nach Abschluss der High School studieren wollte: Politische Wissenschaften, und zwar nach Möglichkeit in Washington, dem Zentrum der Macht. Mit 18 Jahren beendete sie ihre Schullaufbahn mit der Auszeichnung „Oberschülerin mit der größten Aussicht auf Erfolg", um anschließend ihren Traum vom Studium in der Hauptstadt zu verwirklichen. Petra Kelly arbeitete auch weiterhin wie eine Besessene. Mochten sich Altersgenossinnen mit Flirts und „dates" die Zeit vertreiben, sie steckte lieber ihre Nase in die Bücher oder organisierte auf dem Campus politische Veranstaltungen. Dabei hätte ihr das Leben im Studenten-Wohnheim durchaus Gelegenheit zur Abwechslung geboten, doch sie zog es vor, die lebenslustigen Kommilitoninnen sich selbst zu überlassen. Petra Kelly scheint diesen Mangel an „Leben" nicht unbedingt als Nachteil empfunden zu haben, auch wenn das enorme Arbeitspensum letztlich auf

Kosten ihrer angegriffenen Gesundheit ging. Sie sah darin geradezu eine Berufung. An eine Brieffreundin in Deutschland schrieb sie: „Ich habe versucht, alle meine Fähigkeiten zu entwickeln und immer nach dem Höchsten zu streben. Was ich erreichen wollte, habe ich bekommen. Ich bezahle mit meiner Gesundheit. Es ist, als ob ich verrückt wäre, aber ich werde von meinem Herzen zu immer mehr und Besserem getrieben."

„Letter power"

Kurz nachdem Petra Kelly ihr Studium begonnen hatte, erkrankte die kleine Grace an Augenkrebs und die Prognose der Ärzte gab Anlass zu den schlimmsten Befürchtungen. Petra bangte um das Leben ihrer geliebten Schwester, deren Leidensweg sie freilich bald nur noch aus der Ferne verfolgen konnte. Inzwischen war John Kelly nämlich erneut nach Deutschland versetzt worden und die Familie zog 1967 nach Würzburg. Von nun an berichteten zahllose Briefe der Mutter von den wöchentlichen Strahlenbehandlungen in einer Heidelberger Klinik, der seelenlosen Apparatemedizin und den wenig kindgerechten Räumlichkeiten, aber auch von Graces tapferem Umgang mit der schrecklichen Krankheit.

War Petra Kellys Leben bislang durchaus planmäßig verlaufen, so wurde sie durch das schwere Leiden ihrer Schwester erstmals aus der Bahn geworfen. Was war das für eine Welt, in der unschuldige Kinder lebensbedrohlich erkrankten? Musste man da nicht den Ursachen auf den Grund gehen? Und eine dieser Ursachen, da war sich Petra Kelly ganz sicher, war die verdammenswerte Atomenergie, auch wenn sie von interessierter Seite stets verharmlost wurde. Aber hatten nicht Hiroshima und Nagasaki zur Genüge bewiesen, welch teuflischen Geist man herbeigerufen hatte?

Das Weihnachtsfest 1967 wollte Petra Kelly unbedingt mit ihrer Familie und besonders mit Grace in Deutschland feiern. Ein Flugticket freilich konnte sie sich bei ihrem ohnehin recht schmalen Budget nicht leisten, das reichte gerade einmal für Wohnen, Essen und die Bücher, die sie für ihr Studium dringend benötigte. Doch Petra Kelly hat nie daran gezweifelt, dass auch das scheinbar Unmögliche möglich werden konnte, und hin und wieder ist es ihr tatsächlich gelungen.

Diesmal war es ein Brief an den damaligen deutschen Bundeskanzler Kurt Georg Kiesinger, in dem sie ihre Situation schilderte: Allein in den USA, Tausende Kilometer von der Familie und der kleinen Schwester mit der tödlichen Krankheit entfernt – und das an Weihnachten! Offenbar hatten damals nicht viele den Mut, so einfach an hoch gestellte Persönlichkeiten zu schreiben, denn Petra Kellys Brief wurde ernst genommen – und hatte Erfolg: Am 6. Dezember erhielt sie ein Schreiben vom deutschen Caritas-Verband in Freiburg mit der Mitteilung, dass man bereit sei, ihr in dieser Ausnahmesituation das Flugticket zu finanzieren!

Erstmals hatte Petra Kelly Erfolg mit einer Methode, die als „letter power" bezeichnet wird, also die Macht eines einfachen Briefes. Sie ist diesen Weg noch des Öfteren gegangen, unter anderem, um für die todkranke Grace eine Audienz bei Papst Paul VI. zu erwirken. Doch selbst wenn sie es bis nach Rom schafften, die päpstlichen Gebete konnten der kleinen Schwester nicht helfen. Grace starb am 17. Februar 1970 im Alter von 10½ Jahren, kurz bevor Petra Kelly ihr Studium mit Auszeichnung beendete. Der Tod der kleinen Schwester war das Schlimmste, was sie je erlebt hatte, und noch später bezeichnete sie es als das größte Unglück, „dass Kinder sterben müssen – sei es durch Hunger, Kriege, Not oder Krankheit". Doch der Tod von Grace sollte zumindest nicht umsonst gewesen sein. Petra Kelly beschloss, sich in Zukunft selbst für krebskranke Kinder zu engagieren und daher auch mit aller Kraft gegen die Atomenergie zu kämpfen, in der sie die Hauptursache von Krebserkrankungen erkannte. 1973 gründete sie die „Grace W. Kelly-Vereinigung zur Unterstützung der Krebsforschung für Kinder e.V", die schließlich das Modell „Der Kinderplanet" initiierte, das an Krebs erkrankten jungen Menschen ein kindgerechtes Leben während des Krankenhausaufenthaltes ermöglichen sollte.

Brüssel

Petra Kelly hat in Washington Politik daher nicht nur studiert, sondern auch versucht, aktiv an deren Gestaltung mitzuwirken. Es gab schließlich so viel zu tun! Das nach wie vor ungelöste Problem der sozialen Not unter der schwarzen Bevölkerung der USA war 1967 Ursache für schwere Rassenunruhen in vielen Städten des Landes gewesen, die Dutzende von Todesopfern gefordert hatten. Auch der Vietnam-Krieg, der lange Zeit „an der Heimatfront" kaum wahrgenommen worden war, zeigte inzwischen mehr und mehr seine hässliche Fratze und trieb zahllose, meist junge Menschen zum Protest auf die Straße. Natürlich reihte sich auch Petra Kelly in die Reihen der Demonstranten, um für ihre Überzeugungen einzutreten.

Die Massenveranstaltungen dieser Jahre – Demonstrationen, Sit-ins und andere Aktionsformen – haben Petra Kelly ebenso geformt wie fasziniert. Das Bewusstsein, mit einem Heer von scheinbar Gleichgesinnten für das Gute auf der Welt aufzutreten, hat sie gleichsam beflügelt, „zu immer mehr und Besserem getrieben".

Viele Hoffnungen freilich wurden zerstört: Am 4. April 1968 wurde Martin Luther King in Memphis/Tennessee bei einem Attentat tödlich verletzt, und nur wenige Wochen später fand auch Robert Kennedy, für dessen liberale Politik sich Petra Kelly im Wahlkampf leidenschaftlich engagiert hatte, einen gewaltsamen Tod. Mit dem Mord an Martin Luther King erlitt die von ihm gegründete gewaltlose Bewegung zur Besserung der Lage der farbigen Bevölkerung in den USA einen schweren Rückschlag. Mit dem Attentat auf Robert Kennedy war einer der schärfsten Kritiker der Vietnampolitik der USA eliminiert worden. Das „Land ihrer Träume" war Amerika für Petra Kelly die längste Zeit gewesen.

Diese Entwicklung mag dazu beigetragen haben, dass Petra Kelly nach ihrem Examen 1970 die USA verließ und nach Europa zurückkehrte. Private Bindungen, die einen weiteren Aufenthalt in den Staaten lohnenswert gemacht hätten, gab es ohnehin nicht, auch wenn ihre Familie 1970 erneut in die USA zog. Ein Forschungsstipendium der Europäischen Gemeinschaft, die damals freilich noch in den Kinderschuhen steckte, machte ihr die Entscheidung leicht, ihr Studium zunächst in Amsterdam fortzusetzen und im Anschluss daran nach Brüssel zu gehen. Hier arbeitete sie knapp zehn Jahre lang, zunächst als Praktikantin bei der EG-Kommission, seit dem 1. Oktober 1973 als Verwaltungsrätin beim Wirtschafts- und Sozialausschuss.

Petra Kelly war mit hohen Erwartungen und großem Idealismus nach Brüssel gekommen. An der Einigung Europas mitzuarbeiten, erschien der Kämpfernatur als aufregende Herausforderung. Doch die hehren Visionen der verschiedenen Europa-Bewegungen, die sie damals bei ihrer Arbeit zu untersuchen hatte, waren noch meilenweit von der Realität entfernt. Als europäische Beamtin hatte Petra Kelly zudem vornehmlich Verwaltungsausgaben zu erledigen, die nicht gerade ihrem Naturell entsprachen. Überall, so schien es ihr, stieß sie auf die Grenzen einer allzu starren Bürokratie, die jegliches Vorwärtskommen verhinderte. Sie aber wollte etwas bewegen, nichts verwalten!

30 rote Rosen

Da sich Petra Kelly noch nie gescheut hatte, Kritik offen auszusprechen, auch nicht vor den allerhöchsten Stellen, beschloss sie, sich mit ihren Beschwerden gleich an den EG-Präsidenten Sicco Mansholt persönlich zu wenden. Mansholt war ein väterlicher älterer Herr von 64 Jahren, der sich schon früh für die Einigung Europas eingesetzt und bereits bei den Römischen Verträgen mitgearbeitet hatte. Der temperamentvolle Auftritt der zornigen 24-Jährigen verfehlte seine Wirkung nicht – anders freilich, als Petra Kelly es sich vorgestellt hatte. Statt einer Antwort gab ihr Mansholt recht unverfroren einen Kuss auf die Wange, ein Akt, der die junge Frau ganz offensichtlich in ein ziemliches Gefühlschaos gestürzt hat. Anders lässt es sich jedenfalls nicht erklären, dass Petra Kelly bald darauf mit dem 40 Jahre älteren Mansholt, der leicht ihr Großvater hätte sein können, eine Beziehung einging.

Bis zu diesem Zeitpunkt hatte sie offenbar tatsächlich wie eine Nonne gelebt, stets wie besessen gearbeitet und „nach Höherem gestrebt", eine „Jeanne d'Arc des Atomzeitalters" eben. Es ist nicht auszuschließen, dass sie auf gleichaltrige Männer ein wenig einschüchternd wirkte, zudem möglicherweise etwas zu ehrgeizig und zu verbissen. Vielleicht war Mansholt daher wirklich der erste Mann, der in Petra Kelly nicht vornehmlich die politische Aktivistin, sondern ein recht attraktives weibliches Wesen sah, das sich zudem sehr mädchenhaft zu kleiden pflegte und Rüschen sowie Blumenmuster bevorzugte. Einschüchtern ließ sich Mansholt jedenfalls nicht.

Als Petra Kelly nur kurze Zeit später ihre Familie in den USA besuchte und sich schon auf den Weg zurück nach Brüssel machen wollte, erreichte sie ein Telegramm: „Bitte warte. Sicco." Auch Mansholt hielt sich zu diesem Zeitpunkt gerade anlässlich einer UNO-Tagung in den Vereinigten Staaten auf und bat Petra Kelly, ihn in New York vom Flughafen abzuholen. Als sie dort ankam, empfing er sie mit 30 roten Rosen und der Ankündigung, fortan mit ihr zusammenleben zu wollen.

Für eine Frau mit derart hohen moralischen Ansprüchen, wie sie Petra Kelly vertrat, mag es seltsam erscheinen, dass sie sich auf eine Beziehung mit einem verheirateten Mann einließ. Gewiss wird ihre Einsamkeit im „Molloch Brüssel" eine maßgebliche Rolle gespielt haben, dass sie nun ihr Leben mit dem väterlichen Mansholt teilen wollte. Denn andere Freunde hat sie in den beinahe zehn Jahren, die sie insgesamt in Brüssel verbrachte, keine gefunden. Nicht ein einziges Mal wurde Petra Kelly eingeladen, wenn Kollegen nach Dienstschluss im privaten Kreis zusammentrafen. Und das hat ganz offenbar nicht nur daran gelegen, dass es für die junge Frau so etwas wie „Dienstschluss" gar nicht zu geben schien. Mit Mansholt aber hatte sie nun einen Partner gefunden, mit dem sie auch politisch harmonierte, auch wenn der mit seinen 64 Jahren wohl eher an seine bevorstehende Pensionierung dachte als an die

Verwirklichung hochfliegender Pläne. Doch auch wenn es politische Gemeinsamkeiten gab, so brach die Beziehung schon bald wieder auseinander. Petra Kelly hatte von einer Partnerschaft nämlich eine durchaus eigenwillige Vorstellung, die sich recht einseitig auf die politische Ausrichtung bezog. Für das eigentliche Leben suchte sie hingegen eher jemanden, der sich um sie kümmerte und ihr die lästigen Alltagsangelegenheiten abnahm, der ihre Kleidung aus der Reinigung abholte, die Einkäufe erledigte und für sie kochte. Selbst hat Petra Kelly nämlich niemals in ihrem Leben am Herd gestanden.

Mansholt freilich, der seit mehr als 40 Jahren eigentlich glücklich verheiratet war, war es nicht gewohnt, den „Kümmerer" zu spielen, schließlich war auch er daheim stets versorgt worden. Hinzu kam, dass Petra Kelly letztlich ein zutiefst egoistischer Mensch war, dem es schwerfiel, auf die Umgebung Rücksicht zu nehmen. Das hatten die anderen zu tun, und angesichts der zerbrechlichen Gestalt und der zarten Gesundheit Petra Kellys waren insbesondere die Männer auch leicht geneigt, ihr den Gefallen zu tun, zumindest eine Zeit lang.

Für eine „normale" Beziehung war Petra Kelly ganz offensichtlich nicht geschaffen. Mansholt kehrte daher auch schon bald wieder zu seiner treu sorgenden Ehefrau zurück, sichtlich erschöpft von der überaus anstrengenden und fordernden jungen Freundin. Petra Kelly war – endlich – wieder allein.

Die Einzelkämpferin

Die Beziehung zu Sicco Mansholt hatte an der Brüsseler Bürokratie natürlich nichts ändern können, und Petra Kelly entdeckte nach wie vor überall um sie herum Hindernisse und Unzulänglichkeiten, die sie am liebsten allesamt sofort aus dem Weg geräumt hätte. Sie weigerte sich zu erkennen, dass dies unmöglich war. Stattdessen stürzte sie sich voller Ungeduld immer mehr in ihre Arbeit, saß oft bis in die Nacht über den Aktenbergen, nicht selten auch am Wochenende zu Hause. Ein Privatleben fand jetzt überhaupt nicht mehr statt. Mögliche freie Zeit füllte Petra Kelly mit Tagungen und Konferenzen oder reiste zu Demonstrationen nach Deutschland, wo sich unterdessen eine beachtliche Anti-Atom-Bewegung formiert hatte. Und Atomenergie war für Petra Kelly schließlich jenes Teufelszeug, das sie für den Tod ihrer kleinen Schwester mitverantwortlich machte.

In der Bundesrepublik war es 1975 wegen des geplanten Baus des Atomkraftwerks Wyhl am Niederrhein zu einer ersten Kraftprobe zwischen Bürgerinitiativen, Behörden und Energieversorgungsunternehmen gekommen. Im Februar hatten 25 000 Kernkraftgegner demonstriert, und einem Teil von ihnen war es gelungen, den Bauplatz dauerhaft zu besetzen. Tatsächlich verfügte das Verwaltungsgericht Freiburg am 21. März einen vorläufigen Baustopp, nachdem die Gegner des Atomkraftwerks neben Zweifeln an der Strahlensicherheit überzeugend auf die Gefahren für das ökologische Gleichgewicht der Gegend verweisen konnten.

Auch gegen den Bau anderer Atomkraftwerke erhob sich damals massiver Protest, so in Kalkar, wo der berüchtigte „schnelle Brüter" gebaut werden sollte, der freilich niemals vollendet wurde und heute die Kulisse für einen Vergnügungspark bildet.

Im November 1976 formierte sich eine von fast 30 000 Teilnehmern besuchte Großdemonstration gegen den Bau des niedersächsischen Kernkraftwerks Brokdorf als Auftakt zu weiteren Aktionen sowie Auseinandersetzungen mit der Polizei. Nur wenige Monate später, im März 1977, gingen rund 15 000 Kernkraftgegner auf die Straße, um gegen die Wiederaufbereitungsanlage für hoch radioaktive Abfälle in Gorleben zu demonstrieren. Petra Kelly war so oft es nur ging mit Feuereifer bei der Sache, immer an vorderster Front, und hier, in dieser weitgehend anonymen Masse Menschen gleicher Gesinnung, fühlte sie sich wohl, hier war sie in ihrem Element. Hier hoffte sie, endlich das bewegen zu können, was ihr in Brüssel verwehrt blieb. Und schließlich lernte sie bei ihrem Engagement gegen die Atomkraft erneut einen Mann kennen, der mehr wurde, als nur ihr politischer Partner: der irische Gewerkschaftsführer John Carroll, der sich nicht minder stark für die Verdammung der Kernenergie einsetzte wie Petra Kelly selbst.

Freilich hatte die Sache auch diesmal einen Haken. Wie Mansholt, so war der rund 50 Jahre alte Carroll ebenfalls seit vielen Jahren verheiratet, und eine Scheidung von seiner Frau kam für den gläubigen Katholiken nicht in Frage – was ihn freilich keineswegs daran hinderte, eine Beziehung mit Petra Kelly einzugehen. Und auch ihr machte es offenbar nichts aus, in diese Ehe einzudringen, vielleicht, weil sie glaubte, dass das „höhere Ziel", der Kampf gegen die Kernenergie, Vorrang vor einer privaten Angelegenheit hatte. Warum also sollte sie auf Carrolls unbekannte Frau Rücksicht nehmen, wenn es doch um nichts weniger als eine „bessere Welt" ging?

Doch auch die Beziehung des „Anti-Atom-Dreamteams" Kelly/Carroll war nur vorübergehender Natur, denn zu einer wirklichen Partnerschaft waren beide im Grunde genommen nicht bereit, auch wenn Petra Kelly möglicherweise daran gedacht haben mag, ihrem Leben, das bislang in vielen Bereichen an ihr vorübergegangen war, doch noch eine entscheidende Wendung zu geben. Sie wurde ungewollt schwanger, spielte aber offenbar mit dem Gedanken, das Kind dennoch zur Welt zu bringen. Carroll freilich reagierte eher bestürzt und sah seine Ehe in Gefahr – Egozentriker also letzten Endes auch er. Petra Kelly entschied sich letztlich zur Abtreibung, auch aus gesundheitlichen Erwägungen und nicht ganz unbegründeten Befürchtungen. Die vielen Röntgenuntersuchungen, die sie aufgrund ihrer Nierenkrankheit über sich hatte ergehen lassen müssen, würden möglicherweise dem Ungeborenen schaden.

Es ist freilich kaum vorstellbar, dass Petra Kelly wirklich den anderen Weg gewählt hätte, selbst wenn sie körperlich robuster gewesen wäre. Wie hätte sie ihr hektisches und unstetes Leben mit einem Kind vereinbaren sollen, einem Kind zudem, das sie wohl allein hätte aufziehen müssen? Wie hätte sie es schaffen sollen, für ein Baby zu sorgen, wenn sie selbst versorgt werden wollte? Sie hätte ihr Leben radikal umstellen und, zumindest vorübergehend, sich und ihre Bedürfnisse zurücknehmen müssen. Kaum vorstellbar, dass Petra Kelly dazu bereit und in der Lage gewesen wäre.

Und so nahm sie nach der Trennung von Carroll ihr altes Leben wieder auf und stürzte sich in die Arbeit, wobei es ihr immer schwerer fiel, die Verwaltungsaufgaben, die man von ihr verlangte, zu erledigen. Sie, die etwas bewirken und bewegen wollte, hielt es kaum aus, dass nur so wenig von dem, was an Brüsseler Schreibtischen erarbeitet wurde, letztlich in die praktische Politik umgesetzt werden konnte. Politisches Engagement aber war in der Behörde nicht gefragt, doch gerade das war es ja, was Petra Kelly beflügelte – und ihr nicht selten Kritik einbrachte. Ihre eigenwillige Haltung trug nicht unerheblich dazu bei, dass sie mehr und mehr in die Isolation geriet, doch je isolierter zu wurde, desto verbissener arbeitete sie. Über Jahre hinweg schlief sie nachts höchstens drei oder vier Stunden und strapazierte ihren ohnehin angegriffenen Körper damit aufs Äußerste – ohne dadurch freilich etwas verändern zu können.

Als Beamtin war Petra Kelly , das spürte sie wohl selbst, völlig ungeeignet, eine Einzelkämpferin, die sich einem mächtigen, geradezu feindlichen Apparat gegenübersah, der sie zu verschlingen drohte.

Eine neue grüne Heimat

Natürlich spielte Petra Kelly mit dem Gedanken, Brüssel zu verlassen und ein neues, wirklich befriedigendes Arbeitsfeld zu finden. Aber wo? So richtig wohl fühlte sie sich nur bei der politischen Agitation, bei ihrem Bemühen, die Welt zu verändern. Und die Probleme auf dieser Erde schienen jeden Tag größer zu werden, es galt, an immer mehr Fronten zu kämpfen, nicht nur gegen die Atomenergie, auch wenn der nach wie vor Petra Kellys stärkstes Engagement galt, und nicht selten mit Erfolg, wie die Beispiele Wyhl und Kalkar gezeigt hatten. Inzwischen aber war das Problem noch brennender geworden. Unter dem Eindruck des schweren Nuklearstörfalls, der sich 1979 im amerikanischen Atomkraftwerk Harrisburgh ereignet hatte, protestierten im März mehr als 40 000 Menschen gegen die geplante Wiederaufbereitungs- und Endlagerungsanlage Gorleben. Tatsächlich räumte im Mai 1979 der niedersächsische Ministerpräsident Ernst Albrecht (CDU) in einer Regierungserklärung ein, die Anlage sei zwar sicherheitspolitisch vertretbar, aber politisch nicht durchzusetzen. Ergebnis war eine Zwischenlagerung, die freilich bis heute höchst umstritten ist.

Der Lebensraum von Mensch und Tier war jedoch nicht nur durch die Atomkraftwerke bedroht, auch durch eine zunehmend betonierte Landschaft, in der dem Individualverkehr eine immer größere Bedeutung zukam – mit verheerenden Folgen: Am 17. Januar 1979 löste die Landesregierung von Nordrhein-Westfalen den ersten Smog-Alarm in der Bundesrepublik aus. In den Industrierevieren an der Ruhr und am Niederrhein hatte der Schwefeldioxydgehalt in der Luft den Grenzwert mehrere Stunden lang überschritten.

Größten Anlass zur Sorge gab Ende der 1970er Jahre auch der so genannte NATO-Doppelbeschluss, und viele sahen damals die Gefahr, dass aus dem „kalten" Krieg schon bald ein „heißer" werden konnte, möglicherweise sogar ein Atomkrieg „aus Versehen". Durch die Stationierung neuer SS 20-Raketen hatte der Warschauer Pakt nach Ansicht des westlichen Verteidigungsbündnisses ein bedeutendes Rüstungsübergewicht in Europa erlangt. Am 12. Dezember 1979 hatten die Nato-Staaten daher den Beschluss gefasst, von 1983 an nuklear nachzurüsten. 108 Pershing II-Raketen mit einer Reichweite von 1800 km sollten ausschließlich in der Bundesrepublik aufgestellt werden, 464 Cruise Missiles (Marschflugkörper mit einer Reichweite von 2500 km) zusätzlich in den Niederlanden, Belgien und Italien. Unabhängig vom Ort ihrer Stationierung sollten die Waffen unter der alleinigen Kontrolle der USA bleiben. Zugleich wollte die NATO der Sowjetunion Verhandlungen über eine beiderseitige ausgewogene Begrenzung der Waffen anbieten. Der damalige deutsche Bundeskanzler Helmut Schmidt hatte an dieser Entscheidung maßgeblich mitgewirkt. Für Petra Kelly, die bis dahin Mitglied der SPD gewesen war, war das Grund genug, dieser Partei den Rücken zu kehren.

Der NATO-Doppelbeschluss führte nicht nur über Jahre zu einer scharfen innenpolitischen Polarisierung, sondern auch zur Konstituierung einer breiten Friedensbewegung, in der

Petra Kelly nun ein weiteres Betätigungsfeld fand. Und damit nicht genug: Seit Mitte der 70er Jahre beschäftigten sich in der Bundesrepublik zahllose, meist junge Leute, die sich zu den eher undogmatischen Linken zählten, mit den Fragen Ökologie, Frieden und Anti-Atomkraft. Einer der führenden Köpfe war der frühere APO-Anführer Rudi Dutschke, der freilich schon bald an den Spätfolgen des Attentats vom April 1968 starb. Zunächst waren es lokale und regionale Initiativen gewesen, die sich aus Protest gegen die Unbeweglichkeit und mangelnde Handlungsbereitschaft der etablierten Parteien bei der Lösung sozialer und ökologischer Probleme formiert hatten. Stark war man freilich nur gemeinsam. Und so schlossen sich alle möglichen Bürgerinitiativen, Umweltschutzorganisationen, linke Gruppen wie regionale „grüne Listen" im März 1979 zur „Sonstigen politischen Vereinigung. Die Grünen" zusammen, um bei den Wahlen zum Europäischen Parlament im Juni desselben Jahres antreten zu können. Die rund 450 Delegierten beschlossen ein Wahlprogramm, das eine ökologische Ausrichtung der Europäischen Gemeinschaft forderte und wählten jene Frau zu ihrer Spitzenkandidatin, die sowohl durch ihr kämpferisches Engagement als auch durch ihr Fachwissen auf zahllosen Kongressen, Tagungen und Demonstrationen beeindruckt hatte: die mittlerweile 37-jährige Petra Kelly. Sie erreichte bei der Europawahl 3,2% der Stimmen, übersprang damit zwar nicht die 5%-Hürde, aber das hatte schließlich auch keiner von der jungen Gruppierung erwartet. Man hatte einen Achtungserfolg errungen, der zur Hoffnung berechtigte, es bei den Bundestagswahlen im kommenden Jahr schaffen zu können.

„Muss man sich selbst vergessen, wenn man die Welt verändern will?"

Am 13. Januar 1980 fand in Karlsruhe ein Bundeskongress der Grünen statt, auf dem beschlossen wurde, aus der „Sonstigen politischen Vereinigung" eine „richtige" Partei zu machen: die GRÜNEN. Die neue Partei bestand aus den unterschiedlichsten Gruppen, die zum Teil einen eher konservativen Hintergrund hatten, teils eher aus dem sozialistischen oder kommunistischen Lager kamen. Ihr kleinster gemeinsamer Nenner war der Umweltschutz, den sie sich auch auf dem Programmparteitag im März 1980 in Saarbrücken auf ihre Fahnen schrieben und damit zu einer Politik bekannten, deren Ausrichtung sie mit den Attributen „ökologisch, sozial, basisdemokratisch und gewaltfrei" charakerisierten. Petra Kelly wurde in den Bundesvorstand gewählt.

Zu ihren Aufgaben als Verwaltungsrätin in Brüssel kam also noch die Parteiarbeit und nicht zuletzt der Wahlkampf, in dem sie unermüdlich im Einsatz war, um die potentiellen Grünen-Wähler zu überzeugen und zu mobilisieren, ein Pensum, das im Grunde überhaupt nicht zu schaffen war. Zwar hatte sie in „Omi Birle" eine überaus engagierte Helferin, die ihr auf den Wahlkampf-Touren quer durch die Bundesrepublik als „Assistentin" zur Seite stand, Briefe abtippte oder Flugblätter verteilte. Das zehrte an ihren Kräften, aber der Einzug in den deutschen Bundestag schien schließlich zum Greifen nahe. Umso größer war dann jedoch die Enttäuschung, als das Wahlergebnis am 5. Oktober 1980 erneut unter der 5 %-Marke blieb. Man tröstete sich schließlich etwas damit, dass offenbar viele potentielle Wähler „sicherheitshalber" die SPD gewählt hatten, um dem Kanzlerkandidaten der CDU/CSU, Franz Joseph Strauß, keine Chance zu geben.

Petra Kelly dachte nicht ans Aufgeben, obwohl es nicht mehr lange dauerte, bis sich in der jungen „Anti-Parteien-Partei" die ersten internen Auseinandersetzungen abzeichneten. Wenngleich nämlich die konservativen Umweltschützer, die ohnehin in der Minderheit waren, die Partei bald verließen, hatten sich dennoch zwei Flügel gebildet, die bis heute bestehen: die radikaloppositionellen „Fundis" und die reformorientierten Pragmatiker, „Realos" genannt. Zwar sagte Petra Kelly in einem SPIEGEL-Gespräch (14. Juni 1982): „Ich finde, die Vielfalt der Flügel bereichert unsere Partei ... Ich will keinen Kommunisten und keinen Wertkonservativen ausschließen und muss das auch nicht. Denn da lernt einer vom anderen, die zerfleischen sich nicht mehr, sondern gehen aufeinander zu."

Das freilich war Wunschdenken, wie sich schon bald zeigen sollte. Die permanenten parteiinternen Auseinandersetzungen sollten Petra Kelly schließlich zermürben.

Im Oktober 1982 zerbrach die sozial-liberale Koalition unter Bundeskanzler Helmut Schmidt und für den März des kommenden Jahres waren Neuwahlen angesetzt. Also schon wieder ein Wahlkampf! Petra Kelly entschloss sich, unbezahlten Urlaub von der EG zu nehmen, um sich voll und ganz für ihre Partei einsetzen zu können, an ihrer Seite außer ein paar politischen Freunden nur „Omi Birle" sowie Gert Bastian, ein vorzeitig pensionierter General, der sich als entschiedener Gegner des NATO-Doppelbeschlusses den GRÜNEN angeschlossen hatte. Petra Kelly hatte ihn im Oktober 1980 auf einer hitzigen Podiumsdiskussion in München kennen gelernt und war zunächst regelrecht wütend geworden, als Bastian die Meinung vertrat, Frauen seinen „von Natur aus wehrungeeigneter als die Männer". Gleichwohl imponierte ihr die Zivilcourage des 1923 geborenen rebellischen Generals, Mitverfasser des „Krefelder Appells an die Bundesregierung", der von fast fünf Millionen Menschen unterschrieben worden war, die ebenfalls strikt gegen die Stationierung neuer Atomraketen in Europa waren. Und so kamen sich Petra Kelly und Gert Bastian nicht nur politisch, sondern auch menschlich näher und galten in ihrer Partei – zumindest eine Zeitlang – als „Traumpaar der GRÜNEN".

Dieser Wahlkampf brachte Petra Kelly jedoch an ihre Grenzen: „Sie verbrennt sich selbst", schrieb die Süddeutsche Zeitung vom 13./14. November 1982, „eine Flamme, die um sich greift, ohne Schonung. Muss man sich selbst vergessen, wenn man die Welt verändern will – darf man's?" Doch diesmal wurde ihr unermüdlicher Einsatz belohnt: Am 6. März 1983 erreichten die GRÜNEN 5,6% der Stimmen und zogen erstmals in den Bundestag ein. Petra Kelly wurde neben Otto Schily und Marie Luise Beck-Oberdorf Fraktionssprecherin ihrer Partei.

Die „Anti-Parteien-Partei", wie sie sich selbst verstand, brachte durchaus frischen Wind ins Bonner Parlament, auch wenn die Abgeordneten der etablierten Parteien hin und wieder die Nase rümpften, wenn ihre neuen Kolleginnen und

Kollegen mit Strickzeug, Sonnenblumen und Transparenten zu den Sitzungen erschienen. Auf jeden Fall waren sie eine Herausforderung: Es gab kaum ein Thema, das die GRÜNEN nicht auf die Tagesordnung brachten. Außer Umweltschutz und Abrüstungsfragen sorgte man sich gleichermaßen um bedrohte Völker auf der Erde, das Schicksal politisch Gefangener, Elektrosmog sowie die Ursache für Krebserkrankungen, was Petra Kelly ganz besonders am Herzen lag.

Unterdessen hatte die engagierte Politikerin auch internationale Anerkennung erlangt und war im Dezember 1982 in Stockholm mit dem alternativen Friedensnobelpreis „Right Livelihood Award", gestiftet von Jakob von Uexkuell, ausgezeichnet worden. Doch all diese Erfolge konnten nicht darüber hinwegtäuschen, dass die langjährigen Belastungen begannen, ihren Tribut zu fordern. 12 bis 16 Stunden am Tag zu arbeiten, meist zusätzlich am Wochenende, das konnte niemand lange durchhalten, erst recht nicht, wenn das ganze Leben nur noch aus Parteiarbeit bestand.

Petra Kelly – ein sinkender Stern

Bei Petra Kelly machte sich die Arbeitsüberlastung seit etwa 1982 in Form von immer häufiger werdenden Panikattacken bemerkbar. Ausgelöst wurden diese Angstzustände möglicherweise durch Aktionen der rechtsextremen EAP, die die Politikerin über einen längeren Zeitraum hinweg tyrannisierte und bedrohte. Doch vielleicht lag der wahre Grund auch ganz woanders.

Ihr unermüdlicher Einsatz für die GRÜNEN hatte Petra Kelly mit der Zeit dünnhäutig werden lassen. Die ständigen Grabenkämpfe zwischen „Fundis" und „Realos" belasteten sie. Sie war die ewigen Diskussionen leid, wollte nicht nur reden, sondern endlich etwas bewegen. Doch je öfter sie mit ihrer hektischen Stimme das Wort ergriff, um den Parteifreunden ihre Ideen zu erörtern, desto mehr spürte sie die Distanz zu den meisten von ihnen. Viele nämlich sahen durch Petra Kellys herausragende Rolle das Gleichheitsprinzip ihrer Partei, die „Basisdemokratie", verletzt. Einen „primus inter pares" sollte es bei den GRÜNEN daher nicht geben, und trotz aller Bemühungen um die Emanzipation der Frau auch keine „prima". Schließlich blieben in der „Anti-Parteien-Partei" individuelle Eifersüchteleien nicht aus, und ein prominenter „Star" wie Petra Kelly hatte es natürlich besonders schwer.

Das lag freilich auch daran, dass sie sich nicht zurücknehmen konnte und überzeugt war, die eigentlich treibende Kraft in ihrer Partei zu sein. Und wie die anderen keine Rücksicht auf ihre Gefühle nahmen, so nahm sie selbst keine Rücksicht auf die Gefühle anderer. Hinzu kam, dass sie von ihren Parteifreunden den gleichen Einsatz forderte, den sie selbst für ihre Partei leistete. Dass andere Menschen möglicherweise Ruhepausen brauchten oder schlicht und einfach noch ein Privatleben hatten, schien Petra Kelly nicht zu interessieren.

Nach dem Einzug der GRÜNEN in den Bundestag nahmen ihre Panikattacken noch mehr zu. Sie selbst bekannte einmal, Angst zu haben, wenn sie vor dem Plenum sprach. Die oft recht massiven Angriffe der etablierten – männlichen – Abgeordneten, deren beißende Ironie und Hohngelächter verbitterten sie. „Seit ich in Bonn bin, bin ich immer männerfeindlicher geworden", sagte sie in einem Fernseh-Interview.

Schritt für Schritt geriet Petra Kelly aber auch in ihrer eigenen Partei in die Isolation. Nach außen hin mochte sie zwar noch der Star und das Aushängeschild der GRÜNEN sein, intern aber begann sie ihren Parteifreunden mehr und mehr auf die Nerven zu gehen. Der grüne Politstar, so schien es, hatte alles Leid der Welt auf seine Schultern geladen, fühlte sich für alles verantwortlich und wollte, die Realitäten meist völlig verkennend, alles zum Besseren wenden. Sie sah nicht das, was bereits erreicht war, nur das, was noch erreicht werden musste: 5 Millionen Menschen hatten den „Krefelder Appell" unterschrieben. Es hätten mehr sein müssen! Die Friedensbewegung hatte gewaltigen Zulauf und brachte im Oktober 1981 mehr als 100 000 Menschen dazu, im Bonner Hofgarten für Frieden und Abrüstung zu demonstrieren. Warum waren nicht noch mehr gekommen?

Selbstkritisch räumte sie einmal ein, dass Ungeduld wohl

ihr größter Fehler war. Doch ihr Leitmotiv „Warte nicht auf bessere Zeiten und Umstände" ließ ihr wohl keine andere Wahl. Petra Kelly weigerte sich, auch nur die geringste Ungerechtigkeit schulterzuckend hinzunehmen. Doch immer und von allem betroffen, immer am Rande der Verzweiflung, war sie für ihre Umgebung mitunter kaum noch zu ertragen: „Eine Träne von der Kelly, und wir verlassen den Saal" – ein Satz, der bei den GRÜNEN die Runde zu machen begann. Kaum jemand bedauerte daher, dass das Rotationsprinzip Petra Kelly 1984 zwang, ihr Amt niederzulegen.

Einen Menschen immerhin gab es, der fest an ihrer Seite stand: der streitbare Ex-General Gert Bastian, eine Zeitlang ebenfalls Bundestagsabgeordneter der GRÜNEN, 1984 aber wegen Differenzen aus der Partei ausgetreten. Er lebte schon seit einer Weile zusammen mit Petra Kelly in deren Reihenhaus in Bonn-Tannenbusch, wenngleich er daheim in München Frau und Kinder hatte. Doch die Lebensgemeinschaft mit Petra Kelly wurde zunehmend problematischer. Die „Einzelkämpferin" hatte nämlich ihre frühere Souveränität inzwischen verloren. Sie war vorher noch nie wirklich von einem Mann abhängig gewesen, hatte in ihrem Lebenspartner immer vornehmlich jemanden gesehen, durch den sich ihr Arbeitspensum verdoppeln ließ. Doch das hatte sich geändert. Inzwischen konnte Petra Kelly einfach nicht mehr allein sein, und klammerte sich geradezu ängstlich an Gert Bastian. Überall hin musste er sie begleiten, denn mittlerweile waren ihre Angstzustände derart bedrohlich, dass sie sich nicht mehr traute, allein zum Einkaufen oder zum Friseur zu gehen. Bastian war ohnehin nicht nur ihr Liebhaber und politischer Weggefährte, sondern, ähnlich wie Mansholt seinerzeit, zugleich ihr Laufbursche und Lakai. Doch er war auch ihr Fels in der Brandung, ihr „Strohhalm", an den sie sich in zunehmender Verzweiflung klammerte. Der Gedanke an ein Leben ohne Gert Bastian schien ihr unerträglich. Mit ihm bildete sie so etwas wie eine Symbiose gegen den Rest der Welt, zumindest aber gegen den Rest der GRÜNEN.

Auch wenn Petra Kellys Popularität in Deutschland unterdessen ein wenig nachgelassen hatte, so war ihre Arbeitsbelastung deswegen keinesfalls geringer geworden, im Gegenteil. Ihr Haus in der Swinemüder Straße 6 quoll nach wie vor über von Briefen, Schriftstücken, Büchern und Zeitschriften, die überall, auf Schränken und Kommoden, Tischen und Stühlen, dem Fußboden, ja, selbst auf dem Herd herumlagen. Aber Petra Kelly kochte ja ohnehin nie, und so gab es für sie offenbar keinen Grund, nicht auch noch diese freie Fläche für ihre Arbeitsunterlagen zu nutzen. Doch es war mehr als die berühmte „geniale Unordnung", die so viele kreative Menschen umgibt. Das äußere Chaos war identisch mit einem inneren. Dass sich die rastlose Politikerin stark vom Buddhismus angesprochen fühlte, mochte mit ihrem politischen Denken vereinbar sein, mit ihrem hektischen Leben ohne jegliche Besinnungspausen jedoch keinesfalls.

Aus dem Ausland kamen immer noch zahllose Einladungen zu Tagungen, Kongressen und Vorträgen, die Petra Kelly freilich nur noch annahm, wenn Gert Bastian mitreisen konnte. Anfangs hatte es ihm großen Spaß gemacht, an der Seite seiner Lebensgefährtin die ganze Welt kennen zu lernen, doch mit der Zeit wurde es einfach zu anstrengend. Aber das hektische Leben ging unvermindert weiter, auch wenn es an der Politikerin tiefe Spuren hinterließ: Die ohnehin zarte Petra Kelly war noch magerer, die Schatten unter ihren Augen waren noch dunkler, der Zug um ihren Mund noch verbissener geworden. Mehrere Zusammenbrüche waren die Folge, doch so gut es eben ging ignorierte sie diese Warnzeichen ihres Körpers. Aber auch Gert Bastian war am Ende seiner Kraft und sah inzwischen derart elend aus, dass seine Ehefrau Angst um sein Leben hatte. Ihr nämlich hatte er sein Herz ausgeschüttet und gestanden, wie unerträglich sein Leben mit Petra Kelly mittlerweile geworden war. Sein Leben war ihm regelrecht abhanden gekommen, für sich selbst schien es keinen Entfaltungsspielraum mehr zu geben. Und doch schaffte er es nicht, sich aus der beklemmenden Symbiose zu befreien, noch nicht einmal, als Petra Kelly vorübergehend eine Affäre mit dem tibetischen Arzt Palden Tawo hatte, den sie seit einer Tibet-Anhörung in Bonn 1989 kannte: „Wenn ich gehe, bleibt Petra im Bett liegen, isst nichts mehr und verhungert", erklärte Bastian seiner Frau, und vielleicht kam er der Wahrheit damit tatsächlich ziemlich nahe. Er konnte nicht gehen, doch er konnte auch nicht bleiben. Schon damals scheint er sich mit Suizidgedanken beschäftigt zu haben. Zumindest gegenüber Palden Tawo äußerte er einmal die Möglichkeit, der unerträglichen Situation ein Ende zu bereiten, indem er erst Petra Kelly im Schlaf, anschließend sich selbst erschießen wollte. Ein Warnzeichen, das freilich nicht ernst genug genommen wurde.

Nachdem die GRÜNEN seit den Wahlen 1990 nicht mehr im Bundestag saßen, war Petra Kellys Kontakt zu den ehemaligen Parteifreunden weitgehend abgerissen. Und so ahnte offenbar niemand, welches Drama sich in dem kleinen Reihenhaus in Bonn-Tannenbusch abzuzeichnen begann.

„Man muss sich selbst verändern, ehe man versucht, die Welt draußen zu verändern", diesen Satz hat Petra Kelly einmal als ihr Motto bezeichnet. Vielleicht wäre alles anders gekommen, wenn Petra Kelly sich tatsächlich selbst verändert hätte, wenn sie zumindest ärztliche Hilfe in Anspruch genommen hätte.

Der letzte Akt

Im Oktober 1992 schien zunächst niemand das ehemalige „grüne Traumpaar" zu vermissen. Selbst „Omi Birle" hatte sich längst daran gewöhnt, von ihrer viel beschäftigten Enkelin nur hin und wieder zu hören, schließlich war Petra Kelly ständig unterwegs. Am 1. Oktober, dem 87. Geburtstag der Großmutter, hatte ein Bote eine Blumenschale überbracht, das war das letzte Lebenszeichen von Petra Kelly gewesen. Erst Bastians Ehefrau machte sich ernsthafte Sorgen, als sie am 19. Oktober aus einem mehrwöchigen Urlaub zurückgekehrt war und mehrmals vergeblich versucht hatte, ihren Mann in Bonn telefonisch zu erreichen. Nachbarn, die für den Notfall den Schlüssel des Kelly-Hauses besaßen, wurden gebeten, doch einmal nachzuschauen. Dass der Briefkasten überquoll, gab allein schon Grund zur Sorge, der durch einen penetranten Geruch im Inneren des Hauses bestätigt wurde. Im Flur lag der tote

Gert Bastian, und nach dem Zustand der Leiche zu urteilen war der Tod schon vor einiger Zeit eingetreten.

Die Polizei fand im ersten Stock auch den Leichnam von Petra Kelly auf ihrem Bett liegend. Die Rekonstruktion ergab, dass Gert Bastian offenbar am 1. Oktober zuerst seine Lebensgefährtin im Schlaf durch einen Schuss in die Schläfe getötet und sich schließlich selbst gerichtet hat. Die Waffe hatte der ehemalige General schon seit Jahren im Schrank deponiert.

Der Tod des prominenten Politikerpaares gab etliche Rätsel auf und scheint heute noch, zehn Jahre später, reichlich mysteriös. Es gab keinen Abschiedsbrief. Alles deutete auf einen doppelten Selbstmord. Doch wollte Petra Kelly wirklich sterben? Die vielen Pläne, die sie noch hatte, sowie ihr übervoller Terminkalender schlossen das eigentlich aus. Aber wollte, konnte sie auch ohne Gert Bastian weiter leben? Darüber lässt sich nur spekulieren. Es ist freilich nicht auszuschließen, dass Bastian diese Frage zumindest für sich mit einem klaren „nein" beantwortet hat. Als er schließlich – aus welchen Gründen auch immer – keinen anderen Ausweg mehr sah als Selbstmord, hat er Petra Kelly daher mit in den Tod genommen, in gewisser Weise fürsorglich bis zum Schluss.

Am 26. Oktober 1992 wurde Petra Kelly auf dem Waldfriedhof in Würzburg beigesetzt.

Literatur

Charlotte Corday, S. 9–26

Beise, Arnd: Charlotte Corday. Karriere einer Attentäterin. Marburg 1992
Die Französische Revolution in Augenzeugenberichten. München 1980
Held, Jutta: Frauen im Frankreich des 18. Jahrhunderts. Amazonen, Mütter, Revolutionärinnen. Hamburg 1989
Kerstenholz, Salomé: Die Gleichheit vor dem Schafott. Portraits französischer Revolutionärinnen. Darmstadt 1988
Krauss, Sibylle: Charlotte Corday. Romanbiographie. Hamburg 1988
Marko, Gerda: Das Ende der Sanftmut. Frauen in Fankreich 1789–1795. München 1993
Michelet, Jules: Die Frauen der Revolution. München 1913
Ders.: Die Geschichte der Französischen Revolution. Frankfurt 1988
Nettelbeck, Petra (Hg.): Charlotte Corday. Ein Buch der Republik. Mit einer Portraitgalerie der Revolution. Nördlingen 1987
Petersen, Susanne: Marktweiber und Amazonen. Frauen in der Französischen Revolution. Köln 1987
Rousseau, Jean-Jacques: Emile. Paderborn 1978, S. 425

Sarah Bernhardt, S. 27–51

Bernhardt, Sarah: Mein doppeltes Leben. Autobiographie. München 1983
Heine, Heinrich: Sämtliche Werke. Leipzig o. J., Bd. 6, S. 622
May, Ursula (Hg.): Theaterfrauen. 15 Portraits. Frankfurt am Main 1998
Skinner, Cornelia Otis: Madame Sarah. Das Leben der Schauspielerin Sarah Bernhardt. Frankfurt am Main 1968 (Darin weitere, meist englische und französische Literaturangaben)
Strokes, John (Hg.): Sarah Bernhardt, Ellen Terry, Eleonora Duse. Ein Leben für das Theater. Weinheim 1991
Symons, Arthur: Sarah Bernhardt in: Kultfrauen. Begegnungen. Hg. von Vera Eckstein. Mannheim 1996

Bänsch, Dieter: Else Lasker-Schüler. Zur Kritik eines etablierten Bildes. München 1969

Benn, Gottfried: Gesammelte Werke in vier Bänden. Bd. 1 „Essays und Aufsätze". Wiesbaden 1959, S. 537

Bauschinger, Sigrid: Else Lasker-Schüler. Ihr Werk und ihre Zeit. Heidelberg 1980

Brecht, Bert: Tagebücher 1920–1927. Frankfurt 1975, S. 12

Chalom ben Chorin in: Else Lasker-Schüler. Dichtungen und Dokumente. Gedichte, Prosa, Schauspiele, Biefe, Zeugnis und Erinnerung. Ausgewählt und hg. von Ernst Ginsberg. München 1951, S. 555

Die Fackel Nr. 319/20 vom 32. März 1911, S. 42

Döblin, Alfred: Autobiographische Schriften und letzte Aufzeichnungen. Düsseldorf 1980, S. 456

Durieux, Tilla: Meine ersten 90 Jahre. Erinnerungen. Berlin 1970, S. 145 f.

Fromholz, Rüdiger: Else Lasker-Schüler in: Neue Deutsche Biografie, Bd. 13. Berlin 1982, S. 652–656

Hessing, Jakob: Else Lasker-Schüler. Biografie einer Dichterin. Karlsruhe 1985

Kafka, Franz: Briefe an Felice. Frankfurt a. M. 1967, S. 296

Klüsener, Erika: Else Lasker-Schüler in Selbstzeugnissen und Bilddokumenten. Reinbek b. Hamburg 1980, S. 112, 125

Mann, Klaus: Tagebücher 1940–1943. München 1991

Marbacher Magazin 7/1975: Else Lasker-Schüler 1869–1945. Bearbeitet von Erika Klüsener u. Friedrich Pfäfflin. Mit einer Auswahl von Tagebüchern von Werner Kraft. Hg. von Volker Kahmen, Deutsche Schillergesellschaft Marbach.

Lasker-Schüler, Else: Gesammelte Werke II. Prosa und Schauspiel. Hg. von Friedhelm Kemp. München 1962, S. 602

Lasker-Schüler, Else: Gesammelte Werke. München 1969–1986.
• Briefe Bd. 1 Lieber gestreifter Tiger. Hg. von Margarete Kupper. München 1969
• Briefe Bd. 2 Wo ist unser buntes Theben? Hg. von Margarete Kupper. München 1969

Schad, Martha: Ludwig Thoma und die Frauen. Regensburg 1995, S. 243–245

Schmid, Michael (Hg.): Else Lasker-Schüler. Wuppertal 1969

Siehe auch die Internetseite www.els.gesellschaft.wtal.de der „Else-Lasker-Schüler-Gesellschaft" in Wuppertal-Elberfeld oder www.userpage.fu-berlin.de/~markhall/elsch.html mit zahlreichen links.

Mata Hari, S. 81–100

Apropos Mata Hari. Mit einem Essay von Christine Lüders. Frankfurt am Main 1997
Keay, Julia: Mata Hari. Tänzerin, femme fatale, Spionin. München 1987
Kupfermann, Fred: Mata Hari. Träume und Lügen. Berlin 1999
Schirmann, Léon: Mata Hari – Autopsie d'une machination. Paris 2001
Wagenaar, Sam: Sie nannte sich Mata Hari. Bild eines Lebens – Dokumente einer Zeit. Hamburg 1964
Wencker-Wildberg, Friedrich: Mata Hari. Roman ihres Lebens. Leipzig 1936

Siehe im Internet die (englischsprachige) Seite:
www.crimelibrary.com/spies/mata_hari/

Isabelle Eberhardt, S. 101–123

Bakunin, Michael: Gesammelte Werke, Bd. III. Berlin 1924, S. 26
Eberhardt, Isabelle: Sandmeere 1. Tagwerke/Im heißen Schatten des Islam. Hg. von Christian Bouqueret. Reinbek b. Hamburg 1983 (Titel d. frz. Originalausgaben „Mes Journaliers/Dans l'ombre chaude de l'Islam")
Errera, Eglal: Isabelle Eberhardt. Eine Biografie mit Briefen, Tagebuchblättern, Prosa. Basel 1992
Mache, Ines: Verliebt in unerforschte Fernen, in: DAMALS 4/2000, S. 74–79
Meilensteine der Weltgeschichte, Bd. 18 Wettlauf um Afrika 1850–1900. Augsburg 1999, S. 77 f.
Weltreise in die gute alte Zeit. 100 Reiseziele des 19. Jahrhunderts in Text und Bild. Zusammengestellt von Rolf Jeromin. Gütersloh 1982, S. 85

Agatha Christie, S. 124–156

Bell, Gertrude: Ich war eine Tochter Arabiens. Bergisch Gladbach 1996
Christie, Agatha: Meine gute alte Zeit. Bergisch Gladbach 1980
Dies.: Erinnerung an glückliche Tage. Bergisch Gladbach 1980
Gripenberg, Monika: Agatha Christie. Reinbek b. Hamburg 1994
Hart, Anne: Agatha Christie's Miss Marple. Ihr Leben und ihre Abenteuer. Bern 1991
Dies.: Agatha Christie's Hercule Poirot. Sein Leben und seine Abenteuer. Bern 1991

Mallowan, Max: Mallowan's Memoirs. London 1977
Morgan, Janet: Agatha Christie. Eine Biografie. Hamburg 1986
Rivière, François (Hg.): Agatha Christie's England. Spurensuche in Devon. Hildesheim 1996
Trümpler, Charlotte (Hg.): Agatha Christie und der Orient. Kriminalität und Archäologie (Begleitbuch zur Ausstellung des Ruhrlandmuseums Essen). Bern, München, Wien 1999
Tschimmel, Ira: Kriminalroman und Gesellschaftsdarstellung. Eine vergleichende Untersuchung zu den Werken von Christie, Simenon, Dürrenmatt und Capote. Bonn 1979

Siehe auch die Internetseiten:
agatha.museumonline.at/biographie/max1-e.htm und
www.agathachristie.com/

„Anastasia", S. 157–177

Botkin, Gleb: The Woman who Rose Again. New York, London 1937
Clark, William: Der verschollene Zarenschatz. Auf den Spuren des Romanow-Vermögens. Frankfurt am Main 1998, S. 191
Dassel, Friedrich: Großfürstin Anastasia lebt. Berlin 1928
Kurth, Peter: Anastasia. Die letzte Zarentochter. Bergisch Gladbach 1989
Lovell, James Blair: Anastasia. The Lost Princess. Washington 1991
Massie, Robert K.: Die Romanows. Das letzte Kapitel. Berlin 1995
Summers, Anthony/Mangold, Tom: Zarenmord. Das Ende der Romanows. München 1976

Edith Piaf, S. 178–199

Berteaut, Simone: Ich hab gelebt Milord. Das unglaubliche Leben der Edith Piaf. Mit einem Vorwort von Georg Stefan Troller. München 1970
Costas, Gilles: Edith Piaf. Poésie et Chansons. Paris 1974
Crosland Margaret: Piaf. München, Berlin 1986
Henke, Mathias: Edith Piaf. „Süchtig nach der Sehnsucht". München, Düsseldorf 1998
Ders. Die großen Chansonniers und Liedermacher. Düsseldorf 1987
Lange, Monique: Edith Piaf. Die Geschichte der Piaf. Frankfurt am Main 1985
Montserrat, Noëlle: Edith Piaf. „Non, je ne regrette rien". München 1985
„La Mort d'Edith Piaf", in: PARIS MATCH vom 19. 9. 1973
Noli, Jean: Edith. Paris 1973

Piaf, Edith: Mein Leben. Reinbek b. Hamburg 1966
Schmidt-Joos (Hg.): Idole. Bd. 6 „Am Ende des Regenbogens". Frankfurt am Main 1985

Siehe auch die Internetseite: www.paris.org/Musees/Piaf/info.html; sie gibt Informationen über das Edith-Piaf-Museum in Paris.

Romy Schneider, S. 200–224

Arnold, Friederike/Burgmeister, Sönke: Legenden. Berlin 1998
Aurich, Rolf: Alain Delon. Berlin 1995
Biasini, Daniel: Meine Romy. München 1998
Botti, Giancarlo: Romy – c'est la vie. Bilder aus den Pariser Jahren. München 1992
Jürgs, Michael: Der Fall Romy. München 1991 (mit Filmografie)
Lebeck, Robert: Romy Schneider. Letzte Bilder eines Mythos. Schaffhausen, Zürich 1986
Schwarzer, Alice: Romy Schneider. Mythos und Leben. Köln 2000
Seydel, Renate (Hg.): Ich, Romy. Tagebuch eines Lebens. München 1988
Seydel, Renate/Meier Bernd: Romy Schneider. Bilder ihres Lebens. München 1990
Steinbauer, Marie Luise: Die andere Romy. Momentaufnahmen. München 1999
Zondergeld, Rein A.: Alain Delon. Der eiskalte Engel. München 1995

Siehe auch die Internetseite:
www.home.t-online.de/home/ingo.s/romy.htm (mit sehr vielen Fotos)

Petra Kelly, S. 225–249

Der Engel und der General. Petra Kelly und Gert Bastian – eine tragische Liebe. Dokumentation am 3. Okt. 2001 im WDR-Fernsehen.
Friedt, Marina: „Ich habe zwei Leben gelebt ..." Grace Patricia und Petra Kelly in: Deutsche Schwestern, hg. von Katharina Raabe. Berlin 1997
Kelly, Petra: Um Hoffnung kämpfen. Gewaltfrei in eine grüne Zukunft. Bornheim-Merten 1983
Kelly, Petra (Hg.): Lasst uns die Kraniche suchen. Hiroshima – Analysen, Berichte, Gedanken. München 1983
Kelly, Petra (Hg.): Tibet, ein vergessenes Land. Berichte vom Dach der Welt. Reinbek b. Hamburg 1988
Kelly, Petra: Mit dem Herzen denken. Texte für eine glaubwürdige Politik. München 1990

Kelly, Petra: Tibet klagt an. Zur Lage in einem besetzten Land. Mit der Nobelpreisrede des Dalai Lama. Wuppertal 1990
Kelly, Petra: Lebe, als müsstest du heute sterben. Düsseldorf 1997
Kelly, Petra K., Bastian, Gert: Gedenken heißt erinnern. Hg. von Lukas Beckmann u. a. Göttingen 1993
Latka-Joehring, Sigrid: Petra Kelly – Aktionen sprechen lauter als alle Worte. In: Frauen in Bonn. 20 Portraits aus der Bundeshauptstadt. Bonn 1988
Schwarzer, Alice: Eine tödliche Liebe. Petra Kelly und Gert Bastian. Köln 1993 (aktualisierte Neuausgabe 2001)
Sperr, Monika: Petra Karin Kelly. Politikerin aus Betroffenheit. Gütersloh 1983
Weizsäcker, Christine von (Hg.): Mit Wissen, Widerstand und Witz. Frauen für die Umwelt. Freiburg i. Br. 1992

Siehe auch die Internetseiten:
www.petra-kelly-archiv.de (= umfangreiche, sehr informative Homepage des Petra-Kelly-Archivs in Berlin) und
www.petra-kelly-stiftung.de

Bildnachweis

Archiv für Kunst und Geschichte, Berlin: 11, 29, 53, 83, 125, 179, 201
Bildarchiv Preußischer Kulturbesitz, Berlin: 159
Süddeutscher Verlag, München: 227 (Foto: teutopress)
Nach: Eberhardt, Isabelle, Sandmeere 1. Tagewerk/Im heißen Schatten des Islam. Hg. von Christian Bouqueret. Reinbek b. Hamburg 1983: 103